불확실성의 시대,
세계 최고 기업은 어떻게 혁신하는가

혁신의 프리즘

포스코경영연구원

박영사

미국과 주요국과의 관세 협상이 큰 틀에서는 일단락되어 가고 있다. 미국의 관세전쟁은 중국을 핵심 타깃으로 했지만, 오히려 우방국이나 동맹국들이 피해를 보는 아이러니한 상황이다. 물론 세부 협상이 남아 있어, 최종 결과는 지켜봐야 하겠지만 적어도 지금까지는 그런 것 같다. 미국의 중국 때리기가 예상보다 무뎌진 이유는 여러 가지가 있겠지만, WTO 체제하에서 형성된 미국의 중국 공급망에 대한 의존을 쉽게 무너트리기 어렵기 때문이 아닌가 생각한다. 중국은 10년 전의 중국과는 완전히 다른 모습으로 변모하고 있다. 덩치만 컸던 중국 제조업은 '중국 제조 2025'를 통해 크고, 강하고, 스마트한 제조업으로 거듭나고 있다. 정부의 강력한 제조업 지원정책, 14억 인구의 거대한 내수시장, 그리고 기업간의 치열한 혁신 경쟁이라는 3박자가 톱니바퀴처럼 잘 맞아떨어졌기 때문이다. 우리나라 제조업이 지금 어려움을 겪고 있는 이유도 이러한 중국과 무관하지 않다. 시장이 겹치고, 중요한 업종이 다 겹치기 때문이다.

여기에다 지난 50년간 우리나라에 가장 많은 주었던 WTO 체제하의 자유무역질서는 흔들리고, 미국과 EU 등 강대국들은 오로지 자국 우선주의 기조로 새로운 보호무역질서 형성을 주도하고 있다. 새로운 질서 주도를 위한 선진국과 중국의 국가정책의 근간은 경제안보라는 가치를 지키는 데 있으며, 그 중심에는 핵심 광물을 포함한 에너지와 제조업이 있다. 미·중 경쟁하에서 이루어지는 '제조업 경쟁력 강화 정책'이나 '관세전쟁', '공급망 재편' 또한 이러한 배경에서 이루어지고 있다고 해도 과언이 아니다.

이처럼 우리 대한민국 기업은 지금부터는 '훨씬 강해진 경쟁상대와 새로운 그라운드에서 새로운 룰로 싸워야 하는 상황'에 놓이게 된 것이다. 이제 기업은 '극한직업'이 되었다. 그러나 희망은 있다. 지난 50년간 수많은 위기 속에서도 기회를 찾아낸 경험칙이 있고, 이를 극복하고자 한 혁신의 DNA도 장착하고 있다. 21세기 디지털 전환과 그린 전환, 그리고 지정학적 위험의 증폭이라는 큰 흐름 속에서, 우리는 다시금 기회를 찾아야 하고, 현 상황을 돌파할 혁신의 DNA를 이끌어내야 한다.

기업 경영의 미래를 결정할 네 가지 변화 요인

앞으로 우리 기업들이 주목해야 할 네 가지 핵심 키워드는 디지털, 기후, 지정학 그리고 중국이라고 생각한다.

첫째, 디지털 기술의 비약적 발전은 생산성과 효율성의 향상을 넘어 비즈니스 모델 전반을 재구성하고 있으며, 조직문화와 경영 방식에까지 근본적 전환을 요구하고 있다. 인공지능, 클라우드, 빅데이터, IoT, 로봇공학 등 디지털 기술은 산업의 경계를 무너뜨리고 기존의 비즈니스 모델을 근본적으로 재편하고 있다. 특히 생성형 인공지능의 등장으로 거의 모든 분야에서 지식 노동의 패러다임마저 흔들리고 있다. 디지털 기술은 단순한 자동화 수단에 그치지 않고, 생산 현장부터 고객의 행동과 피드백까지 실시간으로 분석하고 이를 기반으로 예측과 최적화, 그리고 맞춤화하는 데이터 기반 경영(data-driven management)을 이끌고 있다. 궁극적으로 디지털 기술은 기업 내부의 프로세스를 혁신할 뿐 아니라, 고객과 시장의 구조 자체를 바꾸는 '게임 체인저'로 작용한다. 따라서 기업은 디지털 기술을 적극 도입하는 것은 물론 디지털 기술을 활용하여 새로운 가치를 창출할 수 있도록 경영 전반의 근본적 혁신에 나서야 한다.

둘째, 기후위기로 인해 탈탄소, 순환경제 등 환경 관련 의제가 기업의 중요한 도전과제가 되고 있다. 국제사회는 탄소중립을 위한 다양한 규제를 강화하고 있으며, 투자자와 소비자 또한 기업이 적극적으로 ESG(Environmental, Social, Governance) 요소를 기업 경영에 통합하고 정보를 투명하게 공시하기를 요구한다. EU의 탄소국경조정 메커니즘(CBAM, Carbon Border Adjustment Mechanism), 미국의 인플레이션 감축법(IRA, Inflation Reduction Act) 등에서 보듯 이제 환경 기준은 글로벌 시장 진입의 필수 요건이 되었다. 이에 따라 기업들은 경영 전반의 친환경성을 높이기 위해 제품, 공정, 물류, 에너지 시스템 등 전반에 걸쳐 탈탄소 기술을 개발하고 환경 데이터를 확보하며 ESG 정보를 공시하는 데 많은 노력을 기울이고 있다. 한편 이러한 흐름 속에서 재생에너지, CCUS(탄소 포집·활용 및 저장, Carbon Capture Utilization & Storage), 수소 등 친환경 관련 산업 기술 또한 발전하며 구체화되고 있으며, 이는 기업에게 새로운 기회의 장이 될 수 있다. 친환경 전환을 단순한 규제 대응이 아니라 가치 창출을 통한 성장의 축으로 활용하는 자세가 필요하다.

셋째, 지정학적 갈등과 불안정성이 고조되면서 자원 확보와 기술 표준, 글로벌 전략에 대한 전면 재검토가 불가피하게 되었다. 러-우 전쟁, 중동전쟁 등 글로벌 전역에 영향을 미치는 분쟁이 발발하고 이에 따라 국제 정세가 변화하면서 광물, 에너지 등 글로벌 자원 공급망의 불안정성이 심화되고 있다. 또 미국을 중심으로 자국 우선주의 정책이 강화되고 있으며 글로벌 관세전쟁이 본격화되고 첨단기술의 패권에 대한 경쟁과 견제 또한 심화되고 있다. 글로벌 컨설팅사 맥킨지는 최근 기업 비즈니스의 가장 큰 리스크 요인으로 '무역 정책과 국제관계의 변화'를 꼽았다.[1] 이러한 요인들은 전세계적인 저성장 기조를 심화시킬 뿐 아니라 기업 입장에서는 공급망 붕괴와 글로벌 시장 제한이라는 이중 위기로 작용한다. 이에 따라 기업은 구매, 생산, 물류 전략을 재정비해야 하며, 이는 운영관리의 전반적 혁신 없이는 불가능하다.

---

1 Mckinsey & Company, 2025.6., Economic conditions outlook

넷째, 중국 경제의 급부상으로 기존의 산업 질서와 글로벌 경쟁 판도에 구조적 긴장이 야기되었으며, 기업은 기술과 공급망, 시장 경쟁에서 새로운 균형점을 찾고 회사의 포지션을 재설정해야 한다. 중국은 10년 전인 2015년 5월 '중국 제조 2025' 계획을 발표한 이후 10대 핵심 산업 23개 분야를 미래 전략 산업으로 육성하며 제조업의 질적 고도화를 이루어왔다. 이제 중국은 더 이상 '세계의 공장'이 아니라, 첨단 기술을 보유한 '산업 강국'으로 도약했다. 중국 기업들은 인공지능, 배터리, 전기차, 반도체, 우주항공 등 핵심 산업에서 기술적 우위와 규모의 경제를 동시에 확보하고 있다. BYD, 화웨이(Huawei), 텐센트(Tencent)부터 최근의 딥시크(DeepSeek)까지 중국은 미래 혁신 기술을 앞장서 이끌고 있다. 이러한 기술 경쟁력은 기업 차원의 역량 축적만으로 이루어진 것이 아니라, 중국 정부의 적극적인 산업 전략과 민간 혁신 생태계의 성장에 기반한다. 중국의 혁신 기업들은 기존의 산업 경계를 허물고 새로운 사업 모델을 실험하고 확장하는 데에도 매우 적극적이다. 이에 대응하기 위해 각국 기업들은 기술력 강화뿐 아니라, 차별화된 가치 제안과 새로운 시장 창출, 창의적 발상과 협업을 통한 원가 개선 등 다방면의 혁신이 요구된다.

혁신은 복합 위기 상황의 유일한 탈출구

위의 네 가지 변화는 개별적으로 작용하는 독립적 변수가 아니라 상호 긴밀하게 연결되어 있으며, 복잡한 상호작용을 통해 서로를 더욱 가속화하고 있다. 디지털 전환은 기술만의 문제가 아니라 공급망 재설계, 인재 전략의 변화, 지속가능성 목표와도 맞물려 있으며, 기후위기는 친환경 신기술에 대한 수요를 견인함과 동시에 지정학 관점의 핵심 자원 확보 문제와도 직결된다. 중국 경제의 부상은 기업을 둘러싼 모든 영역에서 글로벌 경쟁의 기준을 새로 쓰고 있다. 이러한 변화는 일시적 변수가 아닌 구조화된 '뉴노멀(New normal)'로 고착화되어 기업이 경영 전략을 수립하고 실행하는 데 복합적 압력으로 작용한다. 이제 우리는 예외적 사건이 연속되는 시기를 지나고 있다는 시각에서 벗어나, 불확실성과 복잡성이 구조화되어 글로벌 경제·산업의 판이 바뀌는 대전환기라는 새로운 경영환경을 맞이하고 있음을 인정해야 한다.

이러한 여러 외부환경 변화들은 공통적으로 하나의 메시지를 전달한다. 유례없는 격변의 시기에 과거에 유효했던 성공 방정식은 더 이상 유효하지 않다는 것이다. 공급망 효율화를 위해 글로벌 자유무역의 기조하에서 비용절감 극대화에 치중했던 기업들은 팬데믹과 미·중 갈등, 국제 정세 변화 속에서 오히려 리스크에 가장 취약한 면모를 드러냈다. 수직적 계층 구조와 일방적 리더십은 과거 안정적 고성장 시대에 추진력과 효율성을 높이는 데 효과적이었지만, 민첩성과 자율성을 요구하는 요즘의 환경에서는 때로 장애물이 되기도 한다.

변화의 방향과 속도를 섣불리 예측하기 어려운 이러한 시대에는 단순히 기존 틀을 유지한 채 외부 변화에 적응(Adaptation)하는 것만으로 기업의 생존을 보장할 수 없다. 새로운 뉴노멀 환경에서 기업의 영속성을 담보하기 위해서는 단기적 대응이나 부분적 요소 개선, 한정된 분야에서 최적화하는 수준을 넘어서는 전방위적 혁신(Innovation)이 요구된다. 이는 제품이나 기술만의 혁신이 아니다. 비즈니스 모델과 사업 포트폴리오의 전환, 고정관념을 뛰어넘는 기업 운영과 원가구조 설계, 조직문화와 리더십의 재구축까지 기업의 전 구성 요소를 재정립하는 수준의 총체적 변화다. 지금의 우리 기업들에게 혁신은 이제 더 이상 '경쟁우위 확보'를 위한 전략적 선택이 아니라, '지속가능성 확보'를 위한 생존의 조건이 되었다.

기술 혁신을 넘어 경영 전반에 대한 혁신 요구

많은 사람들이 '혁신'을 기술 개발이나 신제품 출시와 같은 R&D 영역에 국한하여 좁게 이해하는 경향이 있다. 그러나 오늘날의 경영 환경에서 진정한 혁신은 기업의 전략, 운영, 기술, 조직, 생태계, 문화 전반에 걸친 전방위적 변화 동력이며, 모든 경영 요소에서 구현될 수 있는 다차원적 개념이다. 다시 말해, 혁신은 '기술적 진보'를 넘어 '새로운 가치를 창출하는 변화'라는 넓은 틀에서 이해되어야 한다.

실제로 학자들의 혁신에 대한 정의는 이러한 확장된 관점을 잘 보여준다. 혁신의 선구자 조셉 슘페터(Joseph Schumpeter)는 혁신이란 새로운 것을 발명(Invention)하는 것만을 의미하지 않는다고 했으며, 새로운 아이디어를 시장에 적용하는 것(Commercial application of new ideas), 즉 새로운 요소를 도입하거나 기존 요소들을 새로운 방식으로 조합하는 것(The carrying out of new combinations)을 통해 구조를 변화시키는 과정을 혁신이라고 정의했다.[2] 하버드비즈니스스쿨의 클레이튼 크리스텐슨(Clayton Christensen) 교수는 파괴적 혁신(Disruptive Innovation) 이론을 통해 혁신이 반드시 기술 중심일 필요는 없으며, 비즈니스 모델이나 고객 가치 제안의 변화를 통해서도 충분히 기존 질서를 무너뜨릴 수 있음을 강조했다. 그는 기존 질서 하에서 주목하지 않았던 새로운 유형의 고객을 발견하고 이들에게 새로운 가치를 제공함으로써 경쟁에서 승리할 수 있으며 이러한 유형의 혁신이 파괴적 혁신이라고 주장했다.[3]

이처럼 혁신의 진정한 의미는 특정 기능에 국한된 활동이 아니라 기업 전반을 새로운 시각에서 바라보고 근본적 변화를 추구하는 것으로 확장하여 이해할 수 있다. 전체 시스템의 구조적, 복합적 변화라는 측면에서 혁신은 트랜스포메이션(Transformation)의 개념과도 맞닿아 있다. 다수의 경영학자들은 트랜스포메이션을 기업의 근본적 구조와 방향을 바꾸는 심층적이고 획기적인 변화로 정의한다.[4] 트랜스포메이션은 기업의 방향성과 사업 전략을 조정하고 가치 창출 방식과 성과를 재

2 The Theory of Economic Development(1911/1934)

3 The Innovator's Dilemma: When new technologies cause great firms to fail(1997)

4 Nadler-Tushman(1989), Kotter, J.P.(1995), Burke, W.W.(2002) 등

정의하는 것이다. 또 조직 구조와 운영 방식, 업무 프로세스와 문화 등을 총체적으로 재설계하고 구성원의 인식 전환과 리더십 방식의 변화를 통해 행동과 사고 변화를 이루어내는 것을 의미한다. 즉 트랜스포메이션은 넓은 범위의 다양한 혁신을 포괄하고 기업이 혁신을 이루어내면서 스스로 변화하는 과정에 초점을 맞추는 것으로 이해할 수 있다.

주요 학자들의 혁신에 대한 정의

이름	연도	정의	의미
조셉 슘페터	1911/1934	혁신(Innovation)	새로운 요소의 도입 또는 새로운 방식의 조합
클레이튼 크리스텐슨	1997	파괴적 혁신 (Disruptive Innovation)	비즈니스 모델, 가치 제안 등의 변화를 통해 새로운 유형의 고객 가치 창출
코터 J.P, 버크 W.W 등	2000년대	트랜스포메이션 (Transformation)	기업의 근본 구조와 전략 방향, 운영 방식과 프로세스, 조직문화, 성과 등 경영 전반을 바꾸는 심층적 변화

이런 관점에서 기업이 실천할 수 있는 혁신(트랜스포메이션)의 형태는 매우 다양하다. 먼저 기업은 사업 포트폴리오를 혁신(PX, Portfolio Transformation)할 수 있다. 장기적 관점에서 지속가능한 성장과 신시장 창출을 위해 기존의 주력 사업에 대한 의존도를 줄이고 신성장 동력을 발굴·투자하며 전략적 선택과 집중을 통해 사업 포트폴리오를 재구성하는 과정을 포함한다. 이는 단순한 제품 다각화나 글로벌 진출이 아니라, 기업의 정체성과 존재 목적, 전략 방향성을 재설정하는 본질적인 혁신이다.

다음으로 원가 혁신(CX, Cost Transformation)도 빼놓을 수 없다. 이는 단순한 비용 절감 수준을 넘어 구조적으로 경쟁력을 높이는 접근이다. 공급망 재설계, 자재 및 공정의 구조적 전환, 자동화 및 디지털 도구의 활용 등을 통해 가치사슬 전반에서 낭비 요소를 제거하고 기술 및 운영 방식을 혁신하여 더 낮은 비용으로 가치를 제공할 수 있게 된다. 이는 운영 효율성 확보뿐 아니라 불확실한 환경에서의 리스크 대응과 회복력을 높이는 데에도 중요한 역할을 한다.

디지털 혁신(DX, Digital Transformation)은 기술 자체의 도입을 넘어서, 조직 내 프로세스와 고객 경험, 의사결정 구조 전반을 데이터 기반으로 전환하는 것을 의미한다. 디지털 도구의 발전으로 기업은 기존과는 질적으로 다른 새로운 가치를 창출할 수 있게 되며, 궁극적으로 비즈니스모델 자체의 획기적 전환도 가능해진다.

한편, 기업이 단순히 환경 규제에 대응하는 것을 넘어 미래 지속가능한 경쟁력을 확보하는 전략적 수단으로 그린 혁신(GX, Green Transformation)이 있다. 탈탄소 전환이라는 인류가 직면한 거대한 문제는 기존의 탄소 중심 시대의 방식으로는 해결할 수 없기에 창의적인 발상은 물론 새로운 형태의 협업 체계가 요구된다. 여기에는 친환경 제품과 서비스를 통한 시장 창출, 에너지 전환과 탈탄소 움직임에서 신규 사업기회 확보, 다양한 획기적 신기술 개발, 새로운 비즈니스 모델로의 전환 등이 포함된다.

마지막으로 사람 중심의 변화와 조직 내 무형자산의 혁신을 통해 지속적인 경쟁우위를 유지할 수 있다. 조직문화 혁신(LX, Leadership Transformation)은 혁신을 실제 실행하는 조직 구성원에 초점을 맞추어 핵심가치 공유, 협업과 소통 중심의 문화 등을 통해 구성원들의 인식과 행동 양식을 변화시키는 과정을 의미한다. 무슨 일을 할 것인가(What to do)보다 어떻게 일할 것인가(How to do)의 질문에 대한 답을 찾을 수 있다.

전방위 혁신의 개념

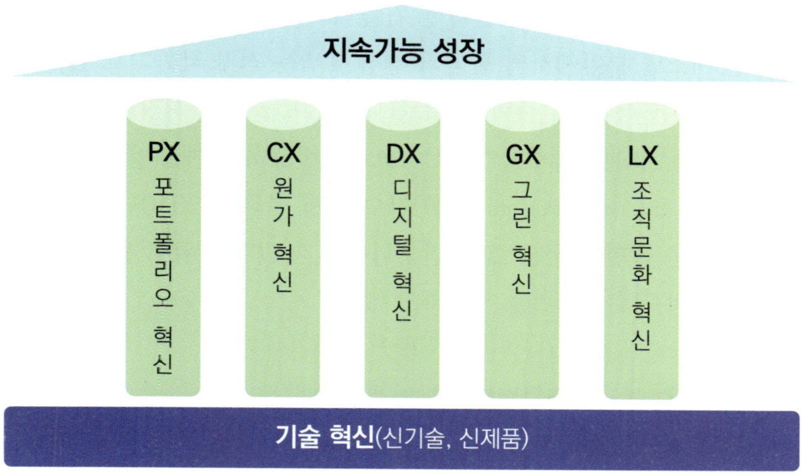

한국 기업의 생존 루트는 오로지 혁신

한국 경제는 지난 수십 년간 제조업 중심의 수출 전략을 통해 괄목할 만한 성장을 이루어냈다. 철강에서 시작해 자동차, 기계, 조선, 반도체 등 한국의 주요 산업은 한때 세계 시장을 선도하며 '한강의 기적'을 현실로 만들어내는 데 기여했다. 그 결과 중화학 공업과 제조업을 육성하고 수출 중심의 경제 구조를 갖추어 세계 10위권 국가로 초고속 성장했다. 2023년 기준 한국 GDP의 87.9%가 무역에서 창출되었고 이 중 대부분은 제조업을 기반으로 하고 있다. 그러나 2010년대 이후 한국 경제는 주력 산업의 경쟁력 약화로 성장정체기를 겪고 있다. 1%대 저성장이 지속되고 있으며, IMF, OECD 등 글로벌 기관들은 한국의 중장기 성장률이 여전히 1%대에 머물 것으로 전망하고 있다.

그동안 한국은 기술력과 인적 자원을 무기로 글로벌 제조업 강국의 위치를 유지해 왔지만, 최근 상황은 그리 녹록치 않다. 한국 제조업의 경쟁력은 더 이상의 발전을 멈추고 정체 중인 반면, 중국은 광대한 내수시장, 값싼 노동력, 국가 주도의 산업정책을 무기로 과거 한국이 차지했던 글로벌 공급망 내 중간재 및 가공 산업의 포지션을 빠르게 대체하고 있다. 중국의 급격한 기술 추격과 가격 경쟁력 앞에서 전통적인 제조업 분야에서의 한국의 경쟁 우위는 점차 약화되고 있다. 최근 10년간 한국의 8대 주력 제품 중 대부분이 글로벌 시장에서 중국에 추월당했다. 유엔산업개발기구(UNIDO)가 발표하는 제조업경쟁력(CIP, Competitive Industrial Performance) 지수[5]에서 한국은 2010년 이후 4위 수준에 머문 반면 중국은 2010년 6위에서 2020년 2위로 올라선 이후 독일에 이어 꾸준히 2위를 차지하고 있다.

▎유엔산업개발기구 제조업경쟁력 지수 추세

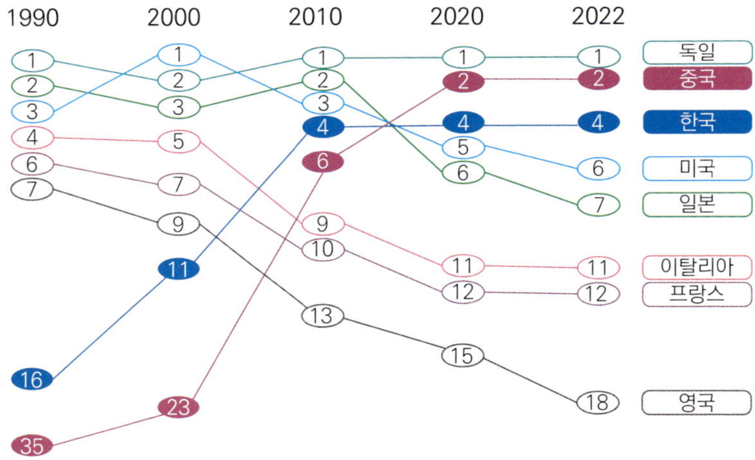

자료: UNIDO, CIP(Competitive Industrial Performance) Index, 2024

미국을 비롯한 선진국들은 원천 기술과 창의적 아이디어, 플랫폼과 브랜드 경쟁력을 통해 고부가가치 시장을 장악하고 있다. 첨단 산업 분야의 핵심 기술은 여전히 미국과 유럽이 장악하고 있으며, 전 세계를

5 세계 150개 국가별 부가가치 생산, 수출, 중고위기술 산업 등을 포함한 총체적 제조업 경쟁력을 나타내는 지수

놀라게 하는 유니콘 스타트업들도 대부분 실리콘밸리에서 탄생한다. 그러나 한국과학기술정보통신부의 2024년 자료[6]에 따르면 11대 미래 중점 기술 분야에서 한국의 기술 수준은 미국(= 100) 대비 81.5 수준이며, 심지어 2022년 이후에는 중국에도 기술 수준을 추월 당한 것으로 나타났다.

한편, 자원 부국들은 천연 자원을 바탕으로 에너지 및 원자재 수출을 통해 전략적 입지를 강화하고 있다. 그러나 한국은 태생적으로 천연 자원이 부족한 국가다. 석유, 천연가스, 희귀금속 등 산업 기반을 이루는 자원 대부분을 해외에서 수입하고 있다. 에너지 수입 의존도는 90%가 넘으며, 광물 등 산업용 자원도 대부분 수입에 의존한다. 자원이 풍부한 국가들과 동일한 방식으로 경쟁할 수 없는 구조적 한계를 지닌 것이다.

한국의 핵심 자원인 인적 자원도 인구구조 변화라는 큰 도전에 직면해 있다. 저출산 고령화에 따른 급격한 인구 감소로 한국 노동시장의 양적 규모는 매우 빠르게 위축될 것으로 전망된다. 통계청의 2023년 자료에 따르면 2022년 기준 3,674만 명에 달했던 생산연령인구는 2050년에 2,445만 명으로 줄어들 전망이며, 생산연령인구의 연령대별 구성도 50세 이상 인구의 비중이 커지는 방향으로 변화될 것이다.

이처럼 우리는 기술, 자원, 시장 어느 면에서도 명확한 우위를 점하지 못한 채 글로벌 시장에서 더 강하고 더 스마트한 경쟁자와 싸워야 하는 상황에 놓여 있다. 이러한 현실 속에서 우리 기업들이 가질 수 있는 희망은 결국 혁신이다. 혁신은 선택이 아닌 생존의 필수 조건이며 한국 기업이 미래에도 살아남을 수 있는 유일한 활로인 것이다.

이 책의 구성과 기획 의도

이 책은 혁신의 필요성에 공감하며 구체적 해법을 찾고 싶은 기업들

6 과학기술정보통신부, 2024.2., 2022년도 기술 수준 평가

에게 '무엇을', '어떻게' 혁신해야 하는지 답을 제시하는 실용적 혁신 지침서로 기획했다.

이 책은 빛의 프리즘 원리에서 착안하여, '혁신'이라는 개념을 다섯 가지 핵심 유형으로 분해하고 분석했다. 빛은 투명한 하나의 선으로 보이지만 프리즘을 통과한 빛은 총천연색의 스펙트럼을 보여주며 풍부하게 확장된다. 하나의 빛을 이루는 구성 요소를 다양한 색으로 분해해 보면 더 넓은 세계를 볼 수 있다. 마찬가지로 혁신 또한 프리즘 렌즈를 통해 바라보면 포트폴리오, 원가, 디지털, 그린, 조직문화 등 다각도의 측면에서 바라보고 접근할 수 있다. 대다수가 혁신을 신기술 혹은 신제품 혁신으로 한정적으로 생각하며 접근하지만, 진정한 의미의 혁신은 훨씬 더 다양하고 복합적인 형태를 띠고 있다.

본문에서는 혁신을 총 다섯 가지 유형으로 구분하고 각 유형별로 대표 사례를 5개씩 선정해 깊이 있게 분석했다. 각 장의 마지막에서는 사례로 제시된 기업들의 전략적 선택과 실행 방식을 통해 독자들이 업무 현장에서 실행하는 데 참고할 수 있도록 혁신의 핵심 포인트를 정리했다.

먼저 포트폴리오 혁신(PX, Portfolio Transformation)은 기존 사업의 경계를 넘어 새로운 성장 축을 발굴하고 확장하는 혁신 전략이다. 미래 예측을 통해 끊임없이 사업 구조를 재편해 온 지멘스, 잃어버린 30년을 극복하기 위해 과감하게 사업 구조를 혁신한 히타치, 본원 경쟁력과 미래 준비를 동시에 추진하는 양손잡이 전략으로 발전하는 다이킨 공업 등의 사례를 제시한다. 미래 성장성을 중심으로 회사의 전략적 포지션을 리셋하는 과정을 보여준다.

다음으로 원가 혁신(CX, Cost Transformation)은 단순한 비용 절감이 아닌 구조적 경쟁력을 확보하기 위한 혁신 전략이다. 호황에도 비상경영하는 도요타, 치밀한 기획과 철저한 검증으로 비용을 통제한 건축가 프랭크 게리, 업계 고정관념을 탈피하고 획기적으로 원가를 줄인 테슬라와 스페이스X 등의 사례를 담았다. 가치 창출과 비용 최소화의 이중 최적화를 이루어낸 비결을 엿볼 수 있다.

디지털 혁신(DX, Digital Transformation)은 디지털 기술을 기반으로 비즈니스모델과 업무 프로세스, 고객 경험 등 기업 경영의 전반을 업그레이드하는 혁신 전략이다. 글로벌 제조업의 지평을 바꾸고 있는 엔비디아, 품질관리와 설비관리를 고도화해 극한의 경쟁력을 추구하는 보쉬, 마케팅의 전 과정에 AI에이전트를 도입한 유니레버 등을 소개한다. 단순한 기술 도입을 넘어 디지털 사고방식과 의사결정의 내재화가 바로 눈앞에 있음을 알 수 있다.

그린 혁신(GX, Green Transformation)은 탈탄소 전환을 위기가 아닌 기회로 인식하고 지속가능성을 핵심 전략으로 삼아 새로운 성장을 모색하는 혁신 전략이다. 에너지 사업부터 탄소크레딧까지 다양한 비즈니스 기회를 십분 활용한 테슬라, 대표적인 고배출 산업인 철강산업에서 새로운 비즈니스모델과 신기술로 그린 철강을 꿈꾸는 스테그라와 보스턴메탈, 그린 에너지원을 중심으로 성장동력을 키워가는 미쓰비시상사 등을 소개한다. 환경 책임을 경영에 통합하는 가장 좋은 전략은 새로운 성장 기회로 활용하는 것임을 잘 보여준다.

마지막으로 조직문화 혁신(LX, Leadership Transformation)은 기업에서 혁신을 실행하는 주체인 구성원의 역량과 태도를 변화시키는 조직 내면의 혁신 전략이다. 창업정신을 재점화해 침체된 문화를 움직이게 만든 소니, 소통과 연결로 조직 사일로(silo)를 극복한 마이크로소프트, 중간관리자에 대한 권한 위임과 지원으로 변화에 성공한 암젠 등의 사례를 담았다. 눈에 보이지 않지만 성과를 움직이는 가장 강력한 힘은 사람과 문화에 있음을 알 수 있다.

이처럼 전방위적 혁신에 성공하기 위해 중요한 것은 조직에서 혁신의 실행력을 높이는 것이다. 조직 내 단절과 영역 다툼을 없애고 부서 간의 협력과 협업을 강화(Collaboration)해야 한다. 기업의 경계를 뛰어넘어 학계, 연구기관, 정부 등과의 긴밀한 공조도 필수적이다. 또 디지털, 그린 등 신기술을 기반으로 비즈니스의 속도를 높여(Speed) 경쟁자보다 반 발자국 더 빠른 속도로 업무 및 기술 측면에서 앞서갈 수 있어야 한다. 국제질서 변화를 주도하는 정책을 잘 모니터링하고 그 속에서 새로운 사업 기회를 발굴하고 비즈니스 전략으로 연계하는(Leverage) 것도 중요하다.

이 책에서 소개하는 5개 유형별 총 25개의 혁신 전략 사례를 통해 독자는 우리 조직에서 지금 필요한 혁신의 유형은 무엇인지, 혁신의 성공 사례들에서 공통적으로 발견되는 실행 포인트는 무엇인지, 혁신을 지속가능한 경쟁력으로 만들기 위해 무엇을 실천해야 하는지, 혁신의 실행력을 높이기 위해 어디에 집중해야 하는지에 대한 실무적인 힌트를 얻을 수 있을 것이다. 더 나아가 정체기를 맞이한 한국 기업들이 위기를 극복하고 더 나은 길로 나아갈 수 있는 창의적 해법을 모색하는 데 이 책이 작은 희망의 길을 제시할 수 있기를 희망한다.

위기 돌파를 위해 변화의 전환점을 설계하고 싶은 기업의 리더와 경영자, 혁신의 유형을 체계적으로 이해하고 싶은 기업 전략 담당자, 구체적인 사례로 기업 혁신의 다양한 전략을 학습하고 싶은 학생과 실무자, 제한된 자원 속에서 다양한 혁신의 길을 모색하는 스타트업 창업가, 조직에서 다양한 복합적 과제를 해결 중인 리더들에게 이 책을 권한다.

2025년 9월

포스코경영연구원 원장

박현성

차례

Chapter 1

포트폴리오 혁신(PX, Portfolio Transformation), 생존을 넘어 성장을 리드하다

Chapter 2

원가 혁신(CX, Cost Transformation), 지속가능한 경쟁력의 토대

Chapter 3

디지털 혁신(DX, Digital Transformation), 혁신에 날개를 달다

Chapter 4

그린 혁신(GX, Green Transformation), 녹색에서 찾는 새로운 성장 기회

Chapter 5

조직문화 혁신(LX, Leadership Transformation), 문화는 경쟁력이자 궁극의 성과

chapter

1

포트폴리오 혁신(PX, Portfolio Transformation), 생존을 넘어 성장을 리드하다

chapter

1

포트폴리오 혁신(PX, Portfolio Transformation), 생존을 넘어 성장을 리드하다

최근 글로벌 저성장, 지정학 변동, 기술 패러다임 변화 등 다중 복합 요인들의 영향으로 기업이 생존과 성장을 위한 방향을 설정하는 것은 더욱 어려워지고 있다. 빠르고 복잡하게 변화하는 경영 환경에서 기업이 스스로 변화를 주도하지 않는다면 경쟁에서 도태되고 결국 존폐 위기에 내몰리게 될 것이다. 이러한 상황에서 환경 변화에 능동적으로 대응하며 생존의 돌파구를 찾고 성장 방향을 찾는 원동력이 바로 사업 포트폴리오 혁신이다.

사업 포트폴리오 혁신은 기업이 실적을 점검하고 목표를 수립하는 단순한 관리 영역을 넘어 근본적인 사업 구조를 개선하고 미래 트렌드를 반영한 성장 방향을 설정하는 포괄적 체질 개선을 의미한다. 그 과정에서 구조 조정과 인수 합병, 새로운 투자가 수반되기도 한다.

본 장에서는 사업 포트폴리오 혁신을 통해 생존과 성장을 이끌어 낸 글로벌 기업들의 사례를 살펴본다. 지멘스(Siemens)는 미래 예측을 통한 끊임없는 사업 구조 재편과 체질 개선으로 175년이 넘는 기간 동안 성장을 이어오고 있다. 잃어버린 30년을 극복하고 새롭게 도약하기 위해 과감하게 사업구조를 혁신한 히타치(Hitachi)도 주목할 만한 사례이다. 글로벌 주류기업 디아지오(Diageo)는 빠르게 변화하는 시장 트렌드와 고객 니즈에 맞춘 신속한 포트폴리오 전환으로 최고의 경쟁력을 강화해 왔으며, 다이킨 공업(Daikin Industry)은 위기 속에서도 핵심사업을 성장시키면서 동시에 미래를 준비하는 양손잡이 전략으로 발전을 거듭하고 있다. 제조업의 자존심으로 여겨지던 GE는 초심을 잃고 제조가 아닌 금융업에 집중하였으나, 존폐위기 이후 포트폴리오를 환골탈태시키며 제2의 성장기를 준비하고 있다.

이러한 사례들을 토대로 불확실한 경영환경 변화 속에서도 위기를 극복하고 경쟁 우위를 높이기 위한 성공 방정식을 찾아보자.

미래 예측 기반 포트폴리오 혁신의 대명사, 지멘스

지멘스(Siemens) 기업 개요

- 설립년도: 1847년
- 본사: 독일 뮌헨(Munich)
- 업종: 복합
- 시가총액: 204.8 U$십억 (2025.6.30 기준)
- 매출액: 82,344 U$백만 (FY2024, 9월 결산)
- 영업이익: 9,659 U$백만 (FY2024, 9월 결산)
- 종업원수: 327,000명
- 부문별 매출 구성

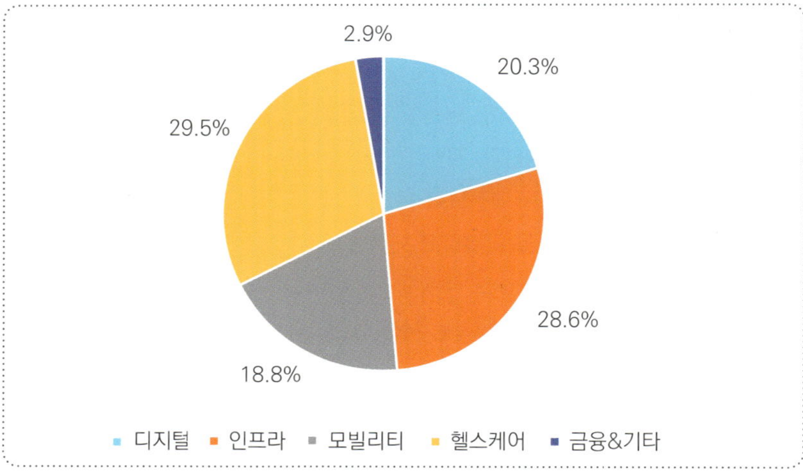

포트폴리오 최적화를 위한 TOP 프로그램

우리에게 '산업 자동화의 교과서'로 알려져 있는 지멘스(Siemens)는 현대 문명의 역사 속에서 발생한 다양한 위기와 도전, 급변하는 경영환경 속에서도 사업 포트폴리오 혁신을 통해 끊임없이 성장하며 글로벌 대표 장수기업으로 자리매김했다.

초창기 지멘스는 전신 분야 원천 기술을 토대로 전력과 엔지니어링 분야로 사업영역을 확장했으며, 성공 경험과 노하우를 기반으로 발전 및 산업 설비 분야에 진출했다. 이후 지멘스의 사업 포트폴리오는 철도, 고속도로 등 민간 인프라 사업 및 반도체, 의료기기 등 다양한 분야까지 확장하면서 규모의 성장에 집중했다.

한편 대규모 사업 기회를 확보하고 글로벌 시장에서의 영향력을 확대하며 거침없이 확장 가도를 달리던 지멘스는 1990년 중반 이후부터 20여 년간 지속적인 포트폴리오 조정과 사업 재편을 진행하게 된다. 그동안의 사업 경험과 보유 역량을 토대로 진출했던 IT 부문의 예상치 못한 빠른 산업 트렌드 변화와 기존 캐시카우였던 통신 사업의 적자 전환, 그리고 반도체, 자동차 부품 등 신규 확장 사업들도 수익률이 급감하면서 다각화된 사업 영역의 수익성 악화는 회사의 지속가능성에 큰 위협으로 다가왔다. 이와 같이 분산된 포트폴리오는 구조적인 한계에 다다르며 결국 글로벌 대규모 구조조정에 이르게 되었다.

규모 성장에 집중했던 지멘스는 구조조정 과정을 단순히 몸집 줄이기에 그치지 않고 사업 구조를 근본적으로 혁신하는 기회로 인식했다. 지멘스는 사업구조 혁신을 위해 시간 최적화 프로세스(Time-Optimized Processes, 이하 TOP) 프로그램을 도입했다. TOP 프로그램은 지멘스가 앞으로 집중해야 하는 사업 영역과 운영 효율성을 향상 시키기 위한 방향을 제시하는 종합 비즈니스 혁신 및 성과 향상 프로그램으로 지멘스의 포트폴리오 최적화를 위한 핵심적인 수단이었다.

TOP 프로그램은 비즈니스 프로세스 효율화(Business Excellence),

경영관리 체계 강화(Management Innovation), 비용 최적화(Cost Optimization)의 3가지 중점 목표를 두고 이를 달성하기 위해 균형 성과표(Balanced Scorecards), 월드 클래스 벤치마킹(World-Class Benchmarking), EVA(Economic Value Added) 등 다양한 경영기법을 통합 적용하는데 집중했다. 또한 직원 아이디어 제안 제도(Employee Idea Systems)와 같은 내부 자발적인 아이디어 발굴과 개선 활동을 병행하여 근본적인 사업구조 혁신을 추진했다.

▍지멘스의 비즈니스 프로세스 효율화 노력

출처: 지멘스 홈페이지, https://images.sw.cdn.siemens.com/siemens-disw-assets/public/670INBLEGgCZqEJa519FC5/en-US/tl-blog-key.jpg?auto=format,compress&w=843&q=60

이러한 혁신 프로그램의 운영은 포트폴리오를 최적화함과 동시에 비용 절감 등 운영 효율성을 향상시켰으며 질적 성장의 기반을 구축하는 기회가 되었다. 이와 더불어 규모 중심 성장 시기에 급변하는 시장 환경과 경영관리 문제, 경쟁사의 추격 등 복잡 다양한 위기 요인들이 동시 다발적으로 등장하면서 경험했던 다각화된 사업 포트폴리오의 한계를 인식하고, 향후 다가올 산업 변화에 능동적으로 대응하기 위해서는 미래 전망이 중요하다는 것을 깊이 깨닫는 계기가 되었다.

포트폴리오 고도화를 위한 미래 예측, POF(Pictures of Future)

지멘스는 성장성이 있다고 판단되는 다양한 분야에 진출했는데, 그 과정에서 포트폴리오의 규모 확장에 주력했기 때문에 환경 변화에 발 빠르게 대응하기 어려웠던 문제점이 있었다. 이를 극복하기 위해, 미래를 예측하고 전략을 수립해 실행과 연계하는 POF(Pictures of Future) 프로그램을 도입했다.

지멘스의 미래 예측 도구인 POF는 중장기 관점에서 미래 기술 변화, 사회 구조 변화, 산업 트렌드 전환 등을 예측하고, 이를 바탕으로 기업이 변화된 경영환경에 대응할 수 있는 미래 시나리오를 개발하고 시각화해 제공한다. POF를 통해 기업은 다가오는 미래가 자신의 비즈니스 전반에 어떠한 영향을 미치게 될지 예상하고, 이에 효과적으로 대응하기 위해서 어떠한 준비를 선제적으로 해야 하는지 전략적 시사점을 얻을 수 있다. 구체적으로 사업군별 미래 시나리오를 그리기 위해 거시경제, 정책, 사회, 환경, 기술, 시장 등 미래 산업의 변화 동인(Driver)들을 도출하는 데, 과거의 경험에 비추어 가까운 미래를 예측해보는 방법(Extrapolation)과 먼 미래 시나리오에서 출발해 가까운 시점까지 역(逆)으로 추정하는 방법(Backcasting)을 동시에 수행한다.

즉, POF는 지멘스의 미래 전략을 수립하고 사업 포트폴리오 혁신의 방향을 설정하기 위한 종합적인 경영환경 변화 전망 시스템이라 할 수 있다. POF를 통해 각 사업부와 사업 영역의 성장성, 수익성, 지속가능성 등을 종합 평가하고 이를 통해 다양한 산업 분야의 미래 트렌드를 예측하고 미래를 위해 필요한 기반 기술을 파악할 수 있다. 또 미래 트렌드에 대응하기 위한 비즈니스 전략을 수립해 사업 포트폴리오를 혁신해 나갈 수 있다. 정교하고 정확도 높은 미래 예측 기법을 도입한 결과 지멘스는 경영 불확실성을 최소화하고 비즈니스의 성공 가능성을 향상시킬 수 있었다.

| 지멘스의 POF 프로그램, 전략 수립과 실행 프로세스

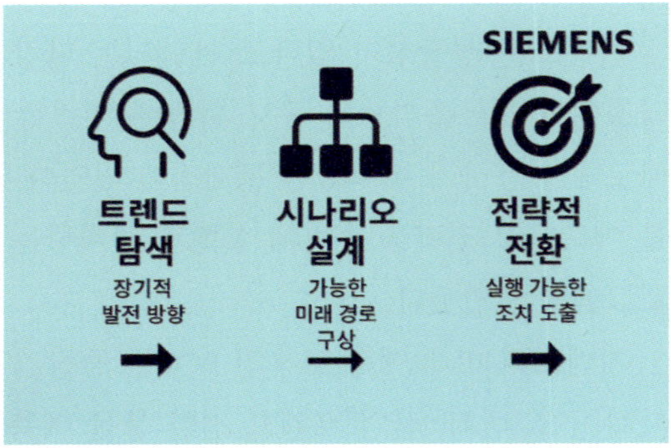

출처: Siemens(좌), https://img.yumpu.com/24128295/1/500x640/pictures-of-the-future-designbusiness-home.jpg , ChatGPT 생성 POF 실행 프로세스 이미지(우)

단기 실행 로드맵과 중장기 시나리오의 결합을 통해 내외부 이해관계자에게 설득력 있는 전략 비전을 제시하는 것도 가능해졌다. POF는 지속가능하고 성장성이 높은 시장 중심으로 사업 포트폴리오 변화를 유도하고 비즈니스 리더십을 확보할 수 있는 사업에 역량과 자원을 집중할 수 있도록 방향을 제시하는 역할을 담당해 주었다.

대표적인 사례로, 지멘스는 기존 가스와 전력(Gas and Power) 사업부가 화석 연료에 대한 의존도가 높아서 지속가능성 관점에서 미래 ESG 기준을 충족하기 어려울 것이라고 예상했다. POF 프로그램의 시나리오 분석을 통해 경제/기술/규제 변화에 따른 시장구조 변화와 원자재 가격, 에너지 비용 등 미래 비용 구조에 대한 시뮬레이션을 수행했다. 그 결과 장기 수익성 저하 및 시장 규제 리스크 확대에 따른 사업 위험이 높게 예상되었다. 지멘스는 위험을 헷지(hedge)하고 지속가능한 사업모델을 구축하기 위해 가스와 전력 사업부를 지멘스 에너지라는 별도 회사로 분사하고 자본시장에 상장하기로 결정했다. 이러한 판단은 미래 시장 변화에 선제적으로 대응하고 성장 포트폴리오를 최적화하기 위한 전략적 의사결정으로 평가된다.

이처럼 POF 프로그램을 통한 미래 예측과 실행 프로세스는 지멘스의 경영 철학이자 지멘스의 모든 비즈니스를 수행하는 기반이 되었으며 향후 많은 글로벌 기업의 벤치마크 대상이 되었다.

포트폴리오 혁신의 3대 축, 『전기화 · 자동화 · 디지털화』

위기 극복을 위한 대규모 사업 구조 혁신과 미래 예측을 통한 방향 설정을 통해 재도약의 토대를 마련한 지멘스는 2014년 Vision 2020을 발표하면서 본격적인 포트폴리오 경쟁력 향상에 돌입했다. 이에 따라 지멘스는 기존 16개 사업부를 단계적으로 축소해 나갔으며 그 과정에서 가전과 통신 인프라 사업은 매각하고, 풍력 부문은 별도 자회사로 독립시키는 등 전면적인 포트폴리오 개편에 돌입했다.

지멘스는 Vision 2020을 통해 경영 목표 달성과 포트폴리오 성장을 위해 다각화된 사업 포트폴리오를 전기화(Electrification), 자동화(Automation), 디지털화(Digitalization)에 기반한 사업 영역의 근본적인 전환에 집중하기로 했다.

첫째, 전기화는 전력망, 발전, 송배전, 모빌리티 영역에 에너지원으로서 전기의 활용을 극대화하고 기존 화석 연료 기반 시스템을 전기로 전환하는 것을 의미한다. 스마트 그리드 등 전력망 솔루션, 전력 저장 시스템(Energy Storage System, ESS), 전기 모빌리티 충전 인프라 등 사업 영역을 변화시켰다. 둘째, 자동화는 사람의 개입을 최소화하고 기계와 시스템의 자율적 운영을 기반으로 산업용 로봇 도입과 생산 라인 자동화, 무인 신호 시스템, 스마트 빌딩 관리 시스템 등 제조 경쟁력 강화를 위한 프로세스 및 매니지먼트 체제 강화에 초점을 맞추고 있다. 셋째, 디지털화는 데이터 기반 운영 최적화를 추구하며 디지털 트윈을 통한 설계, 생산, 유지보수의 최적화, AI/IoT 플랫폼 기반 데이터 수집, 분석, 예측 등 운영 효율 극대화를 목표로 했다.

ㅣ 지멘스의 Vision 2020+ 전략

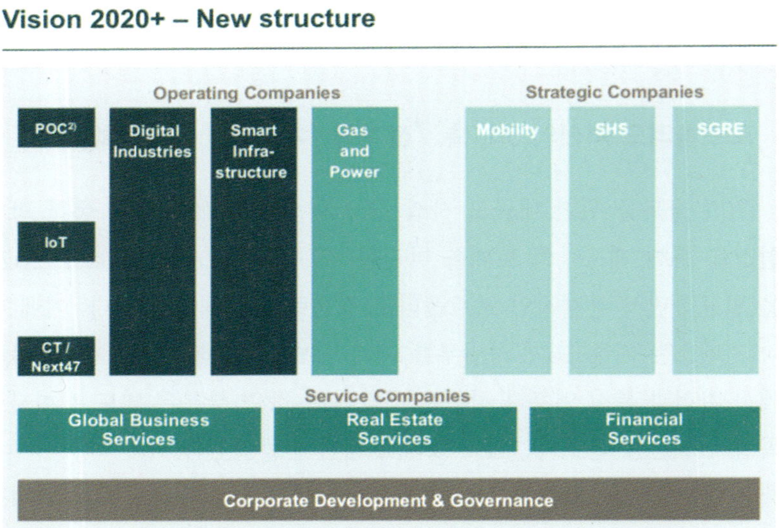

출처: Insights Into Siemens' Stunning Gas and Power, Renewables Shakeup (powermag.com) https://www.powermag.com/wp-content/uploads/2019/05/1_siemens_vision2020overhaul_may2019-768x550.jpg

지멘스는 2018년 발표한 Vision 2020+를 통해 전기화, 자동화, 디지털화라는 3대 포트폴리오 혁신 방향에 따라 기존 사업에 대한 재편뿐 아니라 미래 먹거리가 될 수 있는 새로운 성장 분야를 포함시켜 포트폴리오를 강화하고 있다. 구체적으로 디지털 산업, 인프라, 가스와 전력으로 구성된 3대 운영 비즈니스와 헬스케어, 신재생, 모빌리티로 구성된 3대 전략 비즈니스를 포함한 6대 사업부 체제를 구축했다. 3대 운영 비즈니스는 주력 시장에서 입지를 확보하고 있으며 안정적인 수요 성장을 통해 현금흐름을 창출하는 지멘스의 핵심 수익원이다. 3대 전략 비즈니스는 새로운 시장을 창출하고 기술적 리더십을 확보하기 위한 미래 지향적 혁신 사업에 해당한다.

전기화, 자동화, 디지털화는 에너지 공급과 사용의 혁신, 설비와 운영 효율성 극대화, 데이터 기반 새로운 가치 창출이라는 개별적인 기대 효과뿐 아니라 3대 축의 통합 시너지 효과로 지멘스의 미래 성장을 위한 포트폴리오 혁신의 촉진제 역할을 하였다.

미래 가치를 중시하는 포트폴리오 성장 경로(Growth Pathway)

175년이 넘는 오랜 기간 수 많은 위기와 도전을 경험해오고 있는 지멘스의 사업 포트폴리오 혁신 사례는 오늘날 기업 경영과 포트폴리오 방향 설정에 의미 있는 시사점을 제공한다.

첫째, 가장 중요한 것은 선택과 집중이 생존과 성장의 필수 조건이라는 점이다. 지멘스는 시대적 변화의 흐름에 맞춰 매번 스스로의 핵심 역량을 재정의하고 저수익 비핵심 사업은 과감하게 정리하는 결단을 내렸다. 반면 디지털 산업, 스마트 인프라, 헬스케어 등 장기적으로 성장 가능성이 높고 미래를 선도하는 기술이 접목되는 사업 영역에는 집중 투자해 주력 사업 포트폴리오로 육성했다.

둘째, 위기를 기회로 전환하는 조직의 유연성과 전략의 민첩성이 중요하다. 지멘스는 세계 대전, 오일쇼크, 글로벌 금융위기, 그리고 최근 COVID-19 등 복잡 다양한 위기가 닥칠 때마다 미래를 전망하고 발빠르게 사업 방향을 재편함으로써 위기 속에서도 손실을 최소화하고 당면한 문제를 해결함과 동시에 미래 문제에도 선제적으로 대응할 수 있었다.

셋째, 디지털 전환을 추가 옵션이 아닌 핵심역량으로 인식했다. POF, Vision2020와 같은 전략들은 모두 디지털화에 기반한 사업모델 강건화에 초점을 맞추고 있다. 디지털 트윈, AI 기반 제어, 헬스케어 진단 시스템 등 핵심 사업영역의 수익성을 향상시킨 근간에는 디지털 전환이 있다. 전통 산업 중심 기업의 생존 조건이자 새로운 성장 동력으로써 디지털 역량은 선택이 아닌 필수요소이다.

글로벌 장기 저성장 시대 도래와 지정학적 리스크의 위협이 상존하는 상시 위기 시대에 대한 우려가 확대되고 있다. 이처럼 복잡하고 다양한 변화와 위기 속에서도 기업이 생존하고 더 나아가 지속 성장하기 위해서는 미래 트렌드에 대한 체계적인 분석을 토대로 내실을 강화해 불확실성에 대응하면서도 미래 가치가 높은 영역에서 성장 기회를 포착해 사업 포트폴리오를 전환해 나아가는 올바른 방향 설정과 이를 구현하는 실행력 갖춘 전략 수립이 요구된다.

핵심역량 재해석에 기반한 히타치의 사업구조 혁신

히타치(Hitachi) 기업 개요

- 설립년도: 1910년
- 본사: 일본 도쿄
- 업종: 복합
- 시가총액: 133.6 U$십억 (2025.6.30기준)
- 매출액: 64,154 U$백만 (FY2025, 3월 결산)
- 영업이익: 6,371 U$백만 (FY2025, 3월 결산)
- 종업원수: 282,743명
- 부문별 매출 구성

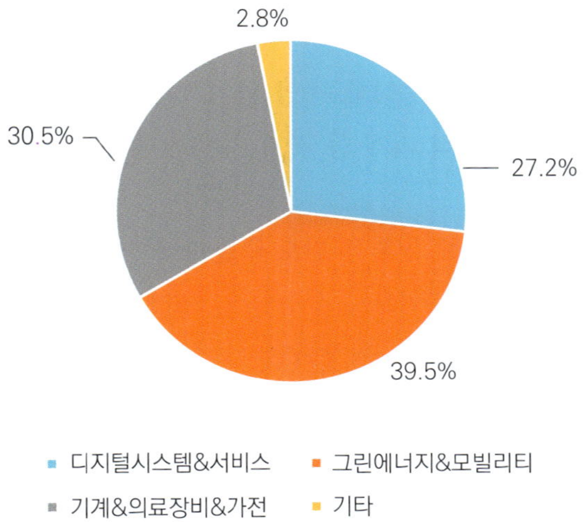

성장의 원동력, 포트폴리오 전환

일본을 대표하는 기업을 떠올려보면 도요타(Toyota), 소니(Sony) 등 우리들에게 친숙한 기업들이 먼저 떠오를 것이다. 하지만 100년 이상의 역사를 가지고 있고 제조업을 토대로 사업영역을 확장하며 성장한 일본을 대표하는 복합 기업(Conglomerate)을 꼽는다면 단연 히타치(Hitachi, Ltd., 日立製作所)일 것이다.

히타치는 두 차례의 포트폴리오 전환을 통해 경쟁력을 갖춘 일본 대표기업으로 성장했다. 과거 기계, 모터 등 제품 제조 기반의 역량을 토대로 성장한 히타치는 일본의 산업화를 기점으로 가전, 전력 설비, 산업용 기계 중심으로 첫 번째 포트폴리오 전환을 추진했다. 제조 역량을 토대로 냉장고, 세탁기, 선풍기 등 가전 수요 증가에 대응하고, 발전기, 변압기, 배전 설비 등 산업화의 필수 조건인 전력 설비 분야에 대한 기술과 제품 경쟁력으로 시장을 장악했다. 또한 철강, 조선, 자동차 산업에 필요한 공작 기계와 모터 등 산업용 기계로 사업 영역을 확장하면서 제조업의 선두주자로 인식되기 시작했다. 이후 히타치는 일본의 고속 성장기에 진입하면서 중화학 공업 영역까지 포트폴리오를 확장했고, 발전 설비, 터빈, 공작 기계 등 제조 기반 사업 규모와 범위를 확대했다.

또 한 번의 포트폴리오 전환은 반도체 분야에 진출했던 시점에 일어났다. 히타치를 글로벌 기업으로 성장할 수 있게 만든 첫 걸음이 바로 반도체 분야로의 포트폴리오 확장이었다. 히타치는 1960년대 후반부터 반도체 기술 개발에 본격 착수했다. 이전까지 반도체 시장은 기술을 독점하고 있는 미국을 중심으로 성장하고 있었으며, 일본은 미국으로부터 반도체 기술을 도입해 온 상황이었다. 그러다 일본 정부의 전자산업 육성 정책에 따라 대기업 중심의 기술 내재화를 추진했으며 그 과정에서 히타치는 반도체 핵심부품 자립을 위한 독자 기술 확보와 양산을 추진하는 핵심적인 역할을 맡았다. 이는 히타치가 메모리 반도체 분야에서 세계적인 플레이어로 도약하는 출발점이 되었다.

주력 성장엔진도 포트폴리오 전환 대상

글로벌 정보화 시대의 개막과 산업구조의 변화를 알리는 반도체 성장 속에서 국가 간 기술 패권 경쟁의 중심에 있었던 것은 컴퓨터, 통신 장비 등 주요 장비의 핵심 부품인 DRAM(Direct Random Access Memory)이었다. 컴퓨터의 성능을 결정할 만큼 중요한 DRAM 시장에서 히타치는 전 세계 시장 점유율의 30% 이상을 점유하여 IBM, 인텔 등 미국 기업들을 제치고 확고한 글로벌 지위를 확립했다.

한편 1990년대 후반부터 2000년대에 걸쳐 한국, 대만 기업 등 후발 주자의 추격으로 반도체 산업의 경쟁 구도는 심화되었다. 삼성전자, SK 하이닉스 등 한국 기업들이 신제품을 먼저 개발하기 시작했다. TSMC 등 대만 기업들은 팹리스-파운드리(Fabless-Foundry) 분리[1] 모델을 통해 설계 역량과 제조 역량을 각각 전문화해 비용을 절감하고 기술을 고도화하는 방식을 선택했다. 설계를 전문으로 하는 팹리스는 시장 트렌드에 따라 반도체 칩을 신속하게 개발했고 파운드리는 빠르고 안정적으로 양산했기 때문에, 이는 히타치와 같은 종합 반도체 기업들에게 큰 위협으로 작용했다.

세계 반도체 기업 순위 변화

세계 반도체 기업 순위(매출액 기준)

구분	1988년	2000년	2020년
1	NEC(일본)	인텔	인텔
2	도시바(일본)	도시바(일본)	삼성전자

1 설비투자 없이 R&D에 자원을 집중하는 팹리스(Fabless)와 고가의 반도체 생산설비로 제조 효율을 극대화하는 파운드리(Foundry)를 분리하는 모델

	1988년	2000년	2020년
3	히타치(일본)	NEC(일본)	TSMC
4	모토로라	삼성전자	SK하이닉스
5	TI	TI	마이크론
6	후지쓰(일본)	모토로라	퀄컴
7	인텔	ST	브로드컴
8	미쓰비시(일본)	히타치(일본)	엔비디아
9	미쓰비시(일본)	인피니언	TI
10	필립스	필립스	인피니언

출처: 주간조선, '23.3.7
https://cdn.weekly.chosun.com/news/photo/202303/24779_47251_2619.gif

2008년 글로벌 금융위기의 영향으로 히타치는 2009년 창사 이래 최대 손실인 7,880억 엔(당시 환율 기준 약 10조 원) 적자를 기록했다. 이는 당시 일본 역사상 제조업체로서는 최대 규모의 손실이었다. 제조 기반 핵심사업인 가전, 디스플레이, 반도체 등의 수익성 악화와 함께 글로벌 경쟁 심화로 인한 비용 경쟁력 저하 등이 그 원인으로 지목되었다.

2009년 4월, CEO로 취임한 다카시 카와무라는 일본 내 상장 그룹사를 22개에서 4개로, 연결대상 자회사를 400개에서 202개로 대폭 줄였다. TV, 스마트폰, PC 등 경쟁 우위를 상실한 가전 부문을 단계적으로 매각해 청산했으며, 수익이 나던 건설기계, 자동차부품 사업도 디지털 중심의 사업구조 재편과 재무구조 개선을 위해 과감하게 매각했다.

'사회 혁신'을 향한 포트폴리오 전환

히타치의 구조조정은 단순한 비용 절감이 아니었다. 히타치의 정체성을 제조업 기반에서 사회 인프라 중심의 디지털 솔루션 기업으로 전환하기 위한 전략적 선택이었다. 또 사회 혁신 비즈니스(Social Innovation Business) 전략을 발표하면서 디지털과 그린 기술을 융합해 사회의 복잡한 문제를 해결하는 것을 기업이 추구하는 사업의 방향으로 설정했다.

이에 따라 '사회 혁신은 우리의 미래(Social Innovation: It's Our Future)'라는 전략 메시지 아래 'Inspire the Next'라는 슬로건을 내세우면서 Digital Systems & Services(고객의 디지털 전환 지원), Green Energy & Mobility(에너지와 철도 시스템을 통한 탈탄소 관점의 사회적 기여 도모), Connective Industries(디지털 기술을 다양한 산업에 적용해 솔루션 제공)의 3개 사업 축을 중심으로 하는 새로운 사업 포트폴리오를 발표했다.

우선 Digital Systems & Services는 AI, IoT, 클라우드 등을 결합한 디지털 기반 서비스 사업 영역으로 산업 현장이나 사회 인프라 시설에 필요한 설비에 IT 기반 디지털 서비스를 접목시켜, 기존 제조와 설비 공급을 벗어난 디지털 역량 기반 지속가능한 사업 모델을 제시하고 있다. Green Energy & Mobility는 에너지 전환과 탄소중립 실현을 지원하기 위한 사업 영역으로 재생에너지 연계 비즈니스, 철도 및 전기차 모빌리티 솔루션과 같이 기후변화 대응과 에너지 안보라는 사회적 과제를 해결하기 위해 히타치의 전통적인 제조 경쟁력과 신기술 솔루션을 결합한 새로운 사업 영역이다. Connective Industries는 스마트 기술 연계 기반 산업 플랫폼 공급자로서 전통 산업기기 제조를 넘어 물류 자동화, 로봇 자동 제어, 창고 관리 솔루션 등 스마트 인프라의 표준을 제시하는 선구자 역할을 담당하고자 했다.

이와 같은 사업 포트폴리오 정체성의 변화는 히타치가 보유하고 있던 제조 기반의 경쟁력에 IT와 신기술을 융합해 단순한 수익 추구를 넘어 사회 문제 해결을 위한 비즈니스 모델 구축을 더욱 우선시하겠다는 의지에서 출발했다. 히타치의 포트폴리오 혁신은 사회와 미래 세대를 위한 가치 창출에 집중하겠다는 방향성을 잘 보여준다.

▎사회 혁신 비즈니스(Social Innovation Business) 전략 캠페인

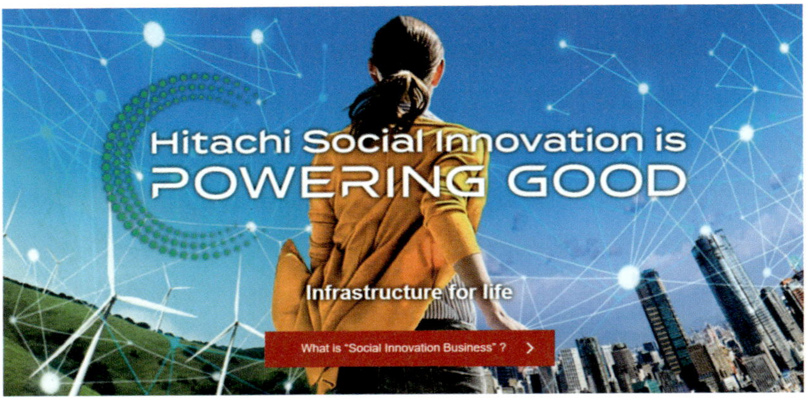

출처: dhrmap.com,
https://news36.dhrmap.com/wp-content/uploads/2023/04/hitachi-2.png

사업을 바라보는 관점 변화에서 출발

과거 히타치는 명확한 전략 없이 사업을 문어발식으로 확장했고, 분산된 사업 포트폴리오로 인해 위기에 대응하기 어려웠다는 평가를 받았었다. 한편 2000년대 주력 사업의 시장 경쟁력 약화와 글로벌 금융위기로 인해 촉발된 히타치의 사업 구조 변화는 '모든 것을 다루는 기업에서 사회 혁신 사업으로 포트폴리오를 이동한다'는 관점에서 매우 특별하다.

일반적인 구조조정은 비용을 절감하고 효율을 추구하며 판매를 강화하는 방향과 연계된 사업 재편에 초점을 맞춘다. 하지만 히타치가 선택한 포트폴리오 혁신은 단순히 제품을 만들어 시장에 판매하는 것을 넘어서 데이터와 기술로 지속가능한 사회를 조성하기 위한 비전과 뚜렷한 방향을 제시하고 이를 영위하기 위한 사업 포트폴리오로 완전히 탈바꿈하는 것이었다.

포트폴리오 전환의 결과는 재무 성과에서도 나타나고 있다. 2009년 대규모 적자를 기록했던 히타치는 2010년부터 꾸준히 회복하고 있으

며 디지털 역량을 기반으로 글로벌 매출 비중을 60% 수준까지 끌어올리는 등 사업 구조 재편과 재무 구조 개선을 동시에 달성하고 있다. 이러한 성과는 명확한 전략방향 설정과 꾸준한 실행력에 기인한다. 2009년부터 사업 구조 개편을 이끌었던 가와무라 다카시 이후 이어진 리더십 교체에도 히타치의 전략방향은 바뀌지 않았다. 가와무라 다카시('09~'14)는 Social Innovation Business 관점으로 사업 포트폴리오를 전환했고, 히가시하라 토시아키('16~'20)는 데이터와 기술을 활용하여 가치를 창출하기 위한 전략을 구체화했다.

코로나 팬데믹 이후, 코지마 케이지('21~'25.4)는 디지털 트렌스포메이션 전략을 확산했다. 단순 운영 혁신을 넘어 사회 문제를 해결하고 공동의 가치를 창출하기 위한 제품 혁신 및 글로벌 비즈니스 확장이라는 전략 방향을 설정하고 디지털 역량을 기반으로 비즈니스를 고도화하는 포트폴리오 혁신을 추진하였다. 이러한 전략방향은 現 CEO인 도쿠나가 토시아키('25.4~현재)의 AI와 디지털 기술을 중시하는 'True One Hitachi' 전략까지 연계되어 지속적으로 계승 발전하고 있다. 이를 통해 그룹 내 핵심 사업 부문들이 디지털 역량을 중심으로 상호 협력하여 시너지를 창출하며 끊임 없는 전사 혁신을 이어나고 있다.

히타치의 포트폴리오 혁신은 가장 경쟁력 있던 반도체 사업이 위기를 맞이했을 때 사업을 바라보는 관점을 바꾸어 기업이 보유한 핵심역량을 재해석하는 것에서 출발했다. 원가 절감, 판매 강화, 비핵심 사업 매각 등 근본적인 개선 노력은 물론이고, 이에 더해 기업이 성장하고자 하는 방향을 사회문제 해결을 통한 가치 창출로 설정하고 본원 경쟁력인 제조 역량을 디지털 기술과 접목시켜 새로운 포트폴리오로 전환할 수 있도록 가치관을 재정의한 결과물이다. 이를 통해 과거 제조 중심의 복합 기업에서 디지털 기반 사회 혁신 솔루션 기업으로 완전히 탈바꿈한 히타치는 새로운 정체성을 기반으로 지속가능한 미래를 선도해 나아갈 것이다.

히타치의 2027년 비전 달성 목표와 전략 방향

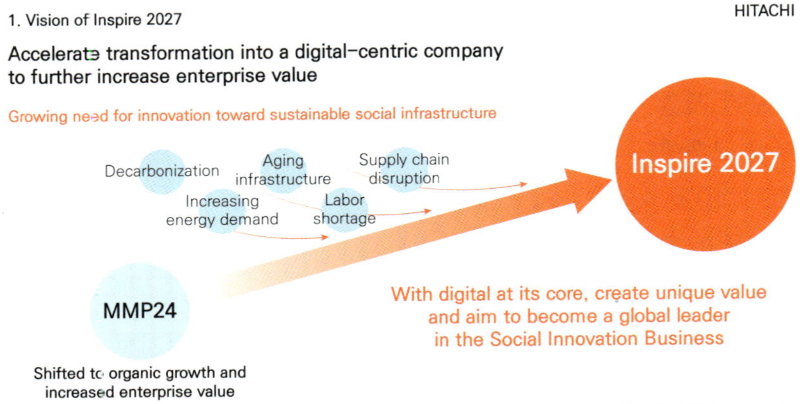

출처: 히타치 Investor Day('25.6) 자료 CEO Remarks

주류 1위, 디아지오에서 배우는 포트폴리오 일류화 전략

디아지오(Diageo) 기업 개요

- 설립년도: 1997년
- 본사: 영국 런던(London)
- 업종: 음료
- 시가총액: 55.8 U$십억 (2025.6.30 기준)
- 매출액: 20,269 U$백만 (FY2024, 6월 결산)
- 영업이익: 6,001 U$백만 (FY2024, 6월 결산)
- 종업원수: 30,367명
- 부문별 매출 구성

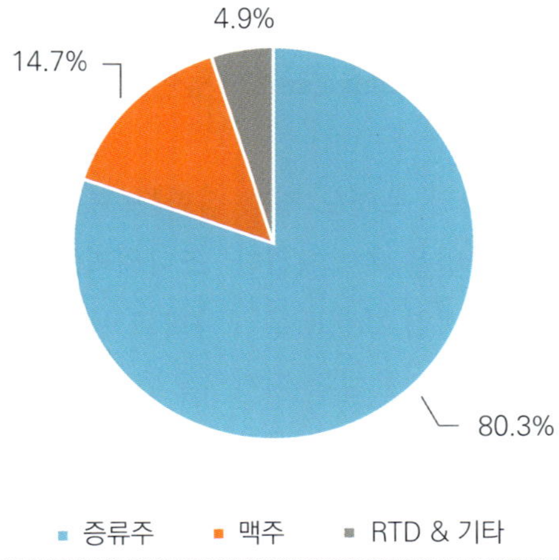

인수합병을 통한 포트폴리오 강화

우리에게 조니워커(Johnnie Walker), 기네스(Guinness) 등 일상에서 쉽게 찾아볼 수 있는 주류 제품은 매우 친숙하지만, 디아지오(Diageo)라는 기업은 다소 생소하게 느껴진다. 디아지오는 1997년 영국의 주류 기업 기네스(Guinness)와 주류·식품·외식 기업 그랜드 메트로폴리탄(Grand Metropolitan)의 합병으로 설립되었다.

당시 글로벌 주류 시장은 구조적인 변화와 성장 기회를 동시에 겪고 있었는데 글로벌 신흥 시장 개척, 규모의 대형화, 브랜드 경쟁의 심화, 규제 환경과 소비 패턴의 변화를 경험하고 있었다. 북미와 유럽 중심 시장에서 아시아, 중남미, 아프리카 등 신흥 시장으로의 확장이 본격화되는 한편, 소비자들이 브랜드 충성도가 높은 고급 주류에 집중하면서 프리미엄 경쟁도 심화되었다. 또한 주류 광고와 유통에 대한 규제 강화와 자유무역 확대의 움직임이 동시에 나타나고 있었다. 맥주, 와인 등 전통적인 발효주에 대한 수요도 꾸준히 이어졌으나 위스키(Whiskey), 보드카(Vodka), 진(Gin) 등 알코올 도수가 높은 증류주에 대한 선호 또한 증가했다.

주류 시장의 글로벌화와 브랜드 경쟁 심화는 포트폴리오 강화를 위한 주류 기업 간 인수합병을 촉발시켰다. 조니워커(Johnnie Walker), 스미노프(Smirnoff) 등 세계적인 브랜드를 보유하고 글로벌 네트워크를 확보한 두 대기업의 합병으로 탄생한 디아지오는 단숨에 글로벌 1위 주류 기업으로 부상했다. 그로 인해 2000년 전후 글로벌 주류 업계는 연간 매출 규모 기준으로 디아지오(Diageo, 98억 달러), 캐나다의 씨그램(Seagram, 56억 달러), 영국의 얼라이드도메크(Allied Domecq, 46억 달러)의 Big 3 시장으로 재편되었다.

비핵심 자산 매각으로 포트폴리오 내실화

디아지오는 설립 이후 본원 사업에 집중하기 위해 합병의 유산으로 보유하고 있던 다양한 비핵심 브랜드와 사업체, 기타 자산들을 점진적으로 처분하기 시작했다. 2000년 미국의 식품 기업 제너럴 밀스(General Mills)에 필스버리 컴퍼니(Pillsbury Company)를 매각했고, 2002년에는 버거킹(Burger king)을 텍사스 퍼시픽 그룹(Texas Pacific Group)이 이끄는 투자자 컨소시엄에 매각했다.

이후 2010년부터는 적극적인 글로벌 확장 전략을 추진하며 과감한 투자를 통해 신흥 시장을 선점했다. 2011년부터 2013년 사이에 중국의 바이주(白酒) 제조업체인 쓰촨 수이징팡(Sichuan Shuijingfang Company)을 인수하면서 아시아 지역에 진출했으며, 2011년에는 터키 주류회사 메이 이츠키(Mey Icki)를 21억 달러에 인수했다. 또 2012년 브라질 칵테일 제조업체 이피오카(Ypióca)를 3억 파운드에 인수했고 인도 유나이티드 스피릿츠(United Spirits Limited) 지분을 12억 8천만 파운드에 인수하기도 했다.

디아지오는 시장 확대와 동시에 기존에 보유한 프리미엄 브랜드를 강화하는 데도 집중했다. 2012년 디아지오는 향후 5년간 스카치 위스키 생산에 10억 파운드를 투자하기로 발표했으며, 기존 시설의 확장과 새로운 증류소 추가 건설 등을 통해 기존 대비 총 생산 능력을 30~40% 증강시키는 계획을 추진하기로 했다.

이후 디아지오는 글로벌 주류 시장 변화에 대응하고, 기업 체질 건전성을 유지하기 위해 사업 포트폴리오를 전략적으로 조정했다. 프리미엄 제품과 럭셔리 브랜드에 더욱 집중했으며, 수익성과 성장성 분석을 통해 비핵심 브랜드 자산과 저수익 사업은 발 빠르게 매각했다.

전통적인 주류 시장보다는 프리미엄/럭셔리 시장에 집중하기 위해 19개에 달하는 와인 브랜드를 모두 매각하고 와인 사업에서 철수하는 과감한 결단을 내리기도 했다. 이를 통해 스피릿(Spirits, 발효된 술을 증류해 알코올 도수를 높인 증류주) 브랜드에 집중하는 전략을 강화했다.

디아지오가 프리미엄 스피릿 브랜드 시장을 타깃으로 포트폴리오를 조정한 이유는 젊은 세대와 고소득층의 니즈와 소비 트렌드를 눈여겨봤기 때문이다. 적당한 양의 고품질 브랜드를 깊이 있게 즐기는 럭셔리 주류 문화가 새로운 트렌드로 나타나기 시작한 상황에서 시장을 선도하기 위해서는 선제적으로 사업 포트폴리오를 전환해야 한다고 생각한 것이다. 이처럼 과감한 의사결정과 실행의 결과로 디아지오는 글로벌 주류 시장에서 경쟁력을 잃지 않고 지속 성장할 수 있었다.

포트폴리오 일류화 위한 4대 전략

현재 디아지오는 전 세계 180여 개국에 진출해 있으며 총 200여 개의 브랜드를 보유하고있다. 특히 업계 상위 프리미엄 브랜드 20개 중 조니워커(Johnny Walker), 스미노프(Smirnoff), 기네스(Guinness), 베일리스(Baileys) 등 9개가 모두 디아지오 산하 브랜드일 정도로 글로벌 주류 업계에서 가장 아이코닉(Iconic)한 브랜드들로 시장 트렌드를 선도하는 기업으로 평가받고 있다.

디아지오가 복잡 다양한 사업 환경 변화와 경영 불확실성의 위협에도 불구하고 약 30여 년 동안 일류(Top-tier) 경쟁력을 유지하는 비결은 기업 전략에 잘 담겨 있다. 디아지오는 IR(Investor Relation) 등 커뮤니케이션 채널을 통해 회사가 중점 추진 방향을 어디에 두고 있으며 어떠한 전략을 추진하는지를 명확히 밝히고 있다. 디아지오가 추구하는 전략의 목표는 '최우수 성과, 가장 신뢰받고 존경받는(Best Performing, Most Trusted and Respected)', '경쟁력 우위 확보와 유리한 위치 선점(Position to Win)'이라는 표현에서 알 수 있듯이 전형적인 '업계 1등'을 추구한다.

| 디아지오의 비전과 전략 방향

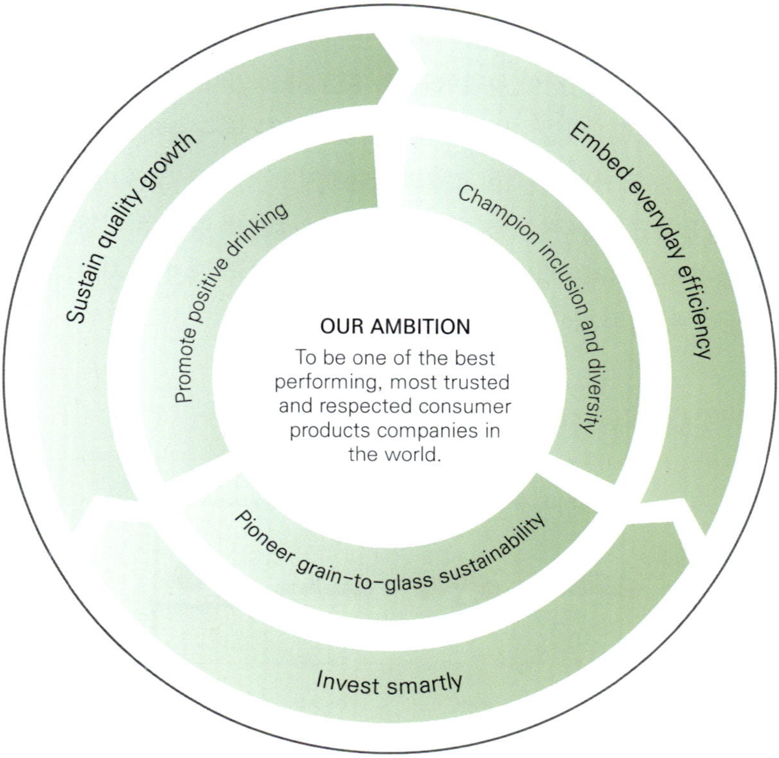

출처: 디아지오 홈페이지
https://www.diageo.com/~/media/Images/D/Diageo-V2/Diageo-Corp/investors/results-reports-and-presentations/annual-reports/our-strategic-priorities-660.webp?w=556

디아지오는 브랜드 프리미엄화를 통한 질적 성장으로 방향을 설정함으로써 독보적인 영업이익률과 주주수익률 달성을 도모하며 미래를 내다보는 현명한 투자로 잠재 고객을 확보하고 있다. 업계를 선도하는 디아지오가 보유한 포트폴리오 경쟁력(Unleash the power of portfolio)은 과거부터 이어져 오는 위스키, 맥주 분야의 영향력을 기반으로 데킬라 등 성장 분야에서도 압도적인 경쟁 우위를 확보할 수 있었다는 점에서 더욱 의미가 있다. 디아지오의 포트폴리오 경쟁력을 구성하는 세부 요소는 다음의 4가지로 살펴볼 수 있다.

첫 번째는 브랜드(Brand)이다. 현재 디아지오는 위스키, 맥주, 보드카, 데킬라, 바이주 등 다양한 주류 분야에서 양적으로 1위 자리를 유지하고 있거나 상징성이 큰 브랜드를 확보하고 있다. 이러한 브랜드 고급화를 통해 프리미엄 시장을 중심으로 브랜드를 구축하고 고급 라인에 해당하는 제품에 주력하고 있다. 디아지오는 최근 2030년 장기 전략을 발표하면서 현재 4.7%에 그치고 있는 글로벌 증류주 시장 점유율 목표를 6%로 제시했다. 이는 맥주, 와인 등 발효주 목표인 시장 점유율 5% 보다 높은 수준이다.

| 디아지오의 대표 브랜드

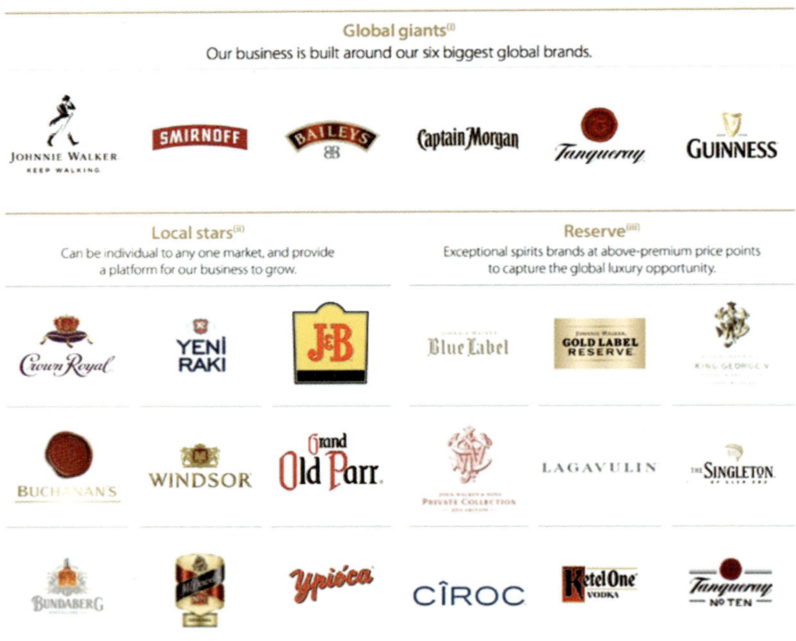

출처: 디아지오 Annual Report, https://ssd2.s3.amazonaws.com/tmp/2018-05-21/1526938087173-image.png

두 번째는 지리적 우위(Geographies)이다. 생산 및 판매 거점의 지리적 다변화는 특정 국가의 정책 변화에 대한 리스크를 최소화하고 지역별 특화된 브랜드 포트폴리오를 통해 시장 단위 지배력 확보를 용이하게 해 준다. 디아지오가 구축한 지리적 우위의 전략적 가치는 매우 높다.

세 번째는 다양한 주류 구성(Categories)이다. 디아지오는 위스키, 데킬라, 보드카, 럼, 진, 브랜디, 바이주 등 증류주의 모든 영역에서 시장 선도 제품을 보유하고 있으며, 시시각각 변화하는 소비 트렌드에 맞춰 주력 제품을 빠르게 변화시키기 위해 경영 자원을 효율적으로 배분하는 역량도 매우 탁월하다. 현재는 디아지오의 주류 구성 중 가장 큰 시장인 위스키, 맥주, 데킬라에서 총 매출의 50%를 창출한다는 목표로 전체 생산시설의 1/3을 이 제품들에 할당해 집중 생산하고 있다.

Price Points별 매출 비중 변화 (2019~2023)

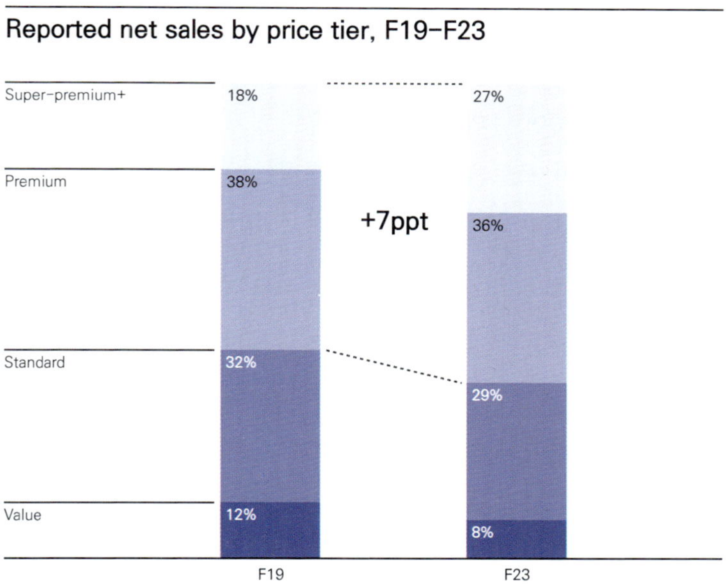

출처: 디아지오 Annual Report,
https://dividendpost.net/media/images/Produktentwicklung_Sales_Diageo.width-800.png

네 번째는 가격 세분화 정책(Price Points)이다. 디아지오의 모든 제품은 가격을 기준으로 슈퍼 프리미엄(Super-premium, 최고급 이상)과 프리미엄(Premium), 그리고 보급형(Value/Standard)의 3가지로 재분류된다. 예를 들어, 조니 워커 브랜드를 3가지로 나눠본다면 슈퍼 프리미엄에는 조니워커 블루, 프리미엄에는 조니워커 블랙, 보급형에는 조니워커 레드가 포함된다. 궁극적으로 슈퍼 프리미엄과 프리미엄 제품 판매 비중을 높여가는 전략을 추구한다.

1등 기업의 비결, 포트폴리오 경쟁 우위

디아지오는 기업의 모든 가치 창출 영역에서 '일류(Top-tier)가 되어 경쟁에서 이기는 포지션을 선점'한다는 마인드셋(Mindset)을 강조하고 있다. 디아지오의 초격차 경쟁 우위는 사업 포트폴리오의 영향력(Power)을 통해 시장 지배력을 확대하고 미래 트렌드를 전망해 변화하는 시장을 선점하고 프리미엄 중심의 주력 제품 경쟁력을 높여가는 과정을 통해 구축되었다. 또한 단순히 제품을 출시하고 판매하는 것에만 집중하지 않고, 지역 단위 시장 내 브랜드 입지, 고객 계층별 경험과 니즈 등을 고려하여 포트폴리오를 고도화하는 끊임없는 노력을 통해 형성된 독보적인 경쟁 우위는 디아지오가 30여년 동안 업계 1위를 유지하면서도 끊임 없이 성장할 수 있는 원동력이다.

한편 최근 미·중 갈등, 러·우 전쟁, 중동 분쟁 등 지정학적 불확실성이 증가함에 따라 원자재, 병, 패키징 재료 수급 등 공급망 관점의 이슈가 우려되고 있다. 디아지오는 글로벌 공급망 이슈에 대응하기 위해 기존 영국 및 유럽 중심 생산에서 중국, 인도 등 아시아 지역과 북미 현지 생산을 강화하여 생산 기지를 분산화하고 있다. 또한 지역 농산물, 현지 병 제조사와의 협력 관계를 통해 공급망 탄력성을 확보하고 있으며, 현지 맛과 문화에 맞춘 제품을 개발하기 위한 파트너십 확대 및 탄력적 재고 운영 등을 통해 불확실성 경영환경에 능동적으로 대응하고 있다.

1등 기업은 기존 경쟁 상대와 새로운 후발 주자의 위협에 항상 노출되어 있지만, 보고 배울 벤치마킹 대상이 되는 선도 주자는 존재하지 않기 때문에 항상 어려운 상황에 도전하고 새로운 것을 창조해야 하는 부담을 진다. 하지만 누구보다 빠르고 혁신적으로 포트폴리오를 전환하고 실행력을 갖춘 일류화 전략을 기반으로 1위 자리를 유지해가는 디아지오의 전략을 면밀히 살펴보면 1등 기업이라는 부담과 무게를 이겨내는 것이 결코 불가능하지 않다는 희망을 가지게 된다.

다이킨 공업, 양손잡이 경영으로 혁신의 딜레마를 해결하다

다이킨 공업(Daikin Industry) 기업 개요

- 설립년도: 1924년
- 본사: 일본 오사카(Osaka)
- 업종: 전기장비
- 시가총액: 34.6 U$십억 (2025.6.30 기준)
- 매출액: 31,163 U$백만 (FY2025, 3월 결산)
- 영업이익: 2,634 U$백만 (FY2025, 3월 결산)
- 종업원수: 103,544명
- 부문별 매출 구성

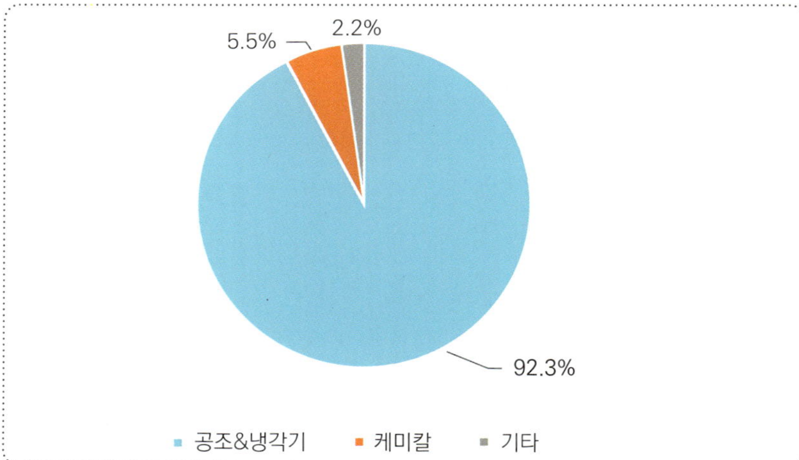

포트폴리오 혁신의 딜레마, 수익성 vs 성장성

기업은 의사결정 과정에서 수많은 트레이드 오프(Trade-Off) 상황에 직면하게 된다. 예를 들어, 제품의 경량화를 추구하다 보면 고급화를 놓칠 수 있고, 사업의 수익성을 우선시 하다 보면 성장성을 놓칠 수 있다. 일본 와세다 대학의 아사바 시게루 교수는 2024년 12월에 발간한 저서 'Management in Pursuit of Two Rabbits: Breaking Away from Trade-offs'를 통해 이러한 혁신의 딜레마(Dilemma)에 대처하는 방법으로 '두 마리 토끼를 잡는 경영전략'을 강조했다.

▎두 마리 토끼 전략에 대해 설명하는 아사바 시게루 교수

출처: JPPress, 2025.4.2, https://jbpress.ismcdn.jp/mwimgs/f/b/1800mw/img_fb97f743385eef8529905be02f0d9cfe2501881.jpg

아사바 시게루 교수는 경영자가 당면하는 많은 문제들이 사실상 트레이드 오프 문제에 해당하며 하나의 목표에 집중하는 것이 아닌 두 가

지 목표를 동시에 추구하는 방법으로 문제를 해결하는 경우가 많다는 것을 강조한다. 아사바 시게루 교수가 강조하는 두 마리 토끼 전략(二兎戰略)은 둘 중 하나가 아닌 두 가지 목표를 병행하는 전략적 사고를 기반으로 하며, 심화(Exploitation)와 탐색(Exploration)으로 나눠 볼 수 있다. 심화(深化)는 기존의 강점을 최대한 살려서 주력 사업을 효율화하고 프로세스를 고도화해서 안정적인 수익을 창출하는 방식을 뜻한다. 기존 사업의 고객과 기술, 시장 중심으로 개선 방향을 찾는 것이다. 반면 탐색(探索)은 미래를 위한 새로운 사업 기회와 신기술, 신시장을 발굴하고 불확실성에 도전하며 혁신하는 방향을 제시한다. 이는 과거와 다른 새로운 방식으로 새로운 사업 영역에 진입하는 방식이다.

사실 양손잡이 경영의 개념은 과거의 연구들을 통해 오랜 기간 이어져 오고 있다. 20세기 경영학과 조직 이론을 대표하는 세계적인 석학 제임스 마치(James G. March)는 1991년에 발표한 논문 'Exploration and Exploitation in Organizational Learning'을 통해 조직은 기존 역량을 심화(Exploitation)하면서도 새로운 것을 탐색(Exploration)해야 지속가능하다고 주장했다. 대부분의 조직은 Exploitation에 과도하게 치중하기 때문에 단기적인 성과는 창출하지만, 장기적으로 혁신하기 위한 역량은 점점 쇠퇴해 결국 환경 변화에 대응하기 어려워지며, Exploration과의 균형이 무너지면 조직이 쇠퇴한다는 것이다. 이를 위해 심화와 탐색의 균형을 유지하기 위한 노력과 함께 적절한 실패 경험과 실험 정신이 허용되는 문화가 중요하다고 했다.

하버드 비즈니스 스쿨의 마이클 터쉬만(Michael Tushman)과 스탠포드 대학의 찰스 오라일리(Charles O'Reilly)는 1996년 '양손잡이 조직(Ambidextrous Organizations)'이라는 개념을 본격적으로 제시했다. 이들은 성공적인 기업들이 기존 사업을 효율적으로 관리하면서 동시에 혁신적인 새로운 사업을 개발할 수 있는 능력을 가져야 한다고 강조했다. 또한 '혁신가의 딜레마(The Innovator's Dilemma)'의 저자로 유명한 하버드 대학의 클레이튼 크리스텐슨(Clayton Christensen)은 직접적으로 양손잡이 개념을 사용하지는 않았지만, 기존 기술을 개선하는 지속적인 혁신과 시장의 판(販)을 바꾸는 파괴적 혁신을 동시에 관리해야 한다는 이론으로 양손잡이 경영의 필요성을 뒷받침했다.

다이킨 공업의 양손잡이 포트폴리오

양손잡이 전략을 통해 현재의 사업 포트폴리오를 강건화하고 미래 성장 동력을 발굴·육성하는 대표적인 기업으로 일본의 다이킨 공업(Daikin Industry)을 꼽을 수 있다. 과거 금속제품 제조를 전문으로 해왔던 다이킨 공업은 냉동기 제조와 냉매 가스 사업 등을 영위하면서 공조기 전문 제조사로 성장하기 시작하였다. 2000년 이전까지는 꾸준히 성장하는 일본 내 냉방 보급 수요에 대응해 공장을 신설하고 사무용뿐 아니라 가정용 에어컨으로 생산 제품의 범위를 확대하고 본격적인 사업 규모 확장을 추진하는데 집중했다.

냉동기, 에어컨 등 내수 중심 제품 단위 포트폴리오를 확장 중이었던 다이킨 공업은 2006년 말레이시아 공조기기 제조회사 OYL과 2012년 미국 가정용 에어컨 제조 기업 Goodman 등을 M&A(인수합병)하면서 글로벌 시장으로 진출하였고 지역 단위 포트폴리오를 구축하기 시작했다.

OYL은 전 세계에서 냉난방 및 환기시스템(Heating, Ventilation, and Air Conditioning, HVAC)과 공조기기 생산 및 유통 사업을 전개하는 기업으로 다이킨 공업의 OYL 인수 비용은 약 19억 달러 규모로 당시 일본 제조업체 중에서는 최대 규모의 해외 M&A로 손꼽힌다. 이를 통해 다이킨 공업은 기존 일본, 아시아 일부 시장에서 북미, 유럽, 중동, 중국 등 광범위한 유통망을 보유하게 되었다. 기존의 가정용, 상업용 공조기에서 산업용, 대형 빌딩용 공조기까지 확대하면서 사업 영역도 넓혔으며 OYL의 생산 및 R&D 거점 시설 흡수를 통해 글로벌 생산 네트워크를 최적화할 수 있었다.

다이킨 공업은 OYL 인수 전인 2005년에는 일본 시장을 중심으로 약 9천억 엔의 매출을 기록했으나, 인수 후 2007년에는 북미, 유럽, 중동, 중국 등 글로벌 전역에서 약 1조 3천억 엔의 매출을 기록함으로써 전 세계 공조 시장 점유율 2위로 도약했다. 이와 같은 과감한 투자는 당시 사업 포트폴리오의 확장 및 경쟁력 제고라는 당면 과제를 해결하기 위해 반드시 필요한 의사결정이었으며, OYL 인수는 다이킨 공업의 미래 준비에 근간이 되는 인프라를 구축하는 계기가 되었다.

OYL 인수를 통해 확보한 글로벌 R&D 거점 시설과 전 세계 다국적 인재들은 기존 역량을 심화(Exploitation)해 매출을 신장하고 수익을 확대하는 핵심 경쟁우위 요소임과 동시에 새로운 영역을 탐색(Exploration)하는 혁신의 원동력이 되었다. 이들을 주축으로 다이킨 공업은 현재를 대응하고 미래를 준비하는 양손잡이 전략의 원활한 추진을 위해 2015년 테크놀로지 이노베이션 센터(Technology Innovation Center, TIC)를 설립했다. 테크놀로지 이노베이션 센터는 '가장 잘 나갈 때 미래를 준비한다'는 경영 방침에 따라 단기 수익을 극대화하는 대신 미래 기술개발을 위한 연구 인프라 구축과 R&D 투자에 과감히 자원을 분배하는 전략적 선택이자 결과물이었다.

특히 테크놀로지 이노베이션 센터에서는 VRV(가변 냉매 유량 시스템), 인버터, 고효율 냉매 등 기존 주력 기술 연구를 고도화하는 심화(深化) 기능뿐 아니라 중장기 미래 기술 선도를 위한 공기 질 관리(Air Quality), 스마트 HVAC(Heating, Ventilation, and Air Conditioning) 시스템, 헬스케어 등 새로운 영역으로의 탐색(探索) 기능에 더욱 집중했다.

| 다이킨 공업의 테크놀로지 이노베이션 센터

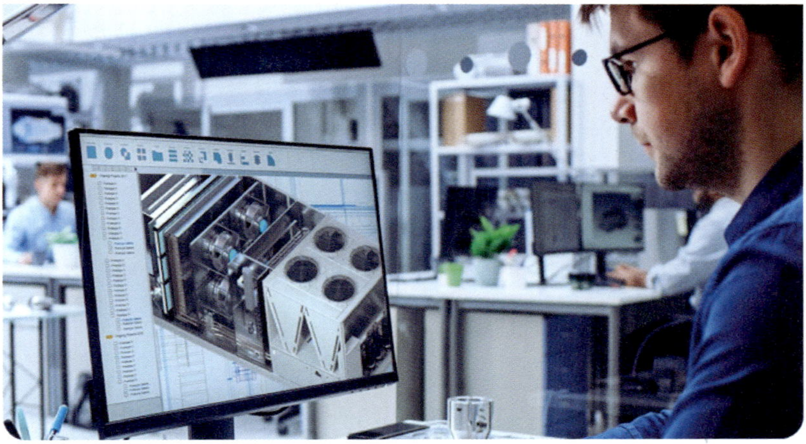

출처: Technology & Innovation | Advancing HVAC Efficiency | Daikin

다이킨 공업의 테크놀로지 이노베이션 센터는 단순한 R&D 시설을 넘어 '오픈 이노베이션 허브(Open Innovation Hub)'로서 기존 사업 성과 확대 및 새로운 가치 창출을 동시에 달성하기 위한 물리적·문화적 플랫폼 역할도 담당한다. 개방과 융합이라는 핵심 개념을 구현하기 위해 사내 연구자뿐 아니라 외부 전문가, 대학, 스타트업, 고객까지 기술 개발과 제품 구현에 참여했으며, 참여자들은 상호 간 이질적 시각과 기술의 현실화를 위한 복잡한 상충 속에서 새로운 솔루션을 찾고 시너지를 창출하는 데 힘을 모았다.

테크놀로지 이노베이션 센터의 설립은 기존의 공조 사업 영역에 머무르지 않고 신성장 영역으로 포트폴리오를 확장하게 되는 계기가 되었으며, 이를 통해 다이킨 공업은 현재에 충실하면서도 미래를 준비하는 양손잡이 전략의 대표적인 기업으로 알려지게 되었다.

제품, 기술, 사람을 융합한 포트폴리오 '퓨전(FUSION)' 경영

양손잡이 경영을 구현하기 위한 플랫폼이자 핵심 인프라가 테크놀로지 이노베이션 센터라고 한다면, 다이킨 공업의 핵심적인 포트폴리오 성장 전략은 '퓨전 경영'이다. 퓨전 경영은 다이킨 공업이 지속적인 성장을 이뤄낼 수 있도록 한 경영 철학이자 혁신의 원동력으로 자주 언급되고 있다. 퓨전 경영은 2001년부터 일관되게 유지되어 오고 있으며 '단기 수익성과 중장기 성장성의 양립'이라는 경영 목표를 달성하기 위한 전략 수립의 기틀이 되며, 다양한 가치와 문화, 기술과 사람의 창조적인 융합으로 새로운 가치를 창출하는 경영 방식을 추구한다.

퓨전 경영의 핵심 축은 다섯 가지로 구성되어 있다. 첫 번째는 '기술과 사람'인데, 공조 기술을 통해 인간 삶의 질(質)을 향상시키는 공기를 지향하는 것으로 단순히 기술 중심이 아니라 기술이 사람 중심으로 융합되는 것을 의미한다. 두 번째는 '일본과 글로벌'로 일본적 장인정신과 글로벌 다양성, 시장 대응력을 융합해 경쟁력을 확보하도록 한다. 세 번째는 '제조와 서비스'로 공조 제품 생산을 넘어 공기관리 서비스, 데이터 기반의 에너지 제어 솔루션 등 서비스와 기술을 융합해 제조업의 영역을 확장한다. 네 번째는 '심화와 탐색'으로 기존 역량을 강화(Exploitation)하면서도 미래 혁신을 위한 탐색(Exploration)을 동시에 추구하는 체계와 시스템, 실행력을 의미한다. 마지막으로 다섯 번째는 '내부와 외부'로 조직 내부 역량과 스타트업, 대학, 고객 등 외부와의 개방형 협업(Open Innovation)을 통한 전략과 실행의 융합을 나타낸다.

다이킨 공업은 퓨전 경영을 실현하기 위해 제품, 조직, 시장 관점에서 적용 포인트를 발굴했다. 다이킨 공업의 대표적인 VRV(Variable Refrigerant Volume) 공조 시스템은 이미 제조 라인과 고객 기반이 구축되어 있었기 때문에 상업 시설용 에어컨 시장에서 높은 수익성과 점유율을 보장하고 있었다. 그러나 다이킨 공업은 디지털 기반 제품 니즈 변화를 고려한 신기술 탐색 및 기술 고도화를 병행해 AI 제어, 실내 공기질 센서, 예지 정비 기능 등을 융합한 스마트 공조 제품을 생산 판매하는 시장 선도기업으로 진화했다.

또한 2015년 설립한 테크놀로지 이노베이션 센터를 R&D 전진 기지로 활용해 탄소중립 냉매, 공기청정, IoT 기반 공조시스템 등 미래 기술 연구를 수행했다. 전 세계 R&D 네트워크와 연결된 오픈 이노베이션으로 전통 제조 인재와 외부 디지털 전문가의 융합을 이끌어냈으며 기존 사업 강화와 신규 기술 개발을 동시에 추진할 수 있었다.

다이킨 공업은 2019년 COVID19가 발생하자 재택근무 환경에서 사용 가능한 소형/개인용 공조기기 수요가 크게 늘어날 것으로 예측하고 2020년부터 가정용 스마트 공기청정 에어컨을 출시해 일본과 유럽 시장에서 큰 수익을 창출했다. 이에 그치지 않고 시장의 ESG 강화 움직임에 선제 대응하기 위해 해당 제품군에 탄소 저감형 냉매, 에너지 최적화 기능, 필터 교환 예측 기능 등을 탑재했으며, 단순히 하나의 제품이 아닌 '청정 공기 관리 솔루션' 사업군으로 발전시켰다. 이는 제품 판매 확대와 동시에 필터 구독 서비스 등 장기 서비스가 연계된 사업 모델로 확장시킨 대표적인 사례이다.

포트폴리오 혁신으로 수익과 성장 동시 달성

다이킨 공업은 글로벌 금융위기가 발생한 2009년 이후 끊임 없는 경영 혁신과 위기에도 기회를 찾는 양손잡이 전략을 통해 지속적인 성장을 이뤄내고 있다. OYL 인수 효과로 매출이 급증하며 양적으로 확장했으며, 2015년 테크놀로지 이노베이션 센터 설립 이후 R&D 투자가 확대되었고 매출과 이익 규모는 크게 증가했다. 또한 영업이익률도 10% 내외를 지속적으로 유지하는 고수익 구조를 강건화하면서 질적으로도 매우 뛰어난 성과를 보이고 있다.

다이킨 공업의 퓨전 경영 전략과 재무 성과 (2001～2020)

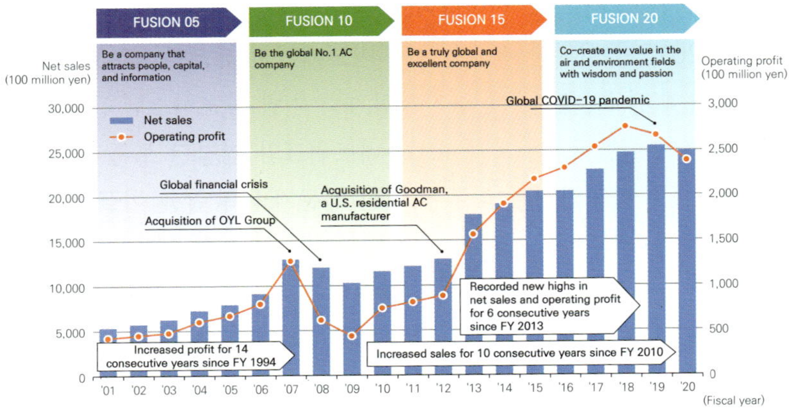

출처: https://media.licdn.com/dms/image/v2/C5622AQGAGkZ9E0p0cA/feedshare-shrink_2048_1536/feedshare-shrink_2048_1536/0/1626426690954?e=2147483647&v=beta&t=A89h22SdLdCKtsvAPrLClkMUyD0lo5d3LV_c76vBJNo

여기서 중요한 점은 기존 사업에 대한 집중과 규모의 확장으로도 매출과 수익이 증가하고 있었지만 이에 안주하지 않고 테크놀로지 이노베이션 센터 설립을 통해 미래를 전망하고 새로운 것을 탐색하는 투자와 노력을 병행했다는 점이다. 특히 새로운 것을 탐색하는 기술형 인재와 기존 기술을 고도화하는 심화형 인재를 동시에 배치해 최적의 결론을 도출하고 미래를 준비하는 것은 다이킨 공업의 퓨전 경영철학이 추구하는 '양손잡이 경영'이 이론적 개념을 넘어 어떻게 기업의 성장 엔진으로서 사업 포트폴리오에 적용되며 실제 경영 현장에서 혁신적인 성과를 창출할 수 있는지를 보여주는 대표적인 사례다.

한편 제조업체들은 각 국 보호무역주의 강화, 부품 수급 리스크 증가 등 공급망 관리 및 생산 운영 측면의 어려움을 겪고 있으며, DX, GX 등 사업 패러다임 변화를 유도하는 신기술 등장에 적극적으로 대응해야 하는 상황에 놓여있다. 다이킨 공업은 지역 분산형 생산 체제를 강화하고 주요 부품을 자체 제조하여 외부 조달 의존도를 낮추고 있다. 또한 고령화, 도시 집중화 등 헬스케어 및 웰니스 시장 확장에 선제 대응하여 공기 관리 강화 제품 라인을 확대하고 데이터 기반 유지 관리 서비스(Subscription 모델 등)를 제공하여 사업 영역을 확장하고 있다.

그와 함께 센서 IoT, AI를 활용한 스마트 빌딩 증가에 대응한 에너지 최적화를 위한 데이터 기반 자동 공조 기능 강화, 원격 모니터링 통한 예지 정비 기능 탑재 등 DX(Digital Transformation)에 선제 대응하고 있다. 또한 냉매 규제 등의 탄소 중립과 ESG 강화 등의 GX(Green Transformation)에 적극 대응하기 위해 차세대 친환경 냉매 개발 및 제조 공정 자체의 에너지 절감과 재생에너지 활용을 통해 탄소배출 감축 목표를 달성하기 위한 노력도 병행하고 있다.

이와 같이 급변하는 경영환경 변화 속에서 오늘의 경쟁력을 유지하고 내일을 미리 준비하기 위한 적극적인 포트폴리오 혁신과 과감한 전략 실행은 단순한 제조업체를 넘어 공기를 매개로 건강, 에너지, 환경 문제를 동시에 해결하고자 하는 다이킨 공업의 미래를 더욱 밝게 만들어 줄 것이다.

과도한 포트폴리오 변신의 위험과 교훈, GE

GE 기업 개요

- 설립년도: 1892년 (최근 GE에어로스페이스, GE버노바, GE헬스케어 3개로 분할)
- 본사: 미국 신시내티(Cincinnati)
- 업종: 항공기&부품, 에너지, 의료기기
- 시가총액: 274.5 / 144.4 / 33.9 U$십억 (2025.6.30 기준)
- 매출액: 38,702 / 34,935 / 19,672 U$백만 (FY2024, 12월 결산)
- 영업이익: 6,657 / 471 / 2,625 U$백만 (FY2024, 12월 결산)
- 각 사업별 매출 구성

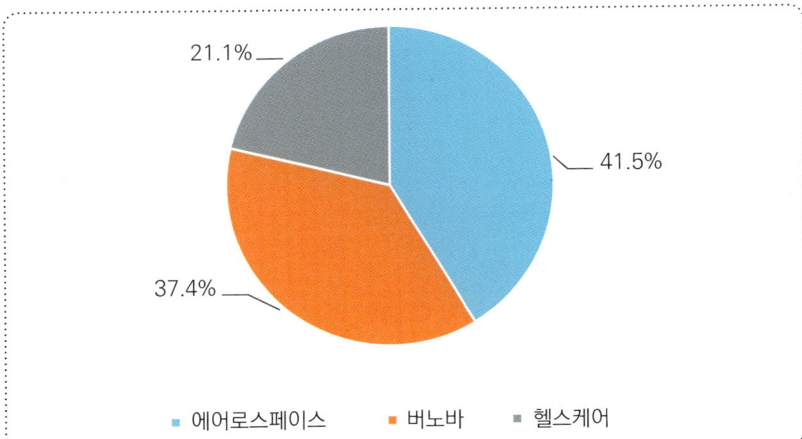

급격한 포트폴리오 전환의 위험

경영 전략, 조직 이론, 다각화 전략 등을 연구하는 많은 학자들은 기업이 영위하고 있는 사업 구조를 대규모로 변경하거나 완전히 다른 사업으로 재편할 때 발생할 수 있는 다양한 문제점을 지적해왔다. 예를 들어, 제조 역량 기반의 기업이 서비스 중심 포트폴리오로 사업 구조를 전환하는 경우 기존에 쌓은 기술과 노하우, 공급망과 네트워크 등이 무력화 될 수 있다. 전환 이후 새로운 사업 영역에 대한 역량을 확보하고 기반을 구축하는데 많은 시간이 소요되는데 그 기간 동안 기존의 경쟁우위를 잃을 위험이 크기 때문이다.

새로운 사업 영역 중심의 사업 구조 전환은 기존에 축적된 핵심역량(Core competence)을 약화시키고, 내부 조직의 저항과 문화적 충돌을 유발하며, 자원 및 역량의 부적합성(Resource misfit)을 초래할 위험이 크다. 또 투자자와 고객 등 이해관계자들의 신뢰를 저하시킬 뿐 아니라, 관리 복잡성과 거래 비용(Transaction cost)을 급격히 증가시켜 기업의 재무적 안정성을 해칠 수 있다. 따라서 급격한 포트폴리오 전환은 단기적으로는 위기를 돌파하는 수단처럼 보일 수 있으나, 장기적으로는 기업의 경쟁력과 지속가능성을 심각하게 훼손할 수 있다는 점에서 신중한 검토와 단계적 접근이 필요하다.

제조에서 금융으로 포트폴리오 대전환

제너럴 일렉트릭(General Electric, 이하 GE)은 전구, 조명부터 시작하여 모터, 발전기, 송전 시스템, 각종 전자 기기 및 항공기 엔진까지 현대 산업의 기초 인프라를 구축하는 데 기여한 명실상부 글로벌 대표 제조기업이다. GE는 100년 가까이 제조업 기반의 본원 경쟁력을 토대로 새로운 환경이 요구하는 기술과 제품을 개발하고 상용화함으로써 사업 영역을 확대하며 포트폴리오를 강화해 나가고 있었다. 그 동안 GE의 혁신은 단순한 기술 개발을 넘어 산업 패러다임 자체를 바꾸는 근본적인 변화를 이끌어냈다고 할 수 있다.

하지만 GE 캐피탈(GE Capital)로 대표되는 금융의 힘이 제조를 지배하기 시작하면서 사업을 바라보는 관점이 크게 달라지기 시작했다. GE 캐피탈은 GE의 기존 주요 사업영역인 항공기 엔진이나 발전용 터빈과 같이 중장비를 구매하는 자금을 조달해주거나, 당시로는 상당히 비쌌던 가전제품의 판매를 지원하기 위한 역할을 맡은 작은 사업부로 출발했다. 해당 사업부는 주요 고객들이 고가의 GE 제품을 할부나 리스 등을 통해 쉽게 구매할 수 있도록 하는 전통적인 비즈니스 모델을 영위하면서 점차 성장했다.

1981년 CEO로 부임한 잭 웰치(Jack Welch)의 등장은 금융 제국의 건설을 알리는 신호탄이 되었다. 잭 웰치는 취임 후 근본적인 사업 구조 재편과 효율화를 위해 크고 작은 단위 사업들의 현황을 살펴보고 사업 포트폴리오의 성과를 개선하기 위한 노력에 집중했다. 잭 웰치는 1천건이 넘는 M&A를 성사시키며 의료서비스, 미디어, 통신, 금융 등 새로운 분야의 수 많은 기업들을 사업 포트폴리오에 포함시켰는데, 그 결과 제조업 중심이었던 GE의 정체성은 점차 흐려지기 시작했다. 그 과정에서 GE 캐피탈은 '제품 + 금융 패키지'라는 독특한 사업 모델로 성과를 창출하기 시작했고, GE의 사업 포트폴리오의 무게중심은 제조업에서 금융 서비스업으로 이동하게 되었다.

GE 캐피탈은 1980년대 접어들면서 신용카드, 자동차 금융, 주택 모기지, 보험 등 산업 금융에서 상업 금융으로 확장하면서 성장했다. 글로벌 주요 제조기업들이 제조 역량을 토대로 포트폴리오를 확장한 시기에 GE는 보험업에 진출하고 투자은행을 인수하는 등 금융 비즈니스 영역을 확장하면서 제조보다는 금융사업 규모를 확대해 나갔다.

1990년대 금융 비즈니스 황금기를 거치면서 성장한 GE 캐피탈의 자산 규모는 1995년 1,600억 달러였으나 2000년에는 3,326억 달러로 배(倍)가되었으며, 2008년 금융 위기 이전 6,370억 달러로 정점을 찍으며 다시 배(倍)가되었다. GE 캐피탈은 모회사 수익에 가장 크게 기여하는 자회사로 성장했으며 최고조일때는 GE 매출의 약 50%, 총 이익의 약 55%를 차지할 만큼 영향력이 커졌다. 그만큼 GE 내에서 금융의 수익 기여도는 압도적이었다.

| GE의 매출 및 영업이익 변화 트렌드(1990~2010)

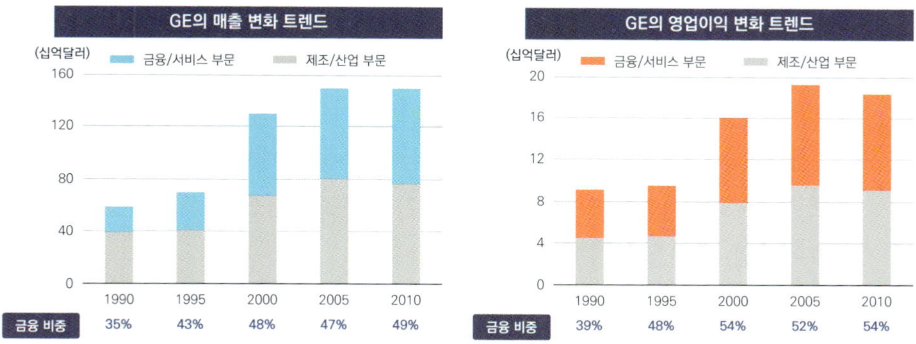

출처: GE Annual Report 자료 기반 포스코경영연구원 작성

핵심역량 잃은 포트폴리오의 취약성

2000년대 중반 전후 GE 캐피탈은 주택담보대출, 구조화 금융 등 고위험 자산에도 금융 서비스를 제공하고 있었다. 이는 높은 수익을 기대할 수 있지만 동시에 큰 리스크를 내포한 투자였다.

2008년 리먼 브라더스 파산에 따른 글로벌 금융 위기가 발발하면서 금융 시장은 급격한 신용 경색을 경험하게 되었고 GE 캐피탈도 유동성 위기에 직면하게 되었다. 그로 인해 GE의 주가는 2007년 고점 대비 80% 이상 하락했다. 글로벌 신용 평가기관인 무디스(Moody's)는 GE의 신용 등급을 AAA에서 AA+로 하향 조정했으며, 시장에서는 GE가 배당을 삭감하거나 중단할 것이라는 우려가 확산되기 시작했다. 또한 GE 캐피탈의 금융 상품을 이용한 기업들의 상환 불능 위험도 급격히 높아졌고 이들의 신용도가 하락하면서 GE가 부담해야 할 부실 채권 또한 증가하게 되었다.

이러한 잠재 부실이 현실화되며 유동성 부족을 겪게 된 GE 캐피탈은 결국 파산 위기에 처해 연방 정부의 구제 금융을 받아야 하는 처지로 전락했다. GE는 2008년 연방 정부의 임시 유동성 보증 프로그램(Temporary Liquidity Guarantee Program)에 참여해 1,390억 달러의 대규모 자금을 수혈받았으나, 금융 중심 사업 포트폴리오의 성장이 무너지며 점차 몰락의 길로 접어들게 되었다.

2001년부터 GE를 이끌기 시작한 제프리 이멜트(Jeffery Immelt) CEO는 당면한 위기를 극복하기 위해 근본적인 사업 구조 개선에 나섰다. GE 캐피탈의 사업 규모를 축소하면서 금융 부문에 대한 의존도를 본격적으로 낮추기 시작했고 비핵심 사업 분야 구조조정을 위해 가전사업, 미디어사업 분야를 매각했다.

또한 인프라, 헬스케어, 항공 등 제조업 중심의 본원 사업 영역에 집중하기로 결심했다. 산업 인터넷(Industry Internet)과 빅데이터(Big Data), 인공지능(AI) 등 산업 성장에 필요한 디지털 기술에 대한 투자 확대로 산업 부문 경쟁력을 향상시켰으며 디지털화 기반 수익 창출을 통해 글로벌 시장에서 다시 한번 일어서기 위한 발판을 마련했다.

이러한 노력에도 불구하고 미국 제조업의 대명사로 불렸던 GE는 2018년 다우지수(Dow 30)[2]에서 퇴출되는 불명예를 겪게 된다. 1884년 다우지수가 처음 등장했을때부터 구성 기업에 포함되어 111년간 유지되어왔던 '제조업의 자존심'이 무너진 것이다.

---

2 미국 증권거래소에 상장된 30개의 우량기업 주식 종목들로 구성된 지수

| 글로벌 금융위기와 GE의 몰락

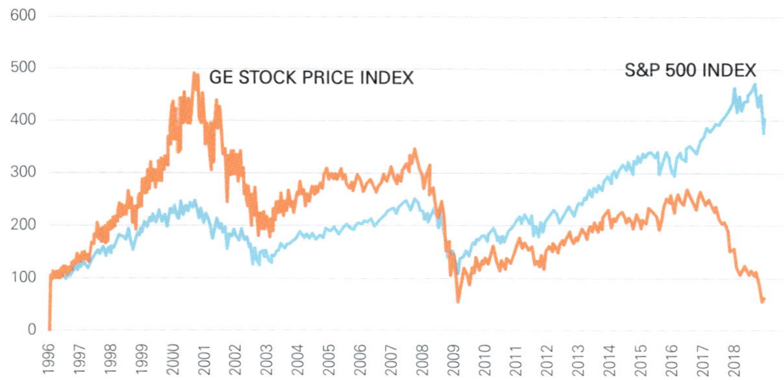

출처: GE Stock Price vs. S&P500 Index, 1996-2018 (Year 1996 = 100) | Download Scientific Diagram (researchgate.net)
https://www.researchgate.net/profile/Rajeswararao-Chaganti/publication/332550530/figure/fig1/AS:750152881029124@1555861792693/GE-Stock-Price-vs-S-P500-Index-1996-2018-Year-1996-100.png

2021년 GE는 복잡한 사업구조로 인한 기업 가치 저평가를 해소하고 각 사업에 특화된 성장 전략을 강화하여 투자자들에게 더욱 명확한 포트폴리오와 전략적 방향성을 제시하기 위해 3개사 분할을 결정했다. 이에 따라 헬스케어, 에너지, 항공의 핵심 사업영역을 중심으로 포트폴리오를 조정했으며, 결국 2023년 GE 헬스케어(GE Healthcare), 2024년 GE 버노바(GE Vernova)와 GE 에어로스페이스(GE Aerospace)로의 분사를 통해 글로벌 제조 기업 GE는 해체되었다.

포트폴리오 이니셔티브(Initiative) 재설정

GE의 역사는 미국 산업 발전의 축소판이라고 해도 과언이 아닐 것이다. 에디슨의 혁신 정신에서 시작해 잭 웰치의 공격적인 경영을 거쳐 최종적으로 전문화된 독립 회사들로 분할되기까지 끊임없는 변화와 혁신을 통해 시대의 요구에 맞춰 진화해왔다고 볼 수 있다. 하지만 변화하는 산업 트렌드를 지나치게 추종하면서 본원 사업의 근본적 경쟁력을 높이기보다 금융 서비스를 활용한 단기 수익 창출에 집중했고, 무분별하게 사업 다각화를 추진한 것이 오히려 구조조정에 오랜 시간과 많은 비용을 투입하게 하는 원인으로 작용했다.

GE 성장과 몰락의 과정은 제조기업이 금융업으로 무리하게 다각화하는 것의 위험성과 단기 자금조달에 과도하게 의존하는 것에 대한 리스크를 경고한다. GE는 이를 교훈으로 삼아 제조와 금융으로 혼재된 사업 포트폴리오를 제조 기술이라는 본원 경쟁력에 기반한 선택과 집중형 포트폴리오로 이니셔티브를 재설정했다. 사업 포트폴리오를 헬스케어, 에너지, 항공의 3대 핵심 사업영역으로 재정비하고 각각 독립된 운영 체제로 분리함으로써 복합 기업의 한계를 극복하고 다시 한번 제조 명가로 부활하기 위한 새로운 성장 방향을 설정하고 있다.

GE 헬스케어의 첨단 정밀의학 비즈니스 프로세스

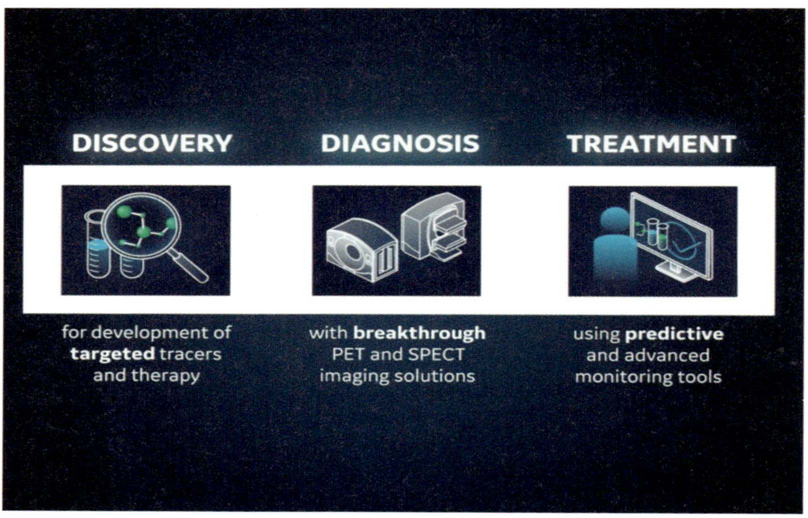

출처: GE 헬스케어 Evolving the promise of precision medicine with | GE HealthCare (United States)

GE 헬스케어는 기존 의료장비 기반 비즈니스에서 소프트웨어 및 데이터 서비스로 사업영역 확장을 통해 디지털 헬스케어 영역을 선점하고 수익성과 성장성을 동시에 확보하는 데 집중하고 있다. 고급 영상 기술 개발과 AI 기반 자동 분석 솔루션을 통해 정밀의학(Precision Medicine) 분야 선두주자로 발돋움하고 있으며, 선진국은 프리미엄 제품을 중심으로 사업 영역을 확장하고 신흥국은 의료 인프라 투자와 보급형 장비 공급 확대를 통해 글로벌 No.1 첨단 헬스케어 플랫폼 회사로 도약하고 있다.

GE 버노바의 CCUS 개념도

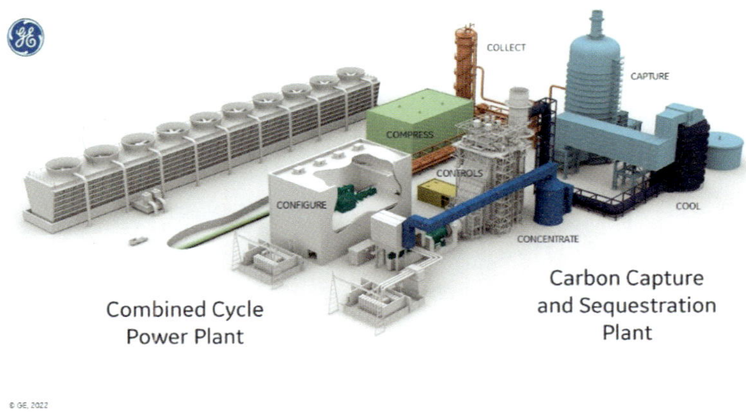

출처: GE 버노바 Press Release ccs_3d_model_.jpg (1280×720)

GE 버노바는 에너지 전환(Energy Transition)을 주도하기 위해 전통적인 발전 설비에서 에너지 솔루션 영역으로 사업을 확장하고 전력 수요가 급증하는 동남아, 인도, 중동 등 신흥국을 중심으로 영향력을 확대해나가고 있다. 풍력, 수력 등 재생에너지 분야 및 가스터빈 분야 등 발전 사업 부문의 경쟁력 강화하고, 전력망 및 디지털 제어 관련 그리드 솔루션과 탄소 포집, 활용 및 저장(CCUS, Carbon Capture, Utilizaion and Storage), 그린수소 생산 및 혼소 기술 개발 등 저탄소 미래 에너지 솔루션 분야(Emerging & Low Carbon Technologies)를 새로운 성장 동력으로 육성하고 있다.

GE 에어로스페이스의 지속가능항공유(SAF) 사업

출처: GE 에어로스페이스 지속가능항공유 사업 소개 Aviation Can't Decarbonize Without Sustainable Aviation Fuel (SAF) | GE News

GE 에어로스페이스는 항공 엔진뿐 아니라 수명 주기 기반 유지 보수 서비스 결합과 동시에 최근 수요가 증가하고 있는 저탄소 항공기 기술 투자, 방위 사업 확대 등 미래 성장 포트폴리오를 강화하고 있다. 탈탄소 기조에 맞춰 친환경 엔진 설계 및 지속가능항공연료(SAF, Sustainable Aviation Fuel) 등에 집중 투자하고 있으며, 디지털 트윈 및 스마트 모니터링 기술을 통한 항공기 유지보수를 통한 수익성 향상을 도모하고 있다.

비록 거대 대기업으로서의 GE는 막을 내렸지만, 132년간 축적된 제조업의 근간이 되는 GE의 유산은 3개의 전문화된 회사를 통해 계속 변화하며 혁신을 추구하는 모습으로 이어질 것이다.

사업 포트폴리오 혁신의 핵심 포인트

- 지멘스(Siemens)는 생존과 성장을 위한 체계적인 미래 트렌드 분석을 통해 경영환경 불확실성에 대응하면서도 미래 가치가 높은 성장 기회를 발굴했다. 지멘스의 사업 포트폴리오 혁신 사례는 복잡 다양한 변화에도 올바른 방향 설정과 실행력을 갖춘 전략 수립의 중요성을 다시 한번 일깨워준다.
- 히타치(Hitachi)는 후발 주자의 추격과 경기 침체의 위협에 노출되면서 역사적 위기를 경험했다. 하지만 사회 혁신 기업으로서 정체성을 새롭게 정립하고 사업 구조의 전환을 추진했다. 기업의 미래는 명확한 비전과 뚜렷한 성장 방향이 담긴 사업 포트폴리오의 전환에서 출발한다는 점을 시사한다.
- 디아지오(Diageo)는 비핵심 자산을 매각하고 핵심 사업 분야에 대한 집중 투자로 경쟁력을 제고함과 동시에 고객의 니즈와 시장 트렌드를 꿰뚫는 통찰력을 토대로 지속적인 포트폴리오 혁신을 추구하고 있다. 이러한 점이 디아지오가 30여 년 동안 일류를 유지하고 있는 초격차 경쟁력의 비결이다.
- 다이킨 공업(Daikin Industry)은 단기 수익성 향상과 중장기 성장 동력 확보라는 두 가지 목표를 동시에 달성하기 위한 양손잡이 전략을 추진했다. 특히 어려운 시기에도 생존만이 아닌 미래 준비에 과감한 투자를 단행했다. 이를 가능하게 한 경영 철학과 실행 중심의 사업 포트폴리오 조정은 혁신을 위해 나아가야 할 방향을 제시하고 있다.
- GE(General Electric) 사례는 132년 동안 글로벌 대표 장수기업으로 자리매김해왔던 대형 기업도 무분별한 다각화에 무너질 수 있으며, 성장의 근간이 되어왔던 제조가 아닌 금융과 같은 서비스 중심으로 급격하게 사업 포트폴리오를 전환하는 것의 위험성에 대해 경고한다. 본원 경쟁력이 미래 성장의 기초가 된다는 교훈을 얻을 수 있다.

본 장에 소개된 사례들의 시사점을 바탕으로 독자들이 ① 본원 경쟁력 제고에 초점을 맞춘 핵심 사업 중심의 포트폴리오 강건화, ② 위기와 기회에 대한 올바른 판단과 과감한 사업 구조 조정, ③ 미래 트렌드 분석을 통한 사업기회 포착과 실행 전략 수립 등 사업 포트폴리오 혁신에 대한 아이디어를 찾을 수 있길 기대한다.

chapter

2

원가 혁신(CX, Cost Transformation), 지속가능한 경쟁력의 토대

chapter

2

원가 혁신(CX, Cost Transformation), 지속가능한 경쟁력의 토대

원가 혁신은 급변하는 환경 속에서 치열하게 경쟁하는 기업들이 생존을 넘어 지속가능한 경쟁력을 갖추기 위한 필수 전략 과제다.

성공적인 원가 혁신은 단순히 비용을 줄이는 것이 아니다. 단기적이고 일회적인 비용절감이 일시적인 경쟁우위로 나타날 수 있으나 오히려 조직의 장기적인 경쟁력을 훼손할 수 있다. 조직문화로서 원가 혁신이 체질화되어 있어야 하며, 일회성이 아닌 체계적인 혁신 전략을 꾸준히 추진해야 진정한 경쟁우위를 확보할 수 있다.

본 장에서는 세계 유수 기업들의 성공적 원가 혁신 사례를 통해 독자들에게 원가 혁신 전략과 실행방안에 대한 아이디어를 제공하고자 한다. 도요타(Toyota)는 조직에 체화된 원가 혁신 DNA가 숱한 위기를 극복하고 '세계 1등 자동차 회사'를 유지하는 원동력이 되었다. 이케아(IKEA)의 놀라운 성장 비결은 단순히 저렴한 가격만을 추구한 것이 아니라 '많은 사람들의 더 좋은 생활'이라는 비전과 이를 실현하기 위한 종합적인 원가 혁신 전략에 있었다. 한편, 세계적인 건축 거장 프랭크 게리(Frank Gehry)는 스페인 빌바오 구겐하임 미술관 등 전례가 없는 자유로운 형태의 건축을 시도함에도 치밀한 기획과 철저한 사전 검증으로 지난 25년간 고객에게 약속한 예산과 공기를 모두 준수했다. 테슬라(Tesla)와 스페이스X(SpaceX)의 성공에는 업계 주류의 고정관념을 탈피한 획기적인 원가 혁신 전략이 주효했으며, 아마존(Amazon)은 로봇, AI 등 첨단 기술에 대한 과감하고 꾸준한 투자를 통해 저원가 고효율의 운영체계를 구축할 수 있었다.

각인된 혁신 DNA로 호황에도 비상경영하는 도요타

도요타(Toyota) 기업 개요

- 설립년도: 1937년
- 본사: 일본 아이치현 도요타시(Toyota)
- 업종: 자동차
- 시가총액: 273.0 U$십억 (2025.6.30 기준)
- 매출액: 314,998 U$백만 (FY2025, 3월 결산)
- 영업이익: 31,447 U$백만 (FY2025, 3월 결산)
- 종업원수: 383,853명
- 판매대수: 9,362만 대 (2024년)
- 부문별 매출 구성

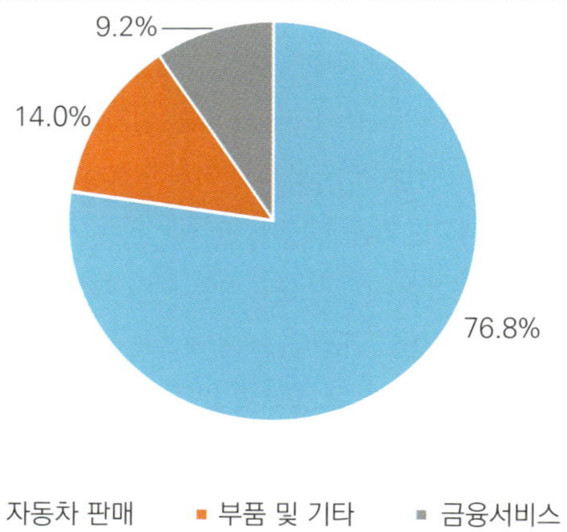

도요타는 평상시에도 위기감을 강조하는 상시 위기의식 기업 문화로 유명하다. 경영진은 호황기에도 마치 위기 상황인 것처럼 긴장을 늦추지 말 것을 주문한다. 세계 1위 자동차 기업에 올라선 2007년, 당시 사장 와타나베 가쓰아키(渡辺 捷昭)는 신입사원들에게 '교만은 곧 몰락으로 이어진다'고 경고하며 자만과 안주를 경계했다. 2024년 5조 4천억 엔의 영업이익이라는 사상 최고 실적을 기록했을 때에도 경영진은 '지금이 바로 위기이며, 해외 전기차 업체들을 이길 수 있는 가격 경쟁력을 마련해야 한다'며 임직원들을 독려했다. 항상 위기를 가정하고 끊임없는 개선과 낭비 제거로 비용 경쟁력을 확보하면서도 품질을 놓치지 않는 균형 감각이 도요타 원가 혁신 철학의 핵심이라고 할 수 있다.

도요타의 원가 혁신 철학은 단순한 구호가 아니라 경영 전반에 체화된 원칙이다. 도요타 웨이(Toyota Way 2020)의 행동지침에서는 '개선을 지속함으로써 작은 변화와 혁신을 멈추지 말 것'을 가르치고 있다. 이러한 가르침에 따라 도요타 임직원들은 작은 성공에도 안주하지 않고 다음 위기에 대비하는 자세를 유지하고자 노력하고 있다.

세계 최고를 향한 원가 혁신: CCC21과 Value Innovation

도요타는 이러한 철학을 바탕으로 대규모 원가 혁신 프로젝트들을 실행해 왔다. 그 대표적인 예가 2000년대 초반의 CCC21과 Value Innovation(VI, 가치 혁신)이다. CCC21(Construction of Cost Competitiveness 21; 21세기 원가경쟁력 구축)은 2000년 7월 시작된 전사적 원가절감 프로그램이다. 당시 한국의 현대자동차와 같이 글로벌 시장에서 경쟁하는 저원가 경쟁업체들의 위협에 대응하기 위해 도요타는 핵심 부품 170여 개에 대해 30% 원가 절감을 목표로 삼았다. 이 170개 부품은 구매 비용의 90%를 차지하는 주요 요소들로, 도요타는 엔지니어링, 생산, 구매 부서와 수백 개 공급사를 참여시켜 부품 원가 구조를 제로베이스에서 재검토했다.

예를 들어, 자동차 경적(horn)의 부품 수는 28개에서 22개로 줄여 원가를 40% 절감했고, 차종마다 제각각이던 실내 손잡이도 35종에서 3종의 공용 디자인으로 통합했다. 이러한 표준화와 단순화로 조달비용을 획기적으로 낮춘 결과 CCC21은 2003년까지 약 1조 엔의 비용을 절감하는 성과를 올렸다.

CCC21에 이어 VI 프로젝트가 2005년 추진되었다. VI의 목표는 부품 단위 조달 원가절감에 초점을 맞춘 CCC21보다 범위를 넓혀 제품 설계와 생산 공정 전반에 걸친 원가 혁신을 추진하는 것이었다. 도요타는 VI를 통해 매년 3천억 엔의 추가적인 비용절감을 달성하고, 영업이익률을 10% 수준까지 끌어올리겠다는 야심찬 계획을 발표했다. 실제로 VI는 제품 기획 및 설계 단계부터 원가를 낮출 수 있는 방안을 모색하고, 출시되는 모델마다 지속적으로 원가를 낮출 수 있는 장치를 마련했다. 이러한 노력을 통해 2010년경에는 VI의 효과가 본격화되어 자동차와 같은 성숙산업에서도 두 자릿수 이익률을 낼 수 있다는 것을 입증해 보였다.

한편, 일각에서는 CCC21 이후 공격적인 비용절감 압박이 도요타의 품질 문제를 야기했다는 지적도 있었다. 실제로 2000년대 중반부터 대규모 리콜 사태가 잇따라 발생한 배경에 원가절감의 후유증이 있다는 분석인데, 도요타는 이를 교훈 삼아 VI 추진 시 품질 안정화 방안도 함께 도입해 원가와 품질의 균형을 잡는 노력도 병행했다.

철저한 목표원가 관리 문화의 정착

도요타 원가 혁신의 밑바탕에는 목표원가 관리(Target Costing)라는 개념이 깔려 있다. 목표원가 관리란 제품 개발 초기에 목표 판매가격과 이익률을 정해두고, 이를 달성하기 위한 허용 원가를 역산해 설정한 뒤 개발 과정에서 그 원가 목표를 지켜나가는 방법이다. 도요타는 1963년 일본 기업 중 최초로 이 기법을 도입해 제품 기획 단계부터 원가를 통제하기 시작했다. 당시 미국에서 등장한 가치공학(value engineering) 개념을 발전시킨 것으로, 처음부터 이익이 남는 원가로 만들자는 발상이었다. 이후 수십 년간 도요타는 이 접근법을 일관되게 활용해 왔다.

신차를 개발할 때 먼저 고객에게 제공할 품질과 기능, 그리고 시장에서 받아들일 가격을 설정하고 그 가격에서 목표 이익을 빼서 목표 원가를 산출한 뒤, 각 부품과 공정별로 그 원가 한도 내에서 설계를 진행한다. 만약 기존 방식으로 비용을 맞출 수 없다면, 부품 구조를 재설계하거나 소재를 바꾸고, 공정 효율을 높여 목표 원가에 맞게 만드는 식이다.

중요한 것은 이러한 노력을 개발 초기 단계부터 한다는 점이다. 비용이 많이 드는 부품이라면 초기 컨셉 단계에서부터 협력사와 함께 아이디어를 내서 아예 구조를 바꾸거나 통합해버리는 식이다. 도요타는 이를 '컨셉 인(Concept-In)'이라 부르는데 개발 초기부터 원가를 낮출 방법을 설계 안에 집어넣는 것을 뜻한다. 이렇게 개발 단계부터 목표원가를 철저히 관리하기 때문에 양산에 들어가서 '원가 폭탄'을 맞는 일을 예방할 수 있다.

또한 도요타는 목표원가 달성을 단기 캠페인이 아닌 장기적 습관으로 만들었다. 신차 한두 모델에서 끝내지 않고 모든 차종과 부품에 대해 지속적인 원가 개선을 추구하는 문화가 정착되어 있다. 예를 들어 1990년대에 캠리 세단의 제조원가를 25%나 낮추는 데 성공했을 때도 거기에 만족하지 않고 다음 세대 모델에서 추가로 절감할 방법을 찾았다. 원가 혁신을 향한 끈질긴 일관성이 도요타를 세계 최고 수익성을 가진 제조기업으로 만든 밑바탕이라고 할 수 있다.

TNGA: 공통 플랫폼 기반 부품 · 공정 표준화

2013년 도요타는 자동차 개발과 생산 방식을 근본적으로 바꾸는 또 하나의 혁신을 단행했다. 바로 TNGA(Toyota New Global Architecture)라는 새로운 플랫폼 전략이다. 도요타는 과거 차종 별로 제각기 다르게 설계·제작하던 방식을 버리고, 차급별 공통 플랫폼을 활용해 부품과 공정을 표준화하기로 했다.

2015년 발표된 TNGA 로드맵에 따르면, 도요타는 2020년까지 전체 판매 차량의 절반을 TNGA 기반으로 전환하고, 이를 통해 신차 개발에 들어가는 자원을 20% 이상 절감하겠다고 선언했다. 많은 차종에서 뼈대(플랫폼)를 공유하면 연구개발비와 부품개발 비용을 크게 줄일 수 있기 때문이다. 실제로 폭스바겐 등 경쟁사가 먼저 비슷한 전략으로 효과를 본 것을 의식한 행보이기도 했다.

TNGA의 특징은 하나의 만능 플랫폼이 아니라, 소형차부터 대형차까지 4개의 핵심 아키텍처로 나누어 각각 최적화한다는 점이다. 예를 들어 소형차용 TNGA-C, 중형차용 TNGA-K 등으로 나뉘는데, 그 안에서는 엔진룸 위치나 차체 골격의 주요 치수들을 동일하게 설계해 부품을 서로 호환할 수 있도록 만들었다. 이렇게 하면 차종이 달라도 엔진, 조향장치, 서스펜션 등의 구성요소를 공유하거나 범용화할 수 있어 규모의 경제를 극대화할 수 있고, 차량 개발 기간도 단축되며 생산 라인 전환도 유연해진다. 도요타는 TNGA 도입 후 신차 1개 모델 개발에 들이던 노력을 과거 대비 50% 수준으로 줄이는 것을 목표로 하고 있다고 밝혔다. 이는 단순한 원가절감을 넘어 제품 개발 역량의 혁신적 향상으로도 볼 수 있다.

TNGA는 원가뿐만 아니라 성능 측면에서도 의미 있는 성과를 냈다. 차체 중심을 낮춘 플랫폼 덕분에 주행 안정성이 개선되고 부품 공용화로 품질 편차가 줄어드는 효과도 있었다. TNGA 적용 이후 출시된 캠리, 코롤라, 라브4 등의 모델은 주행성능과 연비에서 호평을 받았는데, 이는 비용을 줄이면서도 차량 상품성을 향상시킨 사례로 꼽힌다.

| TNGA 기반으로 출시된 도요타의 주요 모델

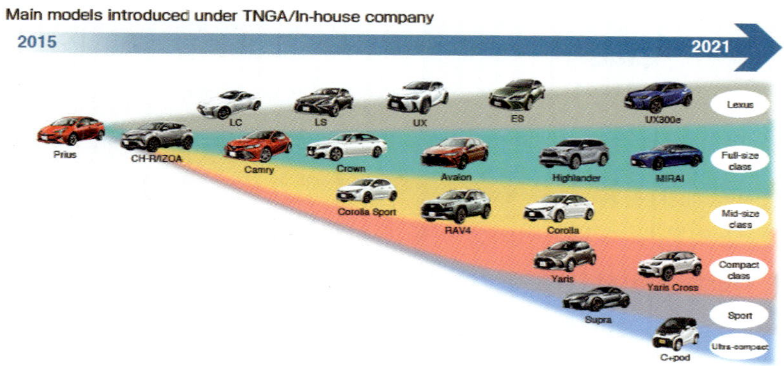

출처: https://www.carexpert.com.au/car-news/platform-sharing-the-many-faces-of-tnga

도요타 아키오 사장은 "TNGA를 통해 성능을 개선하면서 원가도 낮출 수 있었고, 이렇게 창출된 이익을 다시 기술에 투자해 더 좋은 차를 만들고, 더 많이 파는 선순환 구조를 도출했다"며 TNGA를 원가 혁신의 성공사례로 평가했다. 또 TNGA를 통해 절감한 자원은 전동화, 자율주행 등 미래 기술 개발에 재투자함으로써 현재의 비용을 줄여 미래 경쟁력을 확보하는 선순환을 만들고 있다. 이처럼 플랫폼 전략과 연계한 원가 혁신 추진은 도요타가 시대 변화에 맞춰 원가 DNA를 진화시킨 좋은 예라고 할 수 있다.

생태계 협업, 도요타 원가 혁신의 든든한 토대

도요타 원가 혁신의 또 다른 핵심 비결은 공급사와의 긴밀한 협업 문화다. 도요타는 부품 공급사들을 파트너로 여기며, 원가절감과 품질 개선 목표를 함께 공유한다. 앞서 언급한 CCC21에서도 도요타는 개발 초기부터 공급사 엔지니어들을 불러 공동 팀을 꾸릴 정도로 협력을 중시했다. 단순히 가격 인하를 요구하는 데 그치지 않고, 서로 머리를 맞대 기술적 해결책을 찾는 방식이었다.

한 공급사는 '도요타가 우리 공장에 들어와 현장 직원과 어깨를 나란히 하고 일하면서 생산 시스템을 획기적으로 개선하도록 도와줬다. 도요타는 우리가 거래하는 회사 중 최고의 고객'이라고 말하기도 했다. 이 일화에서 보듯, 도요타는 공급사의 공정 개선을 직접 도와주고, 그 대가로 얻은 원가절감 이익을 이들과 함께 나누는 방식을 취해왔다. 이런 신뢰가 쌓이니 공급사들도 자발적으로 원가 아이디어를 제안하게 되었고, 실제 캠리 등 모델의 원가절감 아이디어 중 상당수는 부품 공급사에서 나온 것으로 전해진다.

도요타의 공급망 운영 철학은 일본식 '계열(系列, keiretsu)' 문화와도 맥을 같이 한다. 주요 부품 공급사를 지분 투자나 장기계약 등으로 묶어 운명공동체로 만들고 힘든 시기에도 거래를 끊기보다 함께 생존 방안을 찾는 식이다. 이런 관계는 단순히 낭만적 동반자 개념이 아니라 실질적인 성과로 이어졌다. 도요타는 차량 한 대 원가의 70~80%를 외부 공급사에 의존할 만큼 공급사가 차지하는 비중이 높은데, 그럼에도 불구하고 동종업계 다른 기업들보다 개발 기간이 짧고 비용이 낮은 것으로 유명하다.

이는 공급사들이 초기부터 개발에 참여해 발 빠르게 조달과 생산 준비를 할 수 있고, 문제 발생 시 서로 투명하게 공유하며 해결책을 찾기 때문이다. 또한 도요타는 북미 등지에서도 부품 공급사와 공동 개선 활동을 펼치도록 도와주는데, 예컨대 미국 켄터키 공장의 좌석시트 공급사에게 기존 공장 공간에서 증설없이 생산을 늘리도록 도전 과제를 주고, 도요타 엔지니어들이 가서 JIT(Just In Time) 시스템 구축을 지도한 사례도 있다. 결국 도요타의 공급망 문화는 '우리 식구처럼 돕고 키운다'는 말로 요약될 수 있으며, 이러한 협업 체계가 전사적 원가 혁신을 뒷받침하는 든든한 기반이 되고 있다.

전기차 시대의 원가 혁신: 新제조공법과 첨단기술 투자

자동차 산업이 내연기관 시대에서 전기차 시대로 전환되면서, 도요타의 원가 혁신 DNA도 새로운 도전에 직면해 있다. 전기차는 배터리 등 핵심부품 원가가 아직 높고 기술 변화도 빠르기 때문에 이전보다 더 과감한 원가 혁신이 필요하다. 도요타는 이 분야에서도 특유의 원가 절감 노력을 이어가고 있는데, 그 중 하나가 초대형 부품 일체화 기술인 기가캐스팅(Giga casting)의 도입이다.

▎기존 공법의 후면 섀시(왼쪽)와 기가캐스팅 기술로 제조한 후면 섀시(오른쪽)

출처: https://insideevs.com/news/671943/toyota-giga-casting/

기가캐스팅이란 차체의 큰 부분을 여러 작은 부품을 조립해 만드는 대신 거대한 일체형 부품 하나로 주조해내는 기술로, 조립 부품 수를 획기적으로 줄이고 생산 시간을 단축할 수 있다. 예컨대 전기차 선두주자인 테슬라는 모델 Y 차량의 후면 하부를 기존 수십 개 부품 조립 대신 거대한 단일 주물로 만들어 해당 부분의 비용을 40% 절감한 것으로 알려져 있다. 도요타도 이에 착안해 차세대 전기차 개발에 기가캐스팅을 적용하겠다고 발표했다.

도요타의 계획에 따르면 미래 전기차는 차체를 3개 모듈로 구성하고, 대형 주조 기술로 주요 골격을 통합해 차량 개발 비용과 공장 투자를 크게 줄일 것이라고 한다. 또한 스스로 움직이는 자동화 운반 플랫폼 등을 도입해 조립 공정을 최소화함으로써 생산 공정 수를 절반으로 줄이는 파격적인 목표도 내세웠다. 도요타는 2026년부터 이러한 신공법을 적용한 차세대 전기차를 내놓고, 2030년에는 연 350만 대 중 170만 대를 이런 방식으로 생산하겠다는 청사진을 그리고 있다. 한마디로 '전기차 시대에도 도요타 식의 원가 혁신을 이어가겠다'는 것이다.

물론 도요타는 전동화 분야에서 한때 늦었다는 평가를 받기도 했다. 하이브리드에 집중하느라 순수 전기차 투자에 보수적이었다는 지적인데, 최근 도요타는 배터리 성능 향상, 차체 경량화 등 첨단 기술 투자를 가속하는 동시에 비용을 절감하는 투트랙 전략으로 반격을 시도하고 있다. 예를 들어 전고체 배터리와 같은 차세대 배터리 개발로 향후 배터리 원가를 크게 낮추고 주행거리는 늘리겠다는 목표를 밝혔고, 앞서 언급한 새로운 제조 공법으로 생산 효율을 극대화하고 있다.

원가혁신 DNA, 도요타 No.1 경쟁력의 원천

도요타의 원가 혁신 사례는 일관성과 항상성의 힘을 잘 보여준다. 일회성 캠페인이 아니라 수십 년에 걸친 꾸준한 개선 노력이 쌓여 오늘날의 경쟁력을 만들었다는 얘기다. 도요타는 호실적에도 상시적으로 낭비를 발굴하고 조직에 일정한 위기감과 긴장감을 주면서 꾸준한 개선을 유도하고 있다. 이는 사상 최대 실적을 창출하고 있는 최근에도 매년 3,000억 엔의 원가 절감 목표를 제시하는 것에서 잘 드러난다. 이런 접근법이 가능한 이유는 도요타가 원가 혁신을 단순한 비용 절감 활동이 아닌 조직의 생존과 발전을 위한 필수 요소로 인식하기 때문이다.

또 도요타는 혁신을 개인의 영감이나 우연에 맡기지 않고, 체계적인 프로세스와 문화로 제도화했다. 목표원가 시스템, 플랫폼 공용화, 서플라이어 협력 시스템, 7가지 낭비[3] 제거, 카이젠 문화 등이 모두 조직 전체에 뿌리내린 시스템으로 작동한다. 이를 통해 도요타는 신흥 경쟁자의 도전, 원자재 가격 상승, 최근의 전기차 시대 도래 등 위기 상황에서 새로운 원가 혁신 방법론을 개발하며 한 단계 진화했다. 이는 위기를 두려워하기보다는 성장의 기회로 활용하는 조직 문화가 있기 때문에 가능한 일이다.

균형 감각도 중요하다. 도요타는 TPS(Toyota Production System)로 대표되는 전통적 원칙을 지키면서도 TNGA나 기가캐스팅처럼 시대 변화에 부응한 혁신 기술을 적극 도입하고 있으며, 비용 절감과 품질, 단기 성과와 장기 비전 사이에서 균형을 유지하기 위해 노력하고 있다. 지속가능한 혁신을 위해서는 한쪽에 치우치지 않는 균형 감각과 조직 내 끊임없는 성찰이 중요하다.

---

3 ① 과잉 생산, ② 불필요한 재고, ③ 작업 대기 시간, ④ 불필요한 운반, ⑤ 생산성 없는 가공, ⑥ 부가가치 없는 동작, ⑦ 불량

'많은 사람들의 더 좋은 생활'을 위한 이케아의 원가 최적화 전략

이케아(IKEA) 기업 개요

- 설립년도: 1943년
- 본사: 스웨덴 엘름훌트(Almhult)
- 업종: 소비재
- 시가총액: 비상장
- 매출액: 28,687 U$백만 (FY2024, 8월 결산)
- 영업이익: 2,528 U$백만 (FY2024, 8월 결산)
- 종업원수: 23,892명

세계적인 가구기업 이케아(IKEA)의 창립자 잉바르 캄프라드(Ingvar Kamprad)는 '많은 사람들을 위한 더 좋은 생활'이라는 간결하면서도 심오한 비전을 제시했다. 이는 단순히 가구를 판매하는 것을 넘어, 더 많은 사람들이 좋은 디자인과 품질의 생활용품을 합리적인 가격에 누릴 수 있도록 하겠다는 약속이었다. 캄프라드는 '좋은 재료로 비싼 가구를 만드는 것은 누구나 할 수 있다. 우리에게 필요한 것은 기능성에서 우수한, 그리고 저렴한 가격으로 많은 사람이 살 수 있는 가구를 만드는 것'이라고 강조했다.

실제로 이케아는 '큰 꿈을 가졌지만 지갑은 얇은 많은 사람들'을 위해 품질과 디자인을 포기하지 않으면서도 가격을 낮추는 혁신적인 경영방식을 개척했다. 캄프라드 스스로 스웨덴의 가난한 농촌 가정에서 자라 돈의 가치를 일찍 깨달았던 만큼, 이케아 문화에는 '비용 의식(cost-consciousness)'이 깊이 뿌리내려 있다.

'가격을 먼저 디자인'하는 제품 기획

이케아 원가 혁신의 출발점은 제품 기획 단계에서부터 목표 가격(target price)을 설정하는 전략이다. 일반적으로 제품을 디자인한 후 가격을 책정하는 것과 달리, 이케아는 '가격을 먼저 디자인'한다. 예를 들어 판매가격이 10유로 미만으로 정해진 테이블이라면, 설계 단계부터 그 가격 안에서 제조원가를 맞추는 역산 방식으로 개발이 진행된다. 이 접근법을 통해 5유로 이하의 커피 테이블이나 1유로짜리 LED 전구와 같은 초저가 제품도 현실화될 수 있었다.

실제 캄프라드는 2010년대 초반 이케아 조명개발팀에 'LED 전구를 1유로 이하에 판매하라'는 도전적 과제를 직접 부여했다. 개발팀은 부품 수를 줄이고 생산 공정을 혁신하는 시행착오 끝에 마침내 2017년경 목표를 달성했고, 그 결과 많은 소비자들이 이케아 매장에서 에너지 효율이 높은 LED 전구를 단돈 0.99유로에 구매할 수 있게 되었다. 이처럼 목표 가격 중심 설계는 가능한 많은 사람이 좋은 제품을 살 수 있게 하겠다는 이케아 철학을 반영한 전략으로, 처음부터 제조 원가를 낮추는 창의적 해결책을 찾도록 독려한다.

이를 위해 이케아는 품질을 희생하지 않으면서도 불필요한 비용은 모두 제거한다는 원칙 아래, 책장의 뒷면처럼 보이지 않는 부분에는 값비싼 마감을 생략하는 등 세부 요소 하나까지 꼼꼼히 비용 타당성을 따진다. 이러한 노력 덕분에 이케아는 경쟁사보다 현저히 낮은 가격대를 유지하면서도 기능과 디자인을 겸비한 제품들을 선보일 수 있었다. 더 나아가 '민주적 디자인(democratic design)'이라는 개념까지 발전시켜 품질·디자인·환경을 모두 고려하면서도 가격은 대중적 수준에 맞추는 독자적인 제품개발 철학을 확립했다. 심플한 외관(Form), 탁월한 품질(Quality), 충실한 기능(Function), 지속가능성(Sustainability), 낮은 가격(Low price)의 5대 요소가 조화를 이룰 때 민주적 디자인이 탄생한다는 의미다.

이케아의 '민주적 디자인(democratic design)'

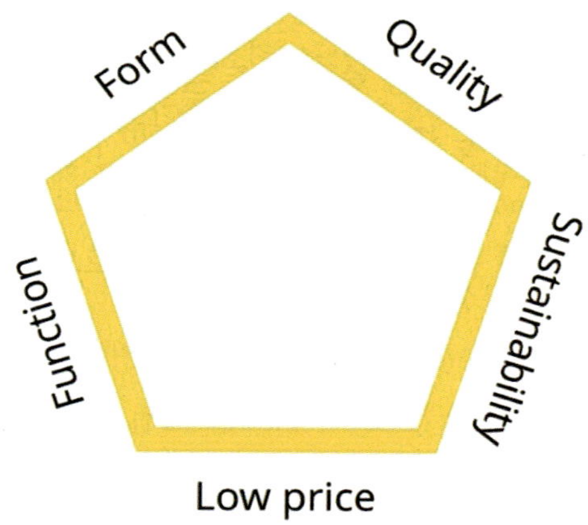

출처: 이케아 홈페이지 https://www.ikea.ee/en/page/democratic-design

셀프서비스 기반의 대형 매장 운영

이케아 매장에 처음 방문한 사람들은 독특한 쇼핑 경험에 놀란다. 수만 평 규모의 매장에는 거대한 쇼룸과 창고가 결합되어 있고, 고객들은 진열된 모델룸을 구경한 뒤 셀프서비스 창고에서 직접 제품 상자를 찾아 카트에 담고 계산대로 향한다. 이러한 대형 창고형 매장 모델은 비용절감을 위한 이케아만의 혁신이다. 1950년대 중반, '값싼 가구는 품질이 떨어질 것'이라는 소비자 의구심을 해소하기 위해 캄프라드는 스웨덴 엘름훌트에 첫 쇼룸을 열고 쇼룸을 통해 고객이 직접 제품을 확인하고 바로 가져갈 수 있게 했다. 매장 자체를 거대한 창고로 활용하는 혁신을 도입한 것이다.

구체적으로 이케아는 매장 내 진열과 재고관리를 통합해 '상품을 고객에게 건네주기 전에 직원이 만지는 횟수를 최소화하라'는 원칙을 세웠다. 매장 한 켠에 별도 창고를 두는 대신, 진열장 바로 뒤 거대 랙(rack)에 팔레트째로 제품을 쌓아 두고 고객이 직접 꺼내게 한 것이다. 천장까지 닿는 선반에는 추가 재고를 비치해 두었다가 야간에 지게차로 내려놓아 보충하며, 낮 동안에는 누구나 잡을 수 있는 높이까지만 상품을 진열한다.

이처럼 셀프서비스 방식을 도입하면 여러 이점이 있다. 우선 고객이 스스로 제품을 픽업하고 운반함으로써 기업은 그만큼의 직원 고용과 물류 비용을 줄일 수 있고, 이는 고스란히 가격 인하로 이어진다. 또 매장과 창고가 하나로 결합되어 있기 때문에 재고 관리가 용이하다. 실시간으로 진열 재고가 보이고, 판매와 동시에 창고 기능을 겸하므로 별도의 도매 창고나 복잡한 물류 단계를 줄일 수 있다. 대형 매장은 도심 외곽의 저렴한 부지에 세워져 매장 운영비용도 크게 절감할 수 있다. 결국 '고객이 직접 하는 일은 가격을 낮추는 데 기여한다'는 철학으로, 이케아는 번거로움을 기꺼이 감수하는 고객에게 낮은 가격으로 보답하는 선순환 구조를 구축한 것이다.

글로벌 아웃소싱 및 유연한 공급망 전략

이케아가 택한 또 다른 원가 우위(cost leadership) 전략은 일찍부터 글로벌 아웃소싱과 탄력적인 공급망 구축에 나선 것이다. 1950년대 중반 이케아의 초저가 전략에 반발한 스웨덴 국내 업체들이 거래를 끊자, 캄프라드는 국내를 넘어 해외로 눈을 돌렸다. 1961년 이케아는 인근 폴란드의 가구공장과 직접 계약을 맺고 저렴한 원가의 제품을 확보하기 시작했고, 폴란드는 이케아 제품의 원가 혁신 요충지가 되었다.

국내외의 다양한 공급업체를 활용하는 글로벌 소싱 전략은 시간이 지나며 이케아의 핵심역량으로 자리잡았다. 이케아는 가능하면 자체 생산시설을 소유하지 않는다는 방침 아래 여러 나라의 파트너 기업들과 협력해 어디서든 가장 효율적인 곳에서 제품을 생산하고 있다. 그 결과 1990년대 중반에는 무려 70여 개국 2,300여 개 공급사와 협력해 11,000종 이상의 제품을 생산·공급하는 거대 네트워크를 구축했다.

이처럼 글로벌 공급망을 구축함으로써 이케아는 각 지역의 원자재 조달 비용, 인건비, 환율 등의 이점을 최대한 활용할 수 있었다. 예를 들어 목재 가구는 동유럽과 중국 등에서, 텍스타일 제품은 인도와 방글라데시 등에서 조달하는 식으로 각 지역의 비교우위를 살리는 것이다. 또한 다수의 공급선을 확보함으로써 어느 한 곳의 원가 상승이나 수급 차질이 발생해도 유연하게 대체할 수 있는 회복탄력성(resilience)을 갖추게 되었다. 이처럼 글로벌 아웃소싱과 유연한 공급망 전략은 이케아로 하여금 지속적으로 낮은 원가 구조를 유지하면서도 위기 상황에 기민하게 대응할 수 있게 한 밑바탕이 되었다.

플랫팩 포장과 DIY 조립 방식

이케아 원가 혁신을 이야기할 때 빼놓을 수 없는 것이 플랫팩(flatpack) 포장과 DIY 조립 방식이다. 오늘날 이케아의 상징과도 같은 조립식 가구 판매 방식의 탄생 배경에는 우연한 깨달음과 기발한 발상이 있었다. 1956년 어느 날, 캄프라드는 직원이 고객의 테이블을 차에 싣는 모습을 지켜보다가, 테이블 다리를 분리하니 차 트렁크에 쉽게 들어가는 것을 목격했다. 이 순간 캄프라드는 '가구를 조립하지 않은 채 납작하게(flat) 포장해 팔면, 트럭 한 대에 더 많은 상품을 실을 수 있어 물류비를 크게 줄일 수 있겠다'고 깨달았다. 실제로 완제품 가구는 부피가 커서 운송 시 공간의 상당 부분이 빈 채로 실리지만, 분해해 평평하게 상자에 넣으면 공간 활용도가 극대화된다. 이는 합리적인 유통을 가능케 해 결과적으로 소비자들에게 낮은 가격으로 제품을 제공할 수 있게 한 원동력이 되었다.

이케아의 플랫팩 포장

출처: 이케아 홈페이지. https://www.ikea.com/ph/en/this-is-ikea/about-us/the-story-of-ikea-flatpacks-puba710ccb0/

이렇게 도입된 플랫팩 전략은 이케아에 엄청난 비용절감 효과를 안겨 주었을 뿐만 아니라, 고객에게도 새로운 가치를 가져다 주었다. 부피가 작아진 상자는 고객 차량에 실어 직접 가져가기 용이해졌고, 택배 배송 시에도 비용이 절약되어 소비자 가격 인하로 이어졌다. 물론 구매한 가구를 직접 조립(DIY)해야 하는 번거로움이 있지만, 이케아는 이를 오히려 고객 경험의 일부로 만들었다. 조립 설명서를 그림 위주로 알기 쉽게 제작하고, 필수 공구도 동봉하며, 때로는 조립 과정을 놀이처럼 즐기도록 유도했다. 이 전략의 효과로 이케아는 동일한 물류비로 경쟁사 대비 훨씬 많은 물량을 이동·판매할 수 있었고, 낮은 가격의 좋은 품질 가구라는 입소문을 빠르게 확산시킬 수 있었다.

공장 및 물류창고의 자동화 시스템 도입

21세기에 들어 이케아는 제조 공장과 물류센터에 첨단 자동화 기술을 적극 도입하며 또 한 번 원가 혁신의 진화를 보여주고 있다. 우선 제조 부문에서는 로봇 공정 자동화를 통해 생산성 향상과 인건비 절감을 동시에 이루고 있다. 대표적인 사례로, 스웨덴 등에 위치한 이케아 협력 공장에서는 조립식 책장인 빌리(BILLY) 책장 생산 라인에 18대의 산업용 로봇을 투입해 6초마다 책장 키트 하나를 완성 및 포장해내고 있다. 이를 환산하면 주당 4만 개에 달하는 제품을 생산하는 놀라운 속도다. 로봇 도입으로 생산 단가도 약 20% 절감되는 효과를 거두었다.

물류창고에서도 이케아는 자동화 혁신을 선도하고 있다. 세계 각지 이케아 디스트리뷰션 센터(물류센터)에는 재고 관리용 드론(drone)과 자율주행 로봇 등이 속속 도입되고 있다. 2020년대 초, 이케아는 스위스 물류센터에서 처음으로 자율비행 드론을 시험 도입한 이후 기술을 발전시켜 현재는 9개국 73개 물류센터에 250여 대의 드론을 운영하고 있다. 드론들은 창고 내 어두운 환경에서도 자동으로 비행하며 진열된 팔레트를 스캔하고, 재고를 실시간으로 파악해 누락이나 오류를 즉각 보고한다. 사람이 높은 선반에 올라가 일일이 바코드를 찍는 대신 드론이 24시간 빈틈없이 재고조사를 수행함으로써 재고 정확도를 비약적으로 높이고 관리 인력을 크게 줄였다. 이와 함께 창고 내 팔레트 운반 등에 자율주행 무인 운반차량(AGV)을 투입해 직원들의 육체노동 부담을 덜고 작업 효율을 높이고 있다.

이처럼 전방위적인 자동화 투자 덕분에 이케아는 동일한 인력으로 더 많은 물량을 처리해 비용을 낮추는 동시에, 재고 오차 감소와 배송 리드타임 단축으로 고객 만족도도 높이고 있다. 공장과 창고 자동화는 이케아가 '낮은 가격을 위해 끊임없이 더 나은 방법을 찾는다'는 창업자의 유훈(遺訓)을 첨단 기술로 실현하는 또 하나의 원가 혁신 전략이다.

일관된 비전의 힘, 가치사슬 전체의 저원가 최적화 견인

이케아의 경영철학과 원가 혁신 전략은 오늘날 많은 기업들에게 시사점을 주고 있다. 무엇보다도 '많은 사람들에게 더 나은 생활을 제공한다'는 비전은 단순한 구호가 아니라 제품 기획부터 유통, 판매에 이르는 전 과정을 관통하는 나침반 역할을 했다. 또 일관된 비전 아래에서 가격을 낮추기 위한 도전을 회사의 조직문화로 정착시키면서 전체 가치사슬을 통합적으로 최적화해내는 원동력을 확보할 수 있었다. 이케아 사례를 통해 원가 혁신은 어느 한 부분의 개선만으로 달성되지 않으며, 제품 디자인, 공급망, 생산, 물류, 매장 운영, 고객 서비스에 이르는 전 과정에서 끊임없는 개선이 누적될 때 비로소 지속가능한 저비용 구조가 구축될 수 있다는 점을 알 수 있다.

고객의 혁신 참여도 빼놓을 수 없는 부분이다. 고객들은 이케아 비전의 진정성에 공감하고 회사의 혁신 파트너로서 원가 혁신에 직접적으로 기여하고 있다. 이케아는 고객들이 직접 물건을 골라 나르고 집에서 조립하게 함으로써 비용을 절감하고 그 혜택을 다시 고객에게 되돌려준다. 이는 단순한 비용 전가가 아니라 많은 고객들이 이케아의 철학에 공감하고 적극적으로 협력하기 때문에 가능한 일이다.

물론 모든 기업이 이케아와 동일한 방식을 따라할 수는 없다. 산업

특성에 따라 품목이나 고객 선호도가 다르고, 이케아식 DIY나 셀프서비스가 통하지 않는 시장도 존재한다. 실제 이케아도 1970년대 중반 일본 시장에 진출했다가 현지 문화와 주거 특성을 간과해 실패를 경험했다. 이후 이케아는 이를 교훈삼아 각 시장별로 서비스를 조정하는 유연성을 발휘하며 재도전에 성공했다. 가격을 낮추기 위한 노력과 더불어, 고객이 받아들이기 힘든 불편은 아닌지, 이러한 불편이 상품 가치와 고객 경험을 훼손하지는 않는지 면밀히 살펴야 한다.

마지막으로 이케아의 원가 혁신에서 배울 점은 지속적인 개선과 장기적 안목이다. 캄프라드는 '오늘의 업무도 내일 더 개선할 방법이 있다'고 믿었고, 작은 절약이라도 수십 년간 꾸준히 쌓아왔다. 그 결과 작은 농촌 마을 가구상이던 이케아는 세계 수십 개 국가에서 수백 개 매장을 운영하는 글로벌 기업으로 성장했다. 이케아의 성공에서 혁신은 거창한 아이디어보다 발로 뛰며 찾은 실용적 해법들의 축적으로 이루어진다는 점을 알 수 있다.

건축거장 프랭크 게리에게 배우는 원가 혁신의 3대 노하우

프랭크 게리(Frank Gehry)

- 출생
  - 1929년, 캐나다 토론토 (본명: 프랭크 오웬 골드버그 Frank Owen Goldberg)
  - 1947년 미국 LA로 이주
- 학력
  - 서던캘리포니아대학교(USC) 건축학 학사(1954)
  - 하버드대학교 디자인 대학원 도시계획 석사 중퇴
- 건축사무소
  - Frank O. Gehry and Associates 설립(1962)
  - Gehry Partners LLP(2001)로 변경
- 주요 경력
  - 북미, 유럽 지역 중심으로 다양한 프로젝트 진행
  - 하버드, 예일, 프린스턴 등에서 교수로 활동
- 수상 경력: 1989년 프리츠커상 수상
- 특징
  - 해체주의 건축의 대표 주자
  - 전통적인 직선과 대칭을 거부하고 곡선과 비정형적 형태를 활용
  - 금속, 유리, 콘크리트 등 다양한 재료의 실험적 사용
- 대표 건축물
  - 댄싱하우스(체코 프라하, 1996)
  - 빌바오 구겐하임 미술관(스페인 빌바오, 1997)
  - 월트 디즈니 콘서트홀(미국 LA, 2003)
  - 루이비통재단 미술관(프랑스 파리, 2014) 등

일반적으로 대규모 건설 프로젝트는 시간과 예산을 지키기 어려운 것으로 알려져 있다. 실제로 하버드비즈니스리뷰(HBR)에 따르면 전 세계 1만 6,000여 건의 대형 건설 프로젝트를 분석한 결과, 약 8.5%만이 약속된 공사 기간과 예산 내에 완공되었고, 그 중에서도 예정된 성능까지 충족한 사례는 고작 0.5%에 불과했다.

대다수 프로젝트가 예산 초과와 지연에 시달리는 현실 속에서도, 건축 거장 프랭크 게리(Frank Gehry)는 놀라운 예외를 보여주었다. 스페인 빌바오의 구겐하임 미술관(Guggenheim Museum Bilbao), 체코 프라하의 댄싱 하우스(Dancing House), 뉴욕 8 스프루스 스트리트 빌딩(8 Spruce Street) 등은 기하학적으로 복잡하고 혁신적인 형태를 지닌 건축물들이다. 그러나 게리는 지난 25년간 이러한 복잡한 프로젝트를 모두 약속된 예산과 기간 내에 완수해냈다. 이러한 성과에 주목한 HBR는 2023년 기사에서 프랭크 게리와 그의 팀을 심층 인터뷰해, 그의 프로젝트들이 어떻게 시간과 비용을 지키며 성공했는지 그 비결을 분석했다.

분석 결과 밝혀진 핵심 요인은 프로젝트의 시작부터 끝까지 흔들림 없는 리더십, 철저한 사전 기획과 검증, 그리고 디지털 기술을 활용한 반복적인 시뮬레이션이었다. 건설 후반에 문제가 발생한 뒤 수정하는 것보다 초기 기획·설계 단계에서 문제를 발견해 해결하는 편이 훨씬 비용 효율적이라는 것을 게리와 그의 팀은 일찍이 깨달았던 것이다. 프랭크 게리의 대표 건축물 세 가지를 통해 이러한 원가 혁신 전략을 살펴본다.

명확한 프로젝트 관리 책임과 권한 체계

프랭크 게리의 원가 혁신 철학을 가장 잘 보여주는 사례는 월트 디즈니 콘서트홀(Walt Disney Concert Hall) 프로젝트이다. 프랭크 게리가 미국 르스앤젤레스의 월트 디즈니 콘서트홀 설계를 의뢰 받은 것은 1988년이었다. 1987년 월트 디즈니의 부인 릴리안 디즈니가 남편을 기리기 위해 5천만 달러를 기부하면서 시작된 이 프로젝트는 처음부터 순탄하게 진행되지 않았다.

초기에는 발주처 경영진이 그의 독특한 디자인 능력을 완전히 신뢰하지 못해 게리에게 초반 콘셉트 디자인까지만 맡기고, 상세 설계는 다른 건축가 팀에 일임하는 결정을 내렸다. 그러나 게리가 그린 자유 곡선 형태의 혁신적 디자인을 현실적으로 구현할 방법을 찾지 못하면서 이 야심찬 프로젝트는 착공조차 못한 채 무기한 중단되고 말았다. 이후 약 10년 동안 프로젝트가 표류하는 동안에도 발주처는 게리의 역할을 초기 설계로만 제한하는 방침을 번복하지 않았다.

▎월트 디즈니 콘서트홀

출처: https://realty.chosun.com/site/data/html_dir/2021/11/21/2021112100108.html

프로젝트가 지지부진하자 콘서트홀 건립 비용으로 5천만 달러를 기부했던 릴리안 디즈니는 '프랭크 게리가 처음부터 끝까지 책임지지 않으면 더 이상 자금을 지원할 수 없다'고 선언했다. 이 요구로 마침내 상황이 반전되어, 게리는 초기 구상 이후 약 10년 만에 프로젝트의 총지휘를 다시 맡게 되었다. 그는 디자인부터 시공까지 전권을 쥐고 주도권을 되찾았고, 놀랍게도 그 시점에 새로 설정된 예산 안에서 콘서트홀 건설을 무사히 완수했다.

디지털 시뮬레이션을 통한 원가 관리

▎8 스프루스 스트리트 빌딩 외관

출처: https://architecturearoundtheworld.net/architecture-spotlight-new-york-city-e4f181af56da

컴퓨터 시뮬레이션을 통한 끝없는 개선은 복잡한 디자인과 원가 절감을 양립시킬 수 있게 한다. 프랭크 게리가 2011년에 완공한 뉴욕 맨해튼의 8 스프루스 스트리트 빌딩(8 Spruce Street, 일명 뉴욕 바이 게리

(New York by Gehry)) 설계 과정은 이를 잘 보여준다. 이 고층 주거 빌딩에서 게리는 외벽을 스테인리스 스틸과 유리 패널로 물결치듯 올록볼록하게 디자인해, 멀리서 보면 마치 천이 바람에 흩날리는 듯한 착시 효과를 주고자 했다. 그러나 당시 이 프로젝트는 여러 도전에 직면했다. 9·11 테러 직후라 초고층 건물의 안전성에 대한 우려가 높았고, 복잡한 곡면 디자인을 구조적으로 구현하는 것도 난관이었다. 게다가 시공 예산 역시 일반적인 직선형 빌딩과 비슷한 수준으로 맞출 것을 의뢰인이 요구해, 독창적인 디자인과 비용 제약을 동시에 충족시켜야 했다.

게리와 그의 팀은 우선 초고층 주거 건물은 탄탄한 안정감을 주어야 거주자가 편안함을 느낀다는 판단 아래, 파도치는 듯한 외관 아이디어를 실현하기 위해 수십 차례의 모형 테스트를 거쳤다. 무려 74번에 달하는 설계 시도 끝에 마침내 미적 효과와 안정성을 모두 갖춘 최적의 형태를 찾아냈다. 이 과정에서 결정적 역할을 한 것이 첨단 컴퓨터 모델링 기술인 카티아(CATIA) 소프트웨어였다.

카티아 소프트웨어 도입 이전 게리의 설계 개념들은 손으로 그린 도면의 한계로 인해 제약을 받았다. 복잡한 곡선 형태를 정확히 표현하기 어려웠고, 이는 시공업체들이 정확한 견적을 제시하기 어렵게 만들었다. 하지만 카티아 도입 이후 게리 팀은 카티아를 활용해 생각할 수 있는 모든 형태를 컴퓨터로 지속적으로 반복 시험했다. 디지털 모델링으로 설계와 구조 해석을 극한까지 밀어붙인 덕분에 전에는 불가능해 보이던 복잡한 곡면도 안정적으로 시공할 수 있는 방안을 찾아낸 것이다.

그 결과 이 빌딩은 물결치는 독특한 외관을 가지면서도 평평한 외관의 빌딩과 견주어도 추가 공사비가 들지 않을 정도로 효율적인 시공이 가능했다. 실제로 이 프로젝트에서는 착공 이후 단 한 건의 설계 변경 주문도 발생하지 않았는데, 이는 착공 전 디지털 시뮬레이션과 테스트를 반복적으로 수행하면서 발생 가능한 모든 문제를 사전에 잡아낸 덕분이라고 할 수 있다.

철저한 사전 기획과 반복 검증

'천천히 계획하고, 한 번 결정하면 빠르게 실행하라'는 것이 프랭크 게리의 신념이다. 그는 설계 단계에서 시간이 걸리더라도 모든 참여자가 충분히 검토하고 준비하도록 이끄는 스타일로 유명하다. 이러한 치밀한 사전 기획은 종종 조급한 사업주를 답답하게 만들지만, 오히려 전체 일정을 단축하고 비용도 아끼는 비결이다. 반대로 철저한 계획 없이 성급하게 착공하면 어떤 일이 벌어지는지는 호주 시드니 오페라하우스 사례가 잘 말해준다.

시드니 오페라하우스 프로젝트는 당시의 정치적 상황으로 인해 완벽한 계획 없이 1959년에 서둘러 공사를 시작했다. 설계를 맡은 건축가 요른 웃존(Jørn Oberg Utzon)은 자신의 혁신적인 스케치를 실제로 구현할 방법을 미처 마련하지 못한 상태였지만 공사를 진행하면서 병행할 생각으로 일단 착공에 들어갔다. 그러나 초기부터 각종 기술적 난제들이 발생하며 공사는 지연되고 비용이 폭증하기 시작했다. 결국 부분적으로 지어진 구조물을 다이너마이트로 폭파하고 처음부터 다시 시작하는 일까지 벌어졌다. 애초 목표로 했던 완공 기간인 5년보다 훨씬 늦어져 14년 만에 간신히 완공되었지만, 최종 건설비는 처음 예산의 15배에 달하는 약 1억 2백만 호주 달러가 소요되어 역사상 유례없는 예산 초과로 기록되고 말았다. 이처럼 처음에 '일단 빨리 달리는' 프로젝트는 오히려 나중에 헤어나오기 어려운 깊은 수렁에 빠질 수 있다는 교훈을 시드니 오페라하우스는 보여준다.

반면 프랭크 게리가 설계한 스페인의 구겐하임 미술관 빌바오는 시드니 오페라하우스 못지않게 파격적이고 복잡한 건물이었지만, 철저한 사전 준비 덕분에 예측된 대로 정확히 4년 만에 준공되었다. 게리와 그의 팀은 착공 전 2년에 걸쳐 컴퓨터로 가상 건축을 진행하며 모든 세부사항을 검토했다. 마치 디지털 세계에 미리 박물관을 한 번 지어본 셈인데, 이 과정에서 창문의 형태별 제작과 설치 방법, 전기 및 기계 설비 배치, 콘크리트 구조의 강도 등 시공 중 발생할 수 있는 문제 요소를 하나하나 시뮬레이션으로 확인하고 선제적으로 해결했다.

구겐하임 미술관 빌바오

출처: 구겐하임 미술관 빌바오
https://www.guggenheim-bilbao.eus/ko/hours-and-admission

이렇게 준비에 많은 시간이 들었지만, 오히려 공사가 시작된 후에는 큰 장애물 없이 일사천리로 진행되었다. 결국 전체 건설 기간을 단축할 수 있었고 추가 비용도 발생하지 않았다. 게리의 표현대로 '천천히 충분히 생각했기 때문에, 실제 실행은 더 빨랐다'는 것이다. 이 사례는 조급한 착수가 아니라, 치밀한 기획과 사전 검증이야말로 결과적으로 비용과 시간을 아끼는 지름길임을 증명한다.

일정 · 예산 제약 속 프로젝트 성공비결

프랭크 게리의 프로젝트 관리 방식을 통해 원가 혁신(cost innovation)의 중요 요소들을 살펴볼 수 있다.

첫째, 전권을 가진 리더의 일관된 지휘 아래 팀을 이끌어야 한다. 이는 대형 프로젝트가 중도에 방향을 잃고 비용이 불어나는 것을 막아준다. 월트 디즈니 콘서트홀 사례에서 보듯이, 중간에 지휘체계가 바뀌거나 권한이 분산되면 프로젝트는 실패할 가능성이 높아진다. 기업의 프로젝트 관리에서도 명확한 책임과 권한 체계를 유지하는 것이 중요하다.

둘째, 디지털 기술을 활용해 설계와 계획 단계에서 충분히 시뮬레이션하고 테스트해야 한다. 컴퓨터 모델링을 통한 사전 검증은 복잡한 디자인도 현실화하면서 예산을 통제하는 열쇠이다. 게리는 항공우주 산업에서 항공기 설계에 사용되던 카티아 소프트웨어 기술을 건축 분야에 도입해 양립이 불가능하다고 여겼던 복잡한 디자인과 효율성의 조화를 가능하게 하는 혁신을 이뤘다. 이는 다른 분야의 기술을 자신의 분야에 창조적으로 적용함으로써 비용 절감과 품질 향상을 동시에 달성할 수 있음을 보여준다.

셋째, 서두르지 말고 초기에 철저히 준비한 후에 착공해야 한다. 철저한 준비로 처음에는 다소 시간이 소요되더라도 결과적으로 공사 전체 일정과 총 비용 면에서 더 효율적이다. 최근 건설업계 전반에서도 BIM(Building Information Modeling) 등 디지털 기술을 활용한 프리콘(Pre-construction) 방식이 확산되어, 시공 전에 가상으로 모든 문제를 점검하고 원가와 공정을 최적화하려는 노력이 강화되고 있다. 이는 자동차나 항공우주 산업에서 시제품 제작 전 철저한 컴퓨터 시뮬레이션으로 시행착오 비용을 줄이는 관행과도 맥을 같이 한다.

프랭크 게리의 사례는 리더십, 기술 활용, 사전 기획이라는 세 박자가 맞아떨어질 때 아무리 혁신적인 디자인이라도 주어진 시간과 비용 안에 실현 가능하다는 사실을 보여준다. 경영자와 프로젝트 책임자들에게 이는 '서두르지 않는 것이 결국 가장 빠른 길'임을 일깨워주는 교훈이 될 것이다.

관행 타파와 발상 전환으로 경쟁의 틀을 깨는 테슬라와 스페이스 X

테슬라(Tesla) 기업 개요

- 설립년도: 2003년
- 본사: 미국 텍사스주 오스틴(Austin)
- 업종: 자동차
- 시가총액: 1,023.2 U$십억 (2025.6.30 기준)
- 매출액: 97,690 U$백만 (FY2024, 12월 결산)
- 영업이익: 7,076 U$백만 (FY2024, 12월 결산)
- 종업원수: 125,665명
- 판매 대수: 178만 9226대 (2024년)
- 부문별 매출 구성

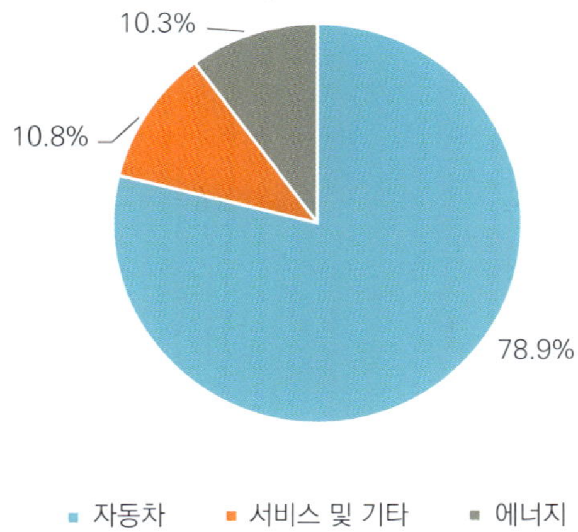

스페이스X(SpaceX) 기업 개요

- 설립년도: 2002년
- 본사: 미국 캘리포니아주 호손(Hawthorne)
- 업종: 항공우주&방위
- 시가총액: 비상장
- 매출액: 비공개
- 영업이익: 비공개
- 종업원수: 약 3,000명

세계적 혁신기업 테슬라(Tesla)와 스페이스X(SpaceX)는 일론 머스크의 리더십 아래 각각 자동차 산업과 우주 산업에서 기존 관행을 뒤엎는 혁신을 통해 경쟁 우위를 확보해 왔다. 이들은 전통적인 방식을 뛰어넘는, 근본적인 발상 전환을 통한 저원가 혁신 전략으로 생산 원가를 획기적으로 낮추는데 성공했다. 테슬라와 스페이스X의 핵심적인 저원가 혁신 사례를 살펴보고, 이들이 어떻게 조립 공정, 핵심 부품 기술, 전자/전장 구조, 공급망 관리 등의 측면에서 비용 혁신을 이루면서 산업의 새로운 표준을 제시했는지 살펴보자.

'언박스드(Unboxed)' 프로세스: 자동차 제조의 패러다임 전환

테슬라가 제안한 새로운 전기차 공장 이미지

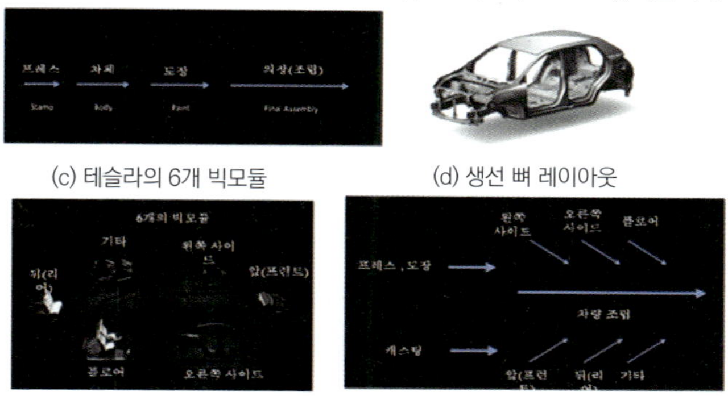

(a) 기존 공장 레이아웃 (b) BIW(body in white), 기존 차체 (c) 테슬라의 6개 빅모듈 (d) 생선 뼈 레이아웃

출처: 테슬라 유튜브 캡처
https://m.monthly.chosun.com/client/news/viw.asp?ctcd=&nNewsNumb=202306100039

테슬라는 2030년까지 연간 2,000만 대 생산체제를 구축해 현재 세계 1위인 도요타(약 1,000만 대)를 넘어설 것을 목표로 하고 있다. 이를 위해서는 전기차의 원가를 획기적으로 낮춰서 보다 저렴한 모델('2만 5천 달러 전기차')을 대량 생산·판매해야 한다. 일론 머스크와 테슬라 경영진은 조립 공정 혁신, 파워트레인 기술 혁신, 전자/전장 아키텍처 개

편, 공급망 단순화의 4대 분야에서 대대적인 변화를 추진함으로써 차세대 모델의 생산 원가를 기존 대비 50% 수준으로 절감하겠다는 청사진을 제시했다.

전통적인 자동차 조립에서는 차체(바디)를 용접해 큰 박스(Box) 형태를 만든 후, 도어를 달았다 뗐다 하면서 내부 부품을 좁은 공간에 넣고, 차체를 들어올려 하부 파워트레인(배터리, 모터 등)을 결합하는 복잡한 공정을 거친다. 이 방식은 자동화가 어렵고 작업 효율이 낮다는 한계가 있다.

테슬라의 언박스드(Unboxed) 프로세스는 기존 방식을 과감히 탈피한 혁신으로, '차체를 만들지 않겠다(Unbox)'는 발상에서 출발한다. 차체를 처음부터 만들지 않고 차량을 몇 개의 대형 모듈로 나누어 조립·도색 후 최종 단계에서 6개 모듈을 한데 결합해 차량 한 대를 완성하는 새로운 조립 체계이다. 이 혁신적인 모듈 조립 방식 덕분에 작업자나 로봇이 각 모듈을 열린 상태에서 접근해 부품을 조립할 수 있어 생산 효율을 높일 수 있다.

전기차 파워트레인 혁신: 탈 희토류 선언

전기차의 파워트레인(powertrain)은 구동모터, 인버터(전력변환장치), 감속기로 구성되며 차량 원가의 큰 부분을 차지한다. 테슬라는 차세대 파워트레인에서 고가의 희토류를 사용하지 않는 영구자석 모터를 개발하고, 인버터에 쓰이는 실리콘 카바이드(SiC) 반도체 사용량을 75% 줄이는 계획을 발표했다. 영구자석 모터의 경우, 기존에는 네오디뮴(Nd) 등의 희귀 금속이 필수적으로 들어갔지만, 테슬라는 희토류를 완전히 배제한 모터를 설계했다고 밝혔다.

테슬라 파워트레인 담당 부사장 콜린 캠벨(Colin Campbell)은 2023년 투자자 초청 행사(Investor Day)에서 '다음 세대 구동장치는 희토류를 하나도 쓰지 않을 것이며, 단가를 1,000달러 이하로 낮출 것이다'라고 자신 있게 선언했다. 실제로 테슬라는 새로운 드라이브 유닛(모터+인버터)이 약 1,000달러의 비용으로도 가능하며, 이로 인한 원가 절감 효과를 판매 가격 인하로 연결해 전기차 대중화를 앞당길 수 있다고 강조했다. 희토류를 사용하지 않는 희토류-프리(Free) 모터 구현을 위한 구체적인 기술을 공개하지는 않았지만, 업계에서는 테슬라가 자력 성능은 약하지만 저렴한 페라이트(Ferrite) 자석을 이용하거나, 모터 구조를 혁신해 희토류 없이도 동등한 출력을 내는 방식을 추구할 것으로 추정하고 있다.

한편, 인버터에 탑재되는 실리콘 카바이드(SiC) 전력반도체 감소와 관련해서도 세부 내용은 밝히지 않았으나, 대폭적인 열관리 향상과 새로운 반도체 기술 도입 등을 통해 성능 저하 없이 실리콘 카바이드 사용을 75% 줄일 것이라고 밝혔다. 예를 들어 질화갈륨(GaN)이나 기존 실리콘 IGBT(Insulated Gate Bipolar Transistor)로 일부 대체하거나, 자체 설계한 전력 제어용 칩을 도입하는 등의 방법이 거론된다. 테슬라는 이미 인버터용 마이크로컨트롤러 4개를 1개로 통합한 자체 칩을 개발해 회로를 단순화하고 비용을 절감한 바 있다.

이러한 파워트레인 혁신의 결과로, 구동계 단가 1,000달러라는 파격적인 목표가 달성되면 테슬라는 전기차 생산비용 구조에서 막대한 우위를 점하게 된다. 테슬라는 모터 재료부터 전력반도체, 제어칩에 이르기까지 파워트레인의 모든 요소에서 비용을 낮추는 혁신을 추구하고 있다.

전장(E/E: Electrical/Electronic) 아키텍처 측면에서도 테슬라는 비용 및 효율 혁신을 시도하고 있다. 사이버트럭을 시작으로 향후 출시될 모든 테슬라 차량은 기존 자동차 업계 표준인 12V 배전망을 48V로 전환할 예정이다. 동일 전력을 공급할 때 전류를 1/4로 줄일 수 있고, 이로 인해 배선의 굵기와 무게를 크게 감소시킬 수 있어 차량 경량화와 비용 절감에 유리하다. 실제로 최신 고급 차량에는 전장 부품과 센서가 많아지면서 배선 길이가 최대 4km, 무게가 30~60kg에 이르기도 하는데, 48V로 올리면 필요한 전선 단면적을 줄여 구리 사용량을 크게 절약할 수 있다. 또한 전압 상승으로 인한 전력 손실 감소 효과도 있어 전장 부품들의 에너지 효율이 높아진다.

이와 함께 테슬라는 차량 내 전자제어장치(ECU)들의 통합을 추진해 왔다. 과거 내연기관 자동차들은 엔진, 변속기, 에어컨, 에어백 등 기능별로 ECU를 별도로 장착해 많게는 차량 1대당 70~100개의 ECU가 쓰였고, 각 ECU마다 소프트웨어와 운영체제가 달라 업데이트나 호환에 어려움이 있었다. 테슬라는 이러한 복잡성을 줄이기 위해 자체 개발한 중앙집중식 ECU로 여러 기능을 통합하고, ECU 하드웨어도 최대한 직접 설계·생산하는 방향을 취해 왔다. 또한 차량 내부 통신망도 이더넷(Ethernet) 기반으로 재편해 다량의 데이터를 고속으로 주고받으며 차량 전체를 하나의 통합 시스템처럼 제어할 수 있도록 구조를 단순화했다.

요컨대, 테슬라는 전기·전자 부문의 표준 전압 상향(12V→48V)과 ECU 소프트·하드웨어의 통합·내재화를 통해 부품 수와 배선, 소프트웨어 복잡도를 모두 줄여 원가와 무게를 낮추고 있다. 이는 차량 설계 사양을 단순화해 생산 공정 자동화에도 유리한 효과를 주어 결과적으로 비용과 품질 두 마리 토끼를 잡는 전략이라 할 수 있다.

자동차 공급망 혁신: 부품 수 감축과 단순화

차량 원가에 큰 영향을 미치는 또 다른 요소는 부품 구성과 공급망 관리다. 테슬라는 모델 S와 X에서 모델 3와 Y로 세대 전환을 하면서 플랫폼 변경을 통한 부품 수 감소를 이뤄냈다. 예를 들어 Model S/X 플랫폼(SX-PF)에서 Tier-1 공급 부품 약 3,400개, Tier-2 부품 약 21,000개를 사용했으나, Model 3/Y 플랫폼(3Y-PF)에서는 Tier-1 약 2,100개, Tier-2 약 19,000개로 부품 종류를 크게 줄였다.

부품 수를 줄이는 것은 설계 단순화와 조립 공정 효율화로 이어질 뿐 아니라, 공급사의 개수도 줄여 관리 비용을 절감하는 효과가 있다. 실제로 테슬라는 플랫폼 변경을 부품 감소뿐만 아니라 공급사를 솎아

내는 기회로 활용하고 있다. 기술력과 원가 경쟁력이 부족한 공급사는 도태시키고, 전체 공급사 풀(pool)의 규모를 줄여 관리 효율을 높이는 전략이다.

테슬라 공급망 담당 임원은 '공급망은 완벽을 요구하는 게임으로 작은 실수도 용납되지 않기에, 소수 정예의 파트너와 완전자동화된 시스템을 지향한다'고 밝힌 바 있다. 이는 곧 부품 종류와 공급선을 단순화해 휴먼 에러와 관리 비용을 최소화하겠다는 뜻이다. 물론 특정 부품을 한 곳에서만 조달하면 생산 차질이 발생할 리스크가 있기 때문에, 테슬라는 핵심 부품에 대해서는 2~3개사의 멀티소싱 체제를 유지하고 이중·삼중의 공급선을 확보해 공급망 리스크를 관리하고 있다.

스페이스X의 로켓 재사용: 발사 원가의 혁명적 절감

스페이스X 는 일론 머스크가 2002년에 설립한 민간 우주기업으로, '인류를 화성에 보낸다'는 비전을 내세우며 출범 당시부터 파격적인 저비용 로켓 개발을 추구했다. 현재 스페이스X 는 세계에서 가장 많은 위성을 쏘아올린 발사체 운영사로 성장했으며(2023년 기준 5,000기 이상), 그 근간에는 기존의 통념을 깨는 저원가 혁신 전략들이 자리하고 있다.

스페이스X 원가 혁신의 핵심 전략은 로켓의 재사용이다. 과거에는 위성을 한 번 발사하고 나면 로켓을 폐기하는 것이 당연했지만, 스페이스X 는 팰콘9 로켓 1단계를 회수해 여러 번 재비행하는 기술을 세계 최초로 실현했고 동일 로켓을 반복 사용함으로써 막대한 운영 비용 절감 효과를 거두었다. 실제로 2023년 11월까지 팰콘9의 한 부스터(일련번호 B1058)는 무려 18회 발사에 성공해 최다 비행 기록을 세웠다. 다른 여러 부스터들도 10회 이상씩 재사용되며 발사비용을 비약적으로 낮추고 있다.

빠른 재사용 주기 역시 비용 혁신에 중요한데, 팰콘9의 평균 재사용 간격은 2017년 약 1년(356일)에서 2021년 27일, 2022년에는 21일로 단축되었다. 한 달도 안 되어 같은 로켓을 재발사하는 운용 능력을 갖춘 것이다. 더욱 놀라운 것은, 이렇게 재사용이 잦아지면서 재사용을 위한 정비 비용도 대폭 감소했다는 점이다. 2017년에는 한 번 재비행을 위해 약 1,300만 달러의 점검/수리 비용이 들었으나, 2022년에는 100만 달러 수준으로 92%나 감소했다. 이는 재사용 프로세스의 표준화와 효율화로 수리 비용을 거의 무시할 만큼 줄였다는 뜻이다.

이러한 개선 덕분에, 팰콘9의 1회 발사당 직접 비용은 약 6,700만 달러 수준까지 떨어졌다. 이는 동급 성능을 지닌 유럽의 아리안(Ariane) 로켓 등 경쟁사 발사 단가의 1/5 수준에 불과한 금액이다. 다시 말해, 스페이스X는 로켓 재사용 기술로 경쟁사 대비 80% 이상 저렴하게 발사를 수행하는 비용 구조를 확보한 셈이다. 로켓 재사용은 이제 스페이스X의 일상적인 부분이 되었고, 부스터뿐만 아니라 위성 페어링(payload fairing)[4]과 유인/화물 캡슐(드래곤)도 회수해 재사용함으로써 로켓의 거의 모든 요소에서 일회용 부분을 줄이는 혁신을 달성했다.

수직 계열화: 로켓 부품 자체 생산으로 비용 통제

스페이스X의 두 번째 원가 혁신 전략은 제조의 수직 계열화(vertical integration)이다. 테슬라에서 이미 원가 절감 노하우를 쌓은 머스크는 로켓 산업에도 공급망 혁신을 도입했다. 기존 우주 산업은 복잡한 다단계 하도급 구조로 부품을 조달했지만, 스페이스X는 가능한 한 모든 핵심 부품을 직접 개발·생산해 외부 마진을 없애고 비용을 통제했다. 현재 스페이스X는 엔진과 발사체 구조물 등 약 85%의 부품을 본사(캘리포니아 호손)에서 직접 제조하고 있다고 알려져 있다.

---

4 발사체(로켓) 상단에 위치해 발사 과정에서 대기권 돌파 시 공기 저항, 열, 진동 등 외부 환경으로부터 위성을 보호하는 덮개 역할을 하는 부분

스페이스X의 팰콘 로켓 패밀리

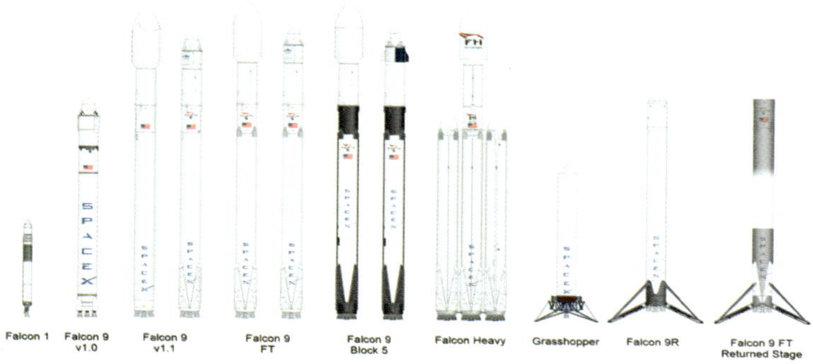

출처: https://historicspacecraft.com/Rockets_SpaceX.html

로켓 엔진, 추진제 탱크, 전자식 비행 컴퓨터, 소프트웨어에 이르기까지 주요 시스템을 모두 인하우스로 설계·제작함으로써, 외부 업체에 지급하던 높은 납품단가와 마진을 제거한 것이다. 이러한 수직계열화 덕분에 스페이스X는 설계 변경이나 개선도 신속하게 자체 수행할 수 있어 개발 사이클을 대폭 단축하고 혁신을 가속화할 수 있게 되었다. 일론 머스크는 '우리는 시간이 지날수록 성능을 높이고 가격은 낮출 것'이라며, 전자제품처럼 생산량이 늘수록 비용이 감소하는 경향을 로켓에도 가져오겠다고 언급한 바 있다.

극단적인 예로, 스페이스X의 팰콘9 개발비는 약 3억 달러로 추정되는데, 업계 전문가들은 만약 NASA가 동일 성능 로켓을 개발했다면 40억 달러는 들었을 것이라고 평가하고 있다. 실제 하버드 비즈니스 리뷰의 분석에 따르면 스페이스X의 높은 수직계열화는 발사 단가를 경쟁사 대비 1/10 수준으로 낮추면서도 70%의 높은 이익률을 낼 수 있게 한 핵심 요인이었다.

다만 스페이스X도 모든 부품을 스스로 만드는 것은 아니다. 예를 들어 볼트·너트 같은 범용 부품이나 생산 규모상 외주가 효율적인 일부 부품은 여전히 공급망을 활용하고 있다. 그러나 설계 주도권은 철저히

SpaceX 내부에 있으며, 남이 만든 것을 사서 쓰기보다 필요하면 기술을 새로 개발해서라도 직접 만드는 문화가 자리잡고 있다. 이러한 수직 통합 모델은 초기에 많은 투자가 필요하지만 장기적으로 압도적인 비용 경쟁력을 가져다 주었다.

엔진 클러스터링: 소형 엔진 대량생산으로 규모의 경제 확보

스페이스X 원가 혁신의 세 번째 요소는 엔진 설계 철학의 변화이다. 전통적으로 대형 로켓일수록 추력(推力)이 큰 대형 엔진을 사용해 왔다. 그러나 대형 엔진은 정밀 제작이 어렵고 단가도 매우 높다. 스페이스X는 이에 반해 여러 개의 소형 엔진을 묶어(clustering) 동일한 추력을 내는 방식을 택했다.

팰콘9 1단계는 멀린1D(Merlin 1D)라는 비교적 작은 엔진 9개를 클러스터로 배열해 추력을 확보한다. 이렇게 하면 단일 대형 엔진을 개발하는 데 드는 막대한 R&D 비용을 절감할 수 있고, 동일한 엔진을 다량 생산함으로써 부품 단가를 낮추는 '규모의 경제' 효과도 얻을 수 있다. 실제로 스페이스X는 멀린 엔진 하나의 신뢰성을 높여 팰콘9뿐 아니라 향후 팰콘헤비(Falcon Heavy, 3개 부스터에 27개 엔진)까지 모두 적용했고, 심지어 차세대 스타십(Starship)의 추진에도 여러 개 엔진(랩터 엔진 33개)을 쓰는 철학을 이어가고 있다.

엔진 클러스터링 전략은 엔진을 대량 생산품으로 만들었다는 점에서 혁신적이다. 과거 로켓 엔진은 몇 기 제작하지 않아 수공업에 가까운 고비용 제품이었지만, 스페이스X는 멀린 엔진을 수백 기 이상 생산하며 자체 생산라인을 구축했고, 비용을 꾸준히 절감해 왔다. 엔진을 여러 개 사용하면 일부 엔진에 문제가 생겨도 나머지 엔진으로 보완하거나 추력 조절을 통해 비상 상황에 유연하게 대응할 수 있다는 장점도 있다. 물론 엔진 수가 늘어나면서 병렬 제어의 복잡도가 증가하지만, 스페이스X는 이를 독자적인 비행 컴퓨터와 소프트웨어로 해결해 신뢰성을 확보했다.

이러한 클러스터링 전략의 결과, 팰콘9의 1단계 엔진 9개가 동시에 작동할 때 약 170만 파운드의 추력을 내며(해면 기준) 저궤도에 22.8톤의 화물을 올릴 수 있다. 이렇게 실현된 팰콘9의 성능은 개발비 3억 달러로 이루어낸 것인데, 앞서 언급한 것처럼 기존 업체였다면 수십억 달러가 들었을 성능이다. 소형 엔진 대량생산 + 수직계열화 + 재사용 기술의 삼박자가 만들어낸 경이적인 비용 효율이라 할 수 있다.

혁신적 원가절감, 발상의 전환에서 출발

테슬라와 스페이스X 사례에서 볼 수 있듯이, 근본적 발상의 전환과 과감한 기술 도전이 이루어질 때 비로소 혁신적인 원가 절감이 가능하다. 테슬라는 자동차 산업에서 조립 공정의 혁신, 핵심부품 소재 변경, 전자체계 통합, 공급망 슬림화 등을 통해 전기차의 단가 구조를 재편하고 있다. 스페이스X는 우주산업에서 로켓 재사용, 자체 생산, 엔진 대량생산 등을 실현함으로써 기존 우주개발 비용을 극적으로 낮추었다. 두 기업 모두 남들이 당연시한 비효율적 관행에 도전해 이를 극복할 방법을 찾아냈고, 그 결과 시장을 선도하는 비용 경쟁력을 갖추게 되었다.

물론 이러한 저원가 혁신 전략은 막대한 초기 투자와 위험 부담을 수반한다. 하지만 첫 사례의 성공이 증명된 이후에는 산업 전반에 큰 파급효과를 일으켜 기술 표준과 비용 구조 자체를 바꾸게 된다. 테슬라의 혁신은 타 자동차 제조사들도 제조 프로세스와 공급망을 새로운 관점에서 다시 생각하도록 하고 있으며, 스페이스X의 등장은 발사체 시장의 가격을 과거 대비 크게 낮추어 더 많은 우주 비즈니스가 성립되게 만들었다.

결론적으로, 저원가 혁신은 단순히 원가 절감 차원을 넘어 산업 지형을 변화시키는 힘을 갖고 있다. 기업이 발상의 전환으로 생산 공정의 낭비 요소를 제거하고, 기술적 한계에 도전해 비용을 줄일 때, 비로소 경쟁자들이 따라오기 힘든 거대한 진입장벽을 구축할 수 있는 것이다.

디지털 기술이 견인하는 아마존의 원가경쟁력

아마존(Amazon) 기업 개요

- 설립년도: 1994년
- 본사: 미국 워싱턴주 시애틀(Seattle)
- 업종: 전자상거래
- 시가총액: 2,329.1 U$십억 (2025.6.30 기준)
- 매출액: 637,959 U$백만 (FY2024, 12월 결산)
- 영업이익: 68,593 U$백만 (FY2024, 12월 결산)
- 종업원수: 1,556,000명
- 부문별 매출 구성

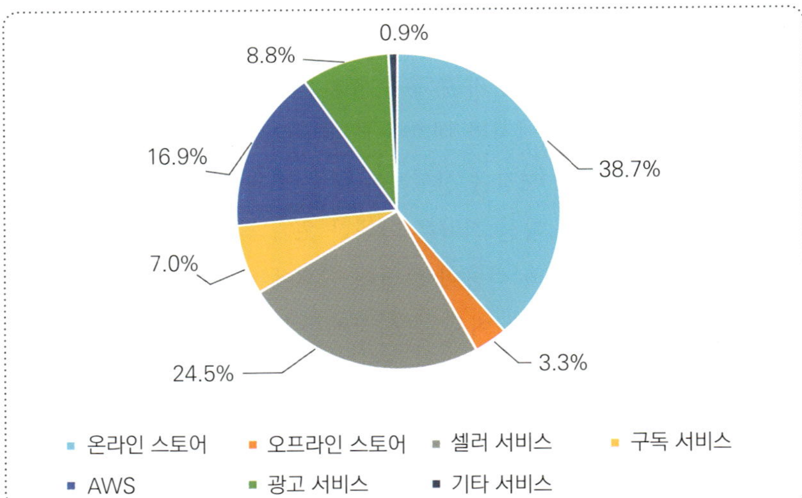

아마존은 전자상거래를 넘어 클라우드 컴퓨팅과 물류 혁신에 이르기까지 광범위한 분야에서 디지털 기술 투자를 통해 경쟁력을 구축해 왔다. 특히 자동화와 인공지능(AI) 등에 대한 꾸준한 투자는 아마존의 강력한 원가경쟁력을 뒷받침하는 원천으로 평가된다. 물류창고에서 로봇을 활용한 자동화, AI 및 디지털 트윈을 통한 운영 최적화, 자사 클라우드 AWS (Amazon Web Services)를 활용한 비용 절감 전략 등은 아마존이 저비용 구조로 고품질 서비스를 제공하며 업계를 선도하도록 만든 핵심 요인들이다. 아마존의 물류 자동화 사례와 효과, AI와 디지털 트윈 기술의 활용, AWS 기반의 비용 절감 전략, 그리고 경제적 위기 속에서도 지속된 디지털 투자와 원가관리 노력을 살펴보자.

물류창고 자동화 혁명: 키바(Kiva) 인수부터 로봇 군단까지

아마존은 물류 자동화 기술에 선제적으로 투자하며 원가 혁신을 추진해 왔다. 2012년 키바(Kiva)라는 물류 로봇 회사를 약 7억 7,500만 달러에 인수한 것이 출발점이다. 키바 로봇은 스스로 물류 창고를 돌아다니며 선반째로 상품을 운반하는 자동 안내 차량(AGV)으로, 아마존은 2014년부터 본격적으로 이 로봇들을 창고에 도입했다. 불과 몇 년 전까지만 해도 단순한 적재 공간에 불과했던 물류창고가 첨단 자동화의 중심지로 탈바꿈한 것이다. 현재 아마존은 물류 현장에 12종 이상의 다양한 로봇을 운영하고 있으며, 이들 로봇은 단순 기계 이상으로 아마존의 글로벌 시장 선도에 핵심 역할을 하는 존재들이다.

특히, 키바 도입으로 시작된 창고 자동화 혁명은 뚜렷한 비용 절감 효과를 가져왔다. 키바 로봇 도입 후 많은 아마존 물류센터에서 운영비용이 약 20% 절감되었는데, 물류센터 하나당 약 2,200만 달러의 비용을 아낀 셈이라고 한다. 이는 주문 처리의 사이클 타임(click-to-ship)[5]

5 소비자가 온라인에서 상품을 주문한 후부터 상품 배송이 시작될 때까지 걸리는 시간을 의미

을 평균 60~75분에서 15분 수준으로 75% 이상 단축시킨 효과에서 기인한다. 또한 사람 통행을 고려해 넓게 두었던 통로를 로봇 덕분에 대폭 좁힐 수 있어 물류센터 내 물품 재고의 수용량이 50% 증가하는 등 공간 활용도도 개선되었다. 요컨대 더 적은 인력과 시간으로 더 많은 물량을 처리하게 됨으로써 원가 구조를 혁신한 것이다.

아마존은 여기서 멈추지 않고 지속적으로 신형 로봇들을 개발 및 도입해 왔다. 예를 들어, 키바 이후 등장한 허큘리스(Hercules) 로봇은 더욱 강력한 리프팅 능력을 갖춘 차세대 AGV로, 한 번에 1,250파운드(약 567kg)까지 들어올릴 수 있어 무거운 상품 선반도 거뜬히 운반한다. 최근 도입된 프로테우스(Proteus)는 아마존 최초의 완전 자율주행 이동 로봇으로, 사람과 같은 공간에서 안전하게 움직이며 작업할 수 있는 것이 특징이다. 프로테우스는 고정된 레일 없이도 창고를 누비며 밀리미터 단위의 정밀한 위치 인식 능력을 갖추고 있어 작업 효율을 한층 끌어올렸다. 현재 건설 중인 최신 물류센터는 'Gen 13(13세대)' 혹은 'Gen 14(14세대)'라 부르는데, 각 세대마다 새로운 레이아웃과 로봇·자동화 기술을 반영해 설계하고 있다. 즉 세대가 거듭될수록 이전 세대보다 더 효율적인 창고를 만들어 왔다는 뜻이며, 이러한 투자는 아마존의 원가 경쟁력으로 직결되었다.

아마존의 물류혁신 로봇

구분	기능	사양	사진
키바 (KIVA)	상품 운반 QR코드 내비게이션	• 자율 주행 • 작업 중 자동 충전	 출처: https://www.irobotnews.com/news/articleView.html?idxno=7844

구분	기능	사양	사진
허큘리스 (Hercules)	두거운 짐 운반	• 강력한 리프팅 기능 • 자율 주행 • 안전 센서	 출처: https://www.aboutamazon.com/news/operations/amazon-hercules-robot
스패로우 (Sparrow)	로봇 팔 정교한 물품 처리 분류 및 정리	• 로봇에 달린 카메라로 사물을 인식 • 인공지능 활용 • 아마존 제품 재고의 65% 식별 가능	 출처: https://www.irobotnews.com/news/articleView.html?idxno=30029
프로테우스 (Proteus)	KIVA 업데이트 로봇 다목적 운반	• 고속 이동 • 정밀 센서 (밀리미터(mm) 급 위치 정확도) • 자율 주행	 출처: https://www.irobotnews.com/news/articleView.html?idxno=29498
디짓 (Digit)	휴머노이드 로봇 (시간당 비용 U$2~3)	• 바퀴 달린 로봇이 갈 수 없는 공간에 있는 상품 이동 수행	 출처: https://www.bbc.com/news/technology-67163680

로봇 도입으로 인건비와 운영비 획기적 절감

물류 현장의 로봇 확대 도입은 구체적으로 어떤 원가 혁신을 가져왔을까? 아마존의 사례를 통해 몇 가지 수치로 정리하면 다음과 같다.

- 작업 생산성 향상: 앞서 언급했듯 키바 로봇 도입으로 주문 처리 시간이 기존 60분에서 15분으로 단축되어 주문 처리 생산성이 크게 향상되었다. 이는 더 적은 노동으로 더 많은 주문을 소화할 수 있게 했다.
- 창고 운영비 절감: 키바 로봇 활용으로 물류센터 한 곳당 연 2천만 달러 이상 비용 절감 사례가 보고되었고, 전체 운영비용의 20% 가량을 감축한 것으로 평가된다. 특히 풀필먼트(Fulfillment)[6] 비용의 60% 가량을 차지하는 인력 의존도를 낮춘 것이 주효했다.
- 물류 처리용량 증대: 자동화로 창고당 저장 가능한 재고량이 50% 늘어나고, 같은 공간에서 처리할 수 있는 물동량이 크게 증가했다. 피크 시즌에도 로봇이 투입된 센터는 처리비용을 25%까지 절감하며 효율적으로 대응한 사례가 있다..
- 로봇당 생산성 증가: 2013년 약 1만 대 수준이던 이동로봇이 2019년 30만 대, 2023년에는 75만 대 이상으로 급증하며, 로봇당 생산성이 누적되어 인력 대비 비용 효율을 계속 높이고 있다. 현재 아마존은 75만 대 이상 로봇과 직원들이 협업하는 환경을 갖추고 있으며, 이는 산업계에서 전례 없이 거대한 규모의 자동화 운영이다.
- 미래 절감 잠재력: 투자은행 모건스탠리는 2025년 분석에서 향후 2030년까지 아마존의 물류 물량 40%를 로봇 창고가 처리할 경우 연간 100억 달러 이상의 비용을 절감할 수 있을 것으로 전망했다. 실제 2024년 가을에 로봇을 풀가동한 최신형 물류센터(미국 루이지

---

6 상품의 입고부터 보관, 포장, 배송, 반품 등 고객 주문처리와 관련된 모든 물류과정을 관리하는 서비스를 뜻하는 용어

애나주 슈리브포트)의 경우, 최성수기에 물류 처리 비용이 25% 줄었다는 보고도 있다.

이러한 성과 덕분에 아마존은 매출 대비 물류 비용을 경쟁사 대비 낮은 수준으로 유지하거나, 동일한 비용으로 더 빠른 배송 서비스를 제공하는 비용-서비스 측면의 베스트 프랙티스로 꼽힌다. 물론 초기 로봇 도입에는 거액의 자본 투자가 필요했지만, 규모의 경제와 운영 효율 향상으로 투자 비용 이상의 절감 효과를 거두고 있음을 다양한 지표가 보여준다.

또한 로봇이 힘들고 반복적인 작업을 맡으면서 작업자 안전사고율이 크게 낮아지는 부가적인 개선 효과도 나타났다. 아마존 내부 데이터에 따르면 2022년 기준 로봇 도입 창고는 비(非)로봇 창고 대비 안전사고 발생률이 15~18% 낮았다고 한다. 이는 장기적으로 산업재해 비용 감소와 작업 환경 개선으로 이어져 간접적인 원가 절감 효과도 기대할 수 있다.

AI와 디지털 트윈으로 운영 최적화

아마존은 AI와 디지털 트윈 기술을 활용해 물류 운영과 공급망을 정밀하게 최적화하고 있다. 디지털 트윈이란 현실 세계의 설비나 프로세스를 가상 공간에 실시간으로 모사한 모델을 말하는데, 아마존은 물류센터를 설계하고 운영 의사결정을 내릴 때 이 디지털 시뮬레이션 모델을 적극 활용한다. 아마존은 엔비디아(NVIDIA)의 옴니버스(Omniverse) 플랫폼 등을 통해 AI 지원 디지털 트윈을 만들고, 창고 내 상품·로봇·작업자 동선과 레이아웃을 무수히 시뮬레이션함으로써 최적의 설계와 프로세스 흐름을 찾아내고 있다. 이러한 사전 검증을 거쳐 구축된 창고는 공간 활용과 작업 효율 면에서 이미 최적화된 상태로 가동을 시작하기 때문에 시행착오나 낭비를 최소화하고 비용 효율을 극대화할 수 있다.

디지털 트윈 기술은 실시간 운영 최적화에도 쓰이고 있다. 아마존은 전 세계에 분포한 수백 곳의 물류 거점을 사실상 하나의 거대한 네트워크처럼 관리하는데, 이때 AI와 디지털 트윈이 결합된 시스템이 각 거점의 재고 흐름과 배송 상황을 실시간 모니터링 및 예측한다. 예를 들어 실시간 배송 추적 데이터를 디지털 트윈에 연계해 전체 운송망의 흐름을 가시화하고, 상품들의 이동 경로를 최적으로 조정해 초고속 배송을 지원하고 있다. 이를 통해 수요 급변이나 돌발 상황에도 유연하게 대응할 수 있게 되어 불필요한 지연이나 비용을 줄일 수 있다.

여기에 AI 기술이 의사결정의 지능화를 더욱 가속하고 있다. 아마존은 수요 예측, 재고 최적화, 물류 경로 계획 등 공급망 전반에 걸쳐 AI를 통합했다. 방대한 판매 데이터는 물론 기상 정보, 검색 트렌드 등 외부 요인까지 AI 모델에 반영해 수요를 정교하게 예측하고, 그에 따라 재고 배치를 사전 조정함으로써 과잉재고나 재고부족으로 인한 낭비를 줄이고 있다. 또한 AI 기반 동적 경로 계획은 배송 트럭에게 실시간 교통 상황과 날씨를 고려한 최적의 경로를 안내해 배송 시간을 단축하고 연료비 같은 운송비용도 절감한다. 예컨대 2020년 코로나19 팬데믹 초기, 아마존은 AI 시스템을 통해 지역별 수요 폭증에 맞춰 물품 재고와 배송 트럭을 재배치하고 경로를 조정함으로써 경쟁사들보다 빠르게 대응했고, 이를 통해 서비스 품질을 유지하면서 비용 증가 리스크를 줄였다.

AWS(Amazon Web Services)를 활용한 비용 절감

아마존이 보유한 또 하나의 강력한 디지털 자산은 바로 AWS, 즉 세계 최대 규모의 클라우드 컴퓨팅 플랫폼이다. AWS는 본래 아마존 내부 IT 인프라를 효율화하려는 시도에서 출발해 외부에 서비스로 제공하게 된 것인데, 이것이 아마존의 원가 혁신 전략에서 중요한 의미를 가진다. 먼저 아마존 스스로 AWS 클라우드 인프라를 적극 활용함으로써 전통적인 IT시스템 운영비용을 크게 절감하고 유연성을 확보했다. 더 나아가 AWS를 통해 축적한 기술과 서비스를 외부에도 판매함으로써 새로운 수익원을 창출하고 이를 통해 핵심 리테일 사업의 낮은 마진을 보완하는 재무적 여력을 갖추게 되었다.

실제로 아마존은 수년 전부터 자사 데이터베이스와 내부 시스템을 오라클(Oracle) 같은 상용 솔루션에서 AWS 기반으로 전환해 비용을 절감했다. 2019년까지 아마존 컨슈머 비즈니스 부문은 수천 개의 오라클 데이터베이스를 아마존 오로라(Amazon Aurora) 등 AWS 데이터베이스로 모두 이전했는데, 그 결과 데이터베이스 비용을 60% 이상 절감하고 데이터베이스 관리 인력 부담도 70% 줄이는 성과를 거두었다. 시스템 성능도 향상되어 주요 서비스의 응답 지연이 40% 감소하는 등 효율이 크게 높아졌다. 이처럼 클라우드 전환을 통한 IT 운영 원가 절감은 아마존이 자체적으로 몸소 실천해 효과를 본 전략이며, 나아가 전 세계 많은 기업들이 따라가는 우수사례가 되고 있다.

AWS는 아마존 내부에서 물류 운영 최적화를 돕는 용도로도 활용된다. 앞서 언급한 디지털 트윈 시뮬레이션이나 AI 분석 모델이 모두 AWS의 방대한 클라우드 리소스 상에서 구동되기 때문에, 아마존은 자체 서버를 유지하는 데 따르는 비용과 제약 없이 필요한 만큼 탄력적으로 컴퓨팅 자원을 활용할 수 있다. 이는 성수기 등 피크 시에는 자원을 확장하고, 비수기에는 줄이는 식으로 IT 인프라 비용을 탄력적으로 운영할 수 있음을 의미한다.

아마존은 더 나아가 내부 기술을 서비스화해 외부 기업들도 비용 혁신을 할 수 있도록 지원하고 있다. 예를 들어 앞서 설명한 물류센터 디지털 모델링 및 시뮬레이션 노하우를 담아, 2024년 AWS에서 물류 창고 설계 및 최적화 전문 서비스(Warehouse Automation and Optimization)를 출시했다. 이를 이용하면 외부 고객사들도 아마존의 축적된 자동화

설계 기법과 AWS IoT, AI 서비스를 활용해 자신들의 창고 운영을 최적화하고 비용을 절감할 수 있다. 아마존이 내부 효율화를 위해 개발한 기술과 툴을 상품화해 팔기 시작한 것이며, 이는 곧 아마존 자신의 원가경쟁력이 곧 비즈니스 모델이 된 사례라 할 수 있다.

또한 2022년에는 10억 달러 규모의 아마존 산업 혁신 펀드(Amazon Industrial Innovation Fund, AIIF)를 조성해 로봇 및 자동화 스타트업들에 투자하는 등 미래의 원가 혁신 기술을 선점하려는 전략적 행보도 보이고 있다.

결과적으로 AWS를 중심으로 한 디지털 기술 전략은 아마존에 직·간접의 비용 절감 효과를 안겨주고 있다. 내부적으로는 클라우드 활용을 통한 IT원가 혁신과 데이터 기반 의사결정 고도화, 외부적으로는 AWS 사업의 수익으로 리테일 부문의 저마진을 보완하며 재투자 재원을 마련하는 선순환 구조인 것이다. 이처럼 플랫폼 기술을 지렛대 삼아 비용우위를 강화하는 전략 역시 아마존 원가 혁신의 중요한 축이라고 볼 수 있다.

위기 속에서도 멈추지 않는 디지털 · 자동화 투자

아마존 원가 혁신 전략의 또 다른 특징은 어려운 외부 환경에도 과감한 투자를 지속했다는 점이다. 일반적으로 경영환경이 어려워지면 많은 기업이 투자 축소와 비용 절감을 최우선시하지만, 아마존은 장기적 관점에서 전략적 투자 기회를 놓치지 않는 접근을 취해 왔다. 이는 위기 극복과 동시에 미래 원가경쟁력 강화를 꾀하는 이중 효과를 가져다 주었다.

대표적인 사례로, 코로나19 팬데믹 시기 아마존의 대응을 들 수 있다. 2020년 전 세계적인 봉쇄와 물류 대란 속에서 아마존은 오히려 2분기 한 분기에만 코로나 안전 및 물류 대응 비용으로 40억 달러를 추가 투자하겠다고 발표했다. 실제 2020년 한 해 동안 직원 방역과 창고 프로세스 개선, 신규 물류센터 확충 등에 100억 달러 이상을 쏟아부으며 폭증하는 주문 수요를 처리할 수 있는 기반을 마련했다. 팬데믹 이후 수요가 평준화된 뒤에는 이 확장된 인프라와 시스템을 자동화 및 효율화하는 데 집중해 경쟁사들이 따라오기 힘든 원가 우위 구조를 공고히 구축했다.

또한 2022년 경기 둔화 국면에서도 아마존은 디지털 및 자동화 투자를 늦추지 않았다. 당시 아마존은 직영 인력 약 10만 명을 감원하는 등 긴축 조치를 취했지만, 동시에 창고 로봇 및 자동화 기술 투자는 오히려 가속했다. 2022년에는 차세대 로봇 팔 '스패로우(Sparrow)'와 완전 자율주행 로봇 '프로테우스(Proteus)'를 공개하며 물류 자동화 수준을 한층 높였고, 2023년에는 새로운 통합 로봇 시스템 '세쿼이아(Sequoia)'를 투입해 운영 효율을 개선했다. 이러한 지속 투자 덕분에 아마존은 인건비 상승 압박을 기술로 상쇄하고 있다. 예컨대 2022년 발표된 인간형 이족보행 로봇 '디짓(Digit)'의 경우 시간당 운영비가 불과 2~3달러 수준으로 추정되는데, 이는 인간 노동자보다 현저히 낮은 비용이다.

아마존은 불확실성 속에서도 비용 절감과 신기술에 대한 투자 간 균형을 통해 어려운 시장 환경에서도 가격 경쟁력을 유지할 수 있는 탄탄한 체력을 갖출 수 있었다. 이는 많은 기업들이 불황기에 연구개발이나 설비투자를 줄여 장기 경쟁력을 훼손하는 것과 대비되는 모습이다. 아마존의 긴 안목이 위기 이후 더 큰 도약으로 이어졌고, 그 핵심 동력이 바로 디지털 기술에 대한 일관된 투자와 원가 혁신이었다고 평가할 수 있다.

꾸준한 미래기술 투자로 독보적인 원가 경쟁력 구축

디지털 기술을 통한 원가 혁신은 단순히 비용을 줄이는 것을 넘어 기업 전략 전반을 새롭게 재구성하고 있다. 로봇 자동화로 대표되는 물류 혁신은 운영 효율을 극대화해 비용을 낮춤과 동시에 서비스 속도와 품질을 높였고, AI와 디지털 트윈을 활용한 데이터 기반 최적화는 불확실성을 줄이고 현장의 낭비를 제거했다. 또한 클라우드 인프라(AWS)의 적극적 활용과 기술 상품화는 IT운영비 절감과 신규 수익 창출이라는 이중 효과로 아마존의 원가구조를 탄탄하게 만들었다.

주목해야 할 점은 이러한 노력이 일회성이 아니라 지속적이었다는 것이다. 아마존은 환경이 좋을 때나 나쁠 때나 일관되게 미래 기술에 투자했고, 그 결실이 누적되어 남들이 따라오기 어려운 비용 우위와 경쟁력을 만들어냈다.

보통 기업의 비용 절감은 흔히 구조조정이나 원가절감 캠페인 등으로 단기 성과를 내는 데 급급한 경우가 많지만, 아마존은 장기적인 기술 투자를 통해 근본적인 비용 구조 혁신을 이뤄냈다. 향후에도 아마존은 로봇기술, AI, 클라우드 역량을 바탕으로 원가경쟁력을 더욱 강화해 나갈 것으로 전망된다. 디지털 기술로 실현한 원가 혁신은 현재진행형이며, 아마존의 전략은 그 대표적인 롤모델로서 앞으로도 많은 기업들의 벤치마크가 될 것이다.

원가 혁신의 핵심 포인트

- 도요타 사례에서 배울 점은 원가 혁신이 특정 부서의 활동이나 프로젝트가 아닌, 조직 전체 DNA로 체화되어 있어야 한다는 점이다. 전 임직원이 일상적으로 원가 개선 아이디어를 제안하고 자발적으로 실천하는 조직문화가 원가 혁신의 핵심이다.
- 이케아는 제품 설계 단계에서 평면 포장 디자인으로 운송과 보관비용을 최소화하고, 고객 조립 방식으로 인건비를 절감하는 등 전체 가치사슬에서의 원가 최적화를 추구했다. 원가 혁신이 초기단계부터 고려되어야 함을 보여준다.
- 독창적인 디자인으로 유명한 프랭크 게리는 치밀한 사전 기획과 검증을 통해 예상치 못한 비용 증가나 일정 지연을 사전에 차단하고 설계와 시공 과정에서 발생할 수 있는 오류를 최소화했다. 시간이 걸리더라도 철저한 사전 준비가 원가 절감의 지름길이라는 교훈을 준다.
- 테슬라와 스페이스X는 산업의 통념을 과감히 깨뜨리며 혁신적인 원가 구조를 만들어 냈다. 테슬라는 제조 공정의 재설계를 통해 생산비용을 대폭 절감했고, 스페이스 X는 재사용 가능한 로켓이라는 발상의 전환으로 발사 비용을 기존 대비 1/20 수준까지 낮췄다. 이는 기존 방식에 안주하지 않고 근본적인 혁신을 추구해야 함을 시사한다.
- 아마존은 인공지능, 로봇, 클라우드 컴퓨팅 등 첨단기술의 적극 도입으로 운영비용을 지속적으로 최적화하고 있다. 원가절감을 위한 아마존의 적극적 기술 투자는 디지털 시대의 원가 혁신 방향을 제시하고 있다.

본 장에 소개된 사례들의 시사점을 바탕으로 독자들이 ① 조직문화 진단을 통한 조직 원가의식 개선, ② 가치사슬의 전체 최적화를 위한 원가관리 프로세스 개혁, ③ 운영 효율성 개선을 위한 디지털 혁신 등에서 성공적인 원가 혁신 아이디어를 찾을 수 있길 기대한다.

chapter

3

디지털 혁신(DX, Digital Transformation), 혁신에 날개를 달다

chapter

3 디지털 혁신(DX, Digital Transformation), 혁신에 날개를 달다

디지털 혁신(DX, Digital Transformation)은 단순한 기술 도입을 넘어 기업 생존의 핵심 전략으로 자리 잡았다. 디지털 변혁을 통해 기업은 운영 효율성을 획기적으로 높이고, 비용을 절감하며, 완전히 새로운 비즈니스모델을 창출할 수 있다. 특히 AI는 고객 경험의 초개인화, 정교한 예측 분석, 지능적 자동화를 기반으로 전에 없던 가치를 만들어낸다.

진정한 디지털 혁신은 기업 가치사슬 전반을 아우르는 모든 프로세스가 디지털 기술로 유기적으로 연결될 때, 비로소 지속가능한 성장과 미래 경쟁력을 확보할 수 있다.

본 장에서는 글로벌 선도기업들이 AI와 디지털 기술로 이뤄낸 혁신 사례를 깊이 있게 분석한다. 엔비디아(NVIDIA)의 옴니버스 기술을 활용한 글로벌 제조기업들은 디지털 트윈 기반의 공정 설계 혁신을 통해 생산성과 품질이라는 두 마리 토끼를 모두 잡았다. 중국 보무강철은 AI 기반 스마트팩토리로 제조업 디지털 혁신의 새로운 표준을 제시했고, 보쉬(BOSCH)는 AI로 품질관리와 설비관리를 고도화해 제조 경쟁력을 한 단계 끌어올렸다. 유니레버(Unilever)는 AI 에이전트를 도입해 콘텐츠 제작 시간 단축은 물론 더욱 깊이 있는 소비자 니즈를 파악하고 상호작용하는 등 마케팅 업무의 근본적 혁신을 실현했다. 월마트(Walmart)는 AI 에이전트로 구매 업무를 지능화해 MRO 품목에서 에이전트의 역량을 확인한 후 적용 대상 품목 확장을 계획하고 있다.

이들 사례는 가치사슬 전반에 걸친 디지털 혁신의 실질적 성과와 구현 방법을 생생하게 보여주며, 디지털 여정을 시작하는 기업들에게 귀중한 통찰과 영감을 제공할 것이다.

엔비디아의 디지털 트윈이 이끄는 제조 혁신

엔비디아(NVIDIA) 기업 개요

- 설립년도: 1993년
- 본사: 미국 캘리포니아주 산타클라라(Santa Clara)
- 업종: 반도체
- 시가총액: 3,855.0 U$십억 (2025.6.30 기준)
- 매출액: 130,497 U$백만 (FY2025, 1월 결산)
- 영업이익: 81,453 U$백만 (FY2025, 1월 결산)
- 종업원수: 36,000명
- 부문별 매출 구성

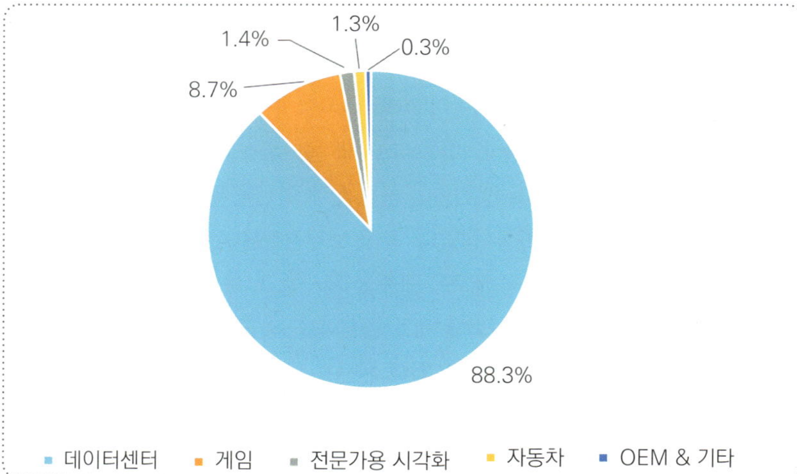

요즘 산업 현장에서는 디지털 기술을 활용해 생산성과 유연성을 높이는 것이 핵심 과제가 되었다. 특히 제조업에서는 실제 공장을 컴퓨터 속 가상환경에 똑같이 만들어놓은 디지털 트윈(Digital Twin)[7]을 구축하고, 인공지능을 활용해 다양한 상황을 미리 실험해 보는 방법이 큰 주목을 받고 있다. 이를 활용하면 실제 기계를 건드리지 않고도 생산 라인 변경, 설비 재배치, 공정 개선, 고장 예측 등을 가상환경에서 미리 실험해볼 수 있어서 다운타임(가동 중단 시간) 감소, 품질 향상, 비용 절감 등의 효과를 얻을 수 있다.

디지털 트윈을 만들려면 고도의 3D 가상현실 기술과 데이터 통합 기술이 필요한데, 엔비디아(NVIDIA)의 옴니버스(Omniverse) 플랫폼이 대표적인 예다. 옴니버스는 엔비디아가 개발한 실시간 3차원 협업 및 가상실험 플랫폼으로, 여러 설계 프로그램의 데이터를 한곳에 모아 실제와 똑같은 가상환경을 만들어준다. 쉽게 말해, 옴니버스를 활용하면 여러 팀이 각자 다른 설계 도구로 작업하더라도 하나의 가상 공간에서 동시에 협업하며 통합된 공장 모델을 만들고 실험할 수 있다. 또 옴니버스에 포함된 다양한 AI 기반 실험 도구들[8]을 통해 공장의 설계부터 운영까지 전 과정을 가상으로 재현해서, 생산 현장의 문제를 미리 발견하고 최적의 해결책을 찾는 데 크게 기여하고 있다.

엔비디아의 이러한 기술을 활용해 제조 혁신을 이룬 대표 사례인 BMW, 폭스콘(Foxconn), 지멘스(Siemens)에 대해 보다 자세히 살펴보자.

BMW: 가상 공장 플랫폼으로 생산 계획 혁신

BMW는 연간 약 250만 대의 차량을 생산하는 세계적인 자동차 제

---

7 제품이나 생산 과정, 설비 등을 가상으로 복사한 것으로, 현실의 데이터를 실시간으로 받아서 작동하는 디지털 모델을 말함

8 로봇에게 지능을 가르치는 가상 훈련장인 아이작 심(Isaac Sim), 물리 법칙을 학습해 액체의 흐름과 같은 복잡한 과정을 빠르게 계산해주는 모듈러스(Modulus) 등

조사로 고객 주문에 따라 많은 차량이 개별 맞춤형으로 만들어진다. 차종만 40여 개 모델에 옵션 조합까지 수천 가지에 달하므로 하나의 생산 라인에서 다양한 차량을 유연하게 조립할 수 있어야 한다. BMW는 이런 복잡한 맞춤 생산을 관리하기 위해 전 세계 31개 공장의 데이터를 실시간으로 통합하는 가상 플랫폼을 구축했다. 엔비디아의 옴니버스 엔터프라이즈 플랫폼을 통해 각 공장의 CAD(Computer-Aided Design) 도면, 피엘엠(PLM, Product Lifecycle Management) 정보, 엠이에스(MES, Manufacturing Execution System) 데이터 등을 하나의 3D 공간에 모아서 실시간으로 업데이트되는 디지털 트윈 공장을 만든 것이다.

▎옴니버스를 활용한 자동차 생산 공장의 디지털 트윈

출처: Chat GPT 생성 사진

BMW는 전 세계 공장의 데이터를 한 곳에 모은 가상 공장에서 생산 계획을 수립하고 전사 프로세스를 개선하고 있다. 이를 통해 공장 계획을 더 빠르게 만들 수 있게 되었고, 공장 배치를 바꾸거나 새로운 차종을 도입할 때도 실시간 협업과 가상 실험으로 신속하게 대응할 수 있게 되었다. 가상환경에 설비 배치, 로봇 동작, 작업자 동선 등을 현실과 똑같이 재현함으로써, 여러 팀이 동시에 협업해서 최적으로 생산할 수 있는 방법을 찾을 수 있다. 가상환경에서 로봇 동작과 작업자의 작업 자세까지 미리 테스트해봄으로써 품질과 안전을 높이고, 실제 생산에 들어가기 전에 발생할 문제점을 미리 발견해 해결하고 있다.

이 가상 공장 환경에서는 BMW의 생산 기획자, 엔지니어, IT 전문가 등 다양한 부서 직원들이 동시에 같은 가상 공장 모델을 보면서 협업할 수 있다. 과거에는 공장 배치를 변경하려면 여러 프로그램에서 각각 데이터를 뽑아내어 통합하고, 변경사항을 이메일이나 회의로 공유하는 방식이어서 많은 시간과 노력이 들었지만, 이제는 독일 본사 엔지니어와 미국 공장 담당자가 가상 공간에 함께 접속해 똑같은 공장 실험 화면을 보며 변경안을 시험해볼 수 있다. BMW의 생산 실무자는 "전 세계 팀이 완벽한 가상 실험 환경에서 동시에 공장을 설계하고 계획함으로써 BMW의 계획 과정에 혁신적인 변화가 일어났다"고 평가했다. 실제로 BMW는 옴니버스 도입으로 생산 계획에 걸리는 시간을 30% 정도 줄였다고 밝혔다.

가상 공장은 단순한 3D 화면이 아니라, 실제 생산 운영을 그대로 따라하는 살아있는 디지털 트윈으로 작동한다. BMW는 독일 레겐스부르크(Regensburg) 공장의 실시간 운영 데이터를 디지털 트윈에 연결해서 가상 공장에서 생산 일정에 대한 모의 테스트를 진행하고 각 작업 지시에 따른 결과를 검증한다. 생산 라인에서 작업자들에게 내려가는 작업 지시 하나까지도 가상 공장에서 미리 테스트해서, 일정 지연이나 충돌이 발생하지 않는지 확인할 수 있다.

신차 모델을 투입할 때는, 해당 모델의 조립 과정을 디지털 트윈에서 전 과정 실험해보고 라인 배치, 로봇 프로그래밍, 부품 공급 순서 등을 최적화한 뒤 실제 생산에 적용한다. 이렇게 하면 새로운 모델 생산을 위해 공장을 개조하는 시간을 크게 줄일 수 있고, 시행착오로 인한 생산 차질을 최소화할 수 있다.

BMW 사례의 큰 특징 중 하나는 로봇과 사람의 협업을 가상에서 구현한 것이다. BMW 공장에는 수천 대의 로봇과 5만 7천여 명의 직원이 함께 일하고 있는데, 새로운 공정 도입 시 로봇의 동작을 바꾸고 작업자의 동선을 조정하는 일이 필수적이다. BMW는 옴니버스 상에서 엔비디아 다이작 심을 활용해 로봇의 움직임을 가상으로 훈련하고 개선한다. 예를 들어 자율주행 운반로봇이나 조립 로봇들이 공장 내에서 어떻게 이동하고 작업할지 수만 가지 가상 시나리오를 돌려 가장 효율적인 동작 패턴을 찾는다.

또 디지털 휴먼(Digital Human, 가상 작업자) 기술로 가상의 사람을 만들어 인체공학적 분석도 수행한다. 이를 통해 작업자가 특정 자세로 일했을 때의 근골격계 부담이나 동선상의 비효율을 미리 발견해 작업 공간을 개선할 수 있다. 실제 BMW는 현실의 작업자 동작 데이터를 디지털 휴먼에게 학습시켜 가상에서 여러 작업 실험을 해보는 방법으로 작업자 안전성과 생산 효율을 동시에 높이는 방안을 찾아냈다고 한다.

이렇게 현실 데이터를 학습한 AI와 물리 법칙 기반 가상실험이 결합된 디지털 트윈 환경 덕분에, BMW는 공장 운영의 거의 모든 측면을 사전에 가상으로 검증할 수 있게 되었다. 그 결과 생산 품질 개선, 비용 절감, 예측 정비를 통한 예방적 유지보수, 작업자 안전 강화 등 다방면에서 효과를 보고 있다. 특히 공장 계획 단계에서 장차 예상되는 오류나 불필요한 작업을 줄여주어, 계획 수립부터 실제 가동까지의 소요 시간을 크게 단축했고 예기치 않은 설비 변경이나 라인 중단 발생도 감소시켰다. BMW는 옴니버스를 통해 실제 공장을 짓기 전에 먼저 가상공장에서 모든 것을 설계하고 검증하는 새로운 방식을 정착시켰으며, 이를 미래 공장의 청사진으로 삼아 글로벌 생산 네트워크 전반에 확대 적용하고 있다.

지멘스: 산업 메타버스와 AI로 구현하는 디지털 제조 생태계

지멘스가 구현하고 있는 산업용 메타버스는 설계-생산-운영에 이르는 전 과정을 현실과 같은 물리 법칙 기반의 가상환경에 담아내어, 기업들이 실시간 데이터에 기반한 디지털 트윈을 활용할 수 있게 해 주는 통합 솔루션이다. 그 결과 복잡한 제조 시스템을 가상으로 시험하고 최적화해서 생산성 향상, 오류 감소, 신제품 출시 기간 단축 등의 효과를 얻을 것으로 기대된다.

지멘스는 실제로 현대중공업, 프레이어 배터리(FREYR Battery, 배터리 제조사) 등의 고객사와 협력해서 사진처럼 현실적인 3D 디지털 트윈으로 거대한 설비와 공정을 실시간으로 시각화하고 실험하는 데 성공했다. 그리고 이를 통해 설계 협업 개선과 의사결정 속도 향상을 이끌어 냈다. 이런 디지털 트윈 기술은 제조 현장의 에너지 효율을 높이고 폐기물을 줄이는 지속가능성 측면의 혁신도 가능하게 한다.

지멘스는 산업 자동화와 소프트웨어 분야의 글로벌 리더로서 일찍부터 디지털 트윈 개념을 산업에 적용해 왔으며, 수년간 축적한 디지털 트윈 기술을 한 단계 도약시키기 위해 2022년 엔비디아와 전략적 파트너십을 발표했다. 목표는 산업용 메타버스를 현실화하는 것이었다. 양사는 지멘스의 개방형 디지털 비즈니스 플랫폼인 엑셀러레이터(Xcelerator)와 엔비디아의 옴니버스 플랫폼을 연결해, 현실 세계와 똑같은 수준의 정확도를 지닌 가상 공장을 실시간으로 구현하기로 했다. 이를 통해 제품 및 공장 수명주기 전반에서 몰입형 3D 경험을 제공하고, 나아가 AI로 제어되는 자동화 시스템까지 통합함으로써 산업 자동화를 한층 높은 수준으로 끌어올리겠다는 비전이다.

구체적으로, 지멘스와 엔비디아의 통합 솔루션에서는 공장의 모든 구성 요소를 디지털화해서 옴니버스 상의 가상 공간에 담아낸다. 이 가상 공간에는 테크노마틱스(Tecnomatix) 공정 실험 프로그램, 팀센터(Teamcenter) 피엘엠 등 지멘스의 산업용 소프트웨어에서 가져온 정밀한 엔지니어링 데이터가 포함되고, 엔비디아의 GPU 가속으로 구현된 물리 계산과 AI 모델이 적용되어 현실세계와 똑같은 물리법칙과 논리로 움직이는 디지털 트윈이 형성된다.

지멘스가 구현한 조선소의 디지털 트윈 이미지

출처: https://www.nvidia.com/ko-kr/industries/industrial-sector/siemens/

지멘스의 경영진은 이런 협업에 대해 "사진처럼 현실적인 물리 기반의 디지털 트윈을 산업 메타버스에서 구현하면 사람들이 가상 세계에서 모여 현실의 문제를 함께 해결할 수 있다"고 설명했다. 간단히 말해, 현장의 기계와 IoT 센서, 그리고 사무실의 소프트웨어 데이터가 모두 하나의 가상세계에서 통합되어 돌아가는 그림이다. 엔비디아의 젠슨 황(Jensen Huang) CEO 역시 "산업 메타버스는 디지털 전환을 이끌 새로운 동력"이라며, 옴니버스와 지멘스 엑셀러레이터의 연결로 기계설계, 전자장치, 소프트웨어, IoT, 엣지(Edge, 실시간 현장 컴퓨팅)로 이루어진 지멘스의 전문 영역에 엔비디아의 AI 생태계를 결합해 AI 기반의 차세대 디지털 트윈을 만들어낼 것이라고 강조했다.

폭스콘: 디지털 트윈으로 자동화 공장 가속화

세계 최대 전자 제조업체인 폭스콘은 엔비디아 옴니버스와 지멘스의 산업 소프트웨어를 접목해 디지털 트윈을 구축하고 있다. 멕시코 과달라하라(Guadalajara) 공장의 디지털 트윈을 구축해서 실제 공장 가동 전에 로봇 동작을 가상으로 훈련하고 조립 라인을 최적 배치함으로써, 복잡한 서버 생산의 효율을 극대화한다. 폭스콘은 이런 가상 실험을 통해 생산성 향상과 비용 절감은 물론 공장 에너지 소비를 줄일 것으로 기대하고 있으며, 전 세계 공장에 동일한 표준을 신속히 복사해서 글로벌 공급망 대응력을 강화하고 있다.

폭스콘은 아이폰 생산으로 유명한 글로벌 전자기기 위탁생산 전문 기업으로, 전 세계에 170개 이상의 공장을 운영하고 있다. 최근 폭스콘은 엔비디아와 협력을 통한 미래 AI 공장 구축 비전을 발표했는데, 핵심은 디지털 트윈을 활용한 스마트 공장화다. 2024년 폭스콘은 멕시코 과달라하라에 건설 중인 최신 공장을 모델로 옴니버스 기반의 가상 공장을 구현했다. 이 공장은 엔비디아의 차세대 서버(블랙웰 HGX 시스템)를 생산할 예정인데, 수십 대의 산업용 로봇 팔과 수천 개의 센서와 카메라가 투입되는 고도 자동화 라인이다. 폭스콘 엔지니어들은 이 공장의 디지털 트윈을 옴니버스 상에 만들고, 가상환경에서 조립 공정을 미리 설계하고 검증하고 있다.

폭스콘의 디지털 트윈 전략에서 두드러지는 부분은 로봇의 가상 훈련이다. 폭스콘은 옴니버스에 구축한 가상 공장에서 엔비디아 아이작 심 플랫폼을 활용해 조립 로봇들을 일종의 '가상 학교'에서 교육시키고 있다. 과거에는 새로운 로봇을 공장에 도입하면 프로그래머가 하나하나의 동작을 짜넣고, 센서를 조정하며, 실제 부품을 다루게 해보면서 조정하는 과정이 필요했다. 이제 폭스콘은 엡손(Epson) 등의 제조사에서 공급한 로봇 팔을 디지털 트윈 공장에 투입해서 시각 인식, 잡기 동작, 경로 계획 등을 AI로 학습시킨다.

예컨대 로봇이 블랙웰 서버 섀시를 집어서 정확한 위치에 놓는 작업을 수천 번의 가상 반복을 통해 익히게 하고, 물체가 가로막았을 때 우회 경로를 찾는 방법도 가상으로 연습시킨다. 이렇게 디지털 트윈 속에서 충분히 훈련된 로봇은 실제 공장에 투입될 때 즉시 높은 성능을 발휘할 것으로 기대된다. 폭스콘은 이처럼 AI 로봇을 가상환경에서 훈련시키는 차세대 자동화를 선도적으로 시도하고 있으며, 이를 통해 로봇 설치에 드는 시간을 크게 줄이고 생산 라인의 안정적인 가동률을 높일 수 있을 것으로 예상하고 있다.

폭스콘은 디지털 트윈 구현을 위해 지멘스의 엑셀러레이터 소프트웨어 모듈도 활용하고 있다. 지멘스의 팀센터와 같은 피엘엠 소프트웨어에 저장된 공장 장비, 부품, 공정 데이터를 옴니버스와 API로 연동함으로써, CAD 설계부터 공정 계획 정보까지 모든 3D 자산을 하나의 가상 공장에 불러와 통합했다. 이렇게 서로 다른 소프트웨어 간 데이터를 연결하는 덕분에, 설계 변경이나 공정 수정 사항이 있을 때 클릭 몇 번으로 가상 공장에 즉시 반영할 수 있다. 또한 오픈유에스디(OpenUSD, Universal Scene Description)와 같은 개방형 3D 형식을 사용해서 데이터 상호운용성을 확보함으로써, 폭스콘뿐 아니라 협력 업체의 시스템까지 연동한 광범위한 공급망 실험도 가능해지고 있다.

이 모든 노력의 목적은 결국 현실 공장의 효율 극대화와 위험 최소화다. 폭스콘은 가상 공장에서 미리 확인된 최적의 설정을 실제 공장에 적용함으로써 복잡한 서버 제조 공정의 효율을 크게 높일 것으로 기대하고 있다. 폭스콘 측은 이런 실험 기반 최적화를 통해 상당한 비용을 절감하고 공장의 연간 에너지 소비도 30% 이상 줄일 수 있을 것으로 전망했다. 예를 들어 생산라인의 로봇 동작이 에너지 사용량에 미치는 영향까지 가상실험으로 분석해서, 가장 에너지 효율적인 공정 흐름을 구현하는 식이다.

뿐만 아니라 디지털 트윈의 빠른 복제능력은 폭스콘의 글로벌 생산 전략에 큰 강점으로 작용한다. 폭스콘은 대만 신주(Hsinchu) 공장에서 성공적인 옴니버스 활용 사례를 만든 후 이를 전 세계 공장으로 확산시키고 있는데, 이렇게 하면 새로운 생산 라인을 해외에 구축할 때 가상 공장을 복사해서 현지화만 거치면 되므로 설비 배치와 공정 설정에 걸리는 시간을 혁신적으로 단축할 수 있다. 실제 장비를 설치하기 전에 가상으로 충분히 테스트했기 때문에 초기 가동 안정성도 높아진다. 예기치 못한 공급망 차질이나 수요 변화에 직면했을 때도, 디지털 트윈에서 생산 전략을 신속히 조정해 다른 지역 공장으로 생산을 전환하는 실험을 실행해볼 수 있다. 이를 통해 한 지역에서 공장이 멈추더라도 다른 곳에서 생산 공백을 메워 전반적인 생산 연속성을 유지할 수 있다. 폭스콘은 이런 디지털 트윈 기반의 유연한 생산 대응력이 급변하는 글로벌 제조 환경에서 자사의 경쟁력과 회복력을 크게 높여줄 것으로 보고 있다.

정리하면, 폭스콘은 엔비디아의 옴니버스를 중심으로 지멘스의 산업 소프트웨어, AI 로봇 실험, 물리 계산(모듈러스) 등을 통합해서 차세대 스마트 공장을 실현해가고 있다. 이는 전자제품 대량생산 분야에서도 가상 실험과 AI가 결합된 디지털 트윈이 생산 혁신의 핵심 도구로 부상하고 있음을 보여준다.

불량 제로를 향한 보쉬의 AI 품질관리

보쉬(BOSCH) 기업 개요

- 설립년도: 1886년
- 본사: 독일 게를링겐(Gerlingen)
- 업종: 기계 및 자동차 부품
- 시가총액: 비상장
- 매출액: 97,750 U$백만 (FY2024, 12월 결산)
- 세전이익: 2,952 U$백만 (FY2024, 12월 결산)
- 종업원수: 417,859명
- 부문별 매출 구성

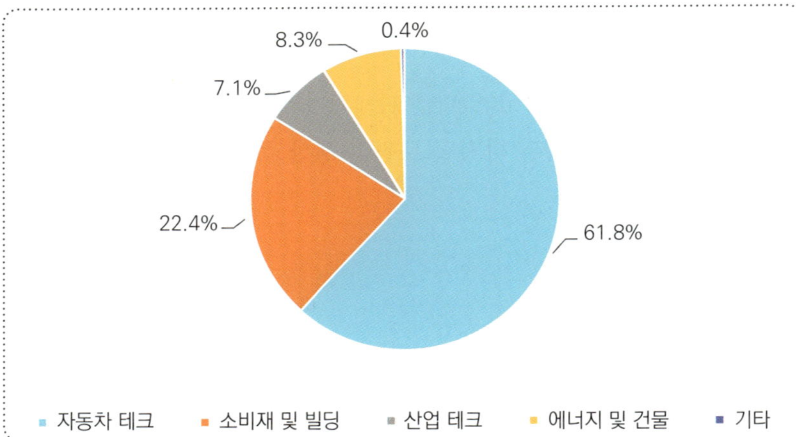

최근 제조업계에서는 AI를 활용한 스마트공장 혁신이 활발하다. 자동차 부품과 공장 자동화 분야의 선두기업인 보쉬(Bosch)도 생산 현장에 AI를 도입해 제품 품질을 높이고 기계 효율을 개선하고 있다. 보쉬는 "2025년까지 모든 제품에 AI 기능을 넣거나 AI의 도움으로 만들겠다"는 목표를 세웠고, 실제로 전 세계 공장의 절반에서 이미 AI를 활용하고 있다. AI 도입으로 공장 규모와 생산 방식에 따라 연간 수억~수십억 유로의 비용을 절약하고 생산성을 높이고 있으며, 이를 통해 보쉬는 산업용 AI 분야의 선두 기업이 되고자 한다.

AI로 바꾸는 제품 검사 방식

| 보쉬의 AI 검사 화면 예시

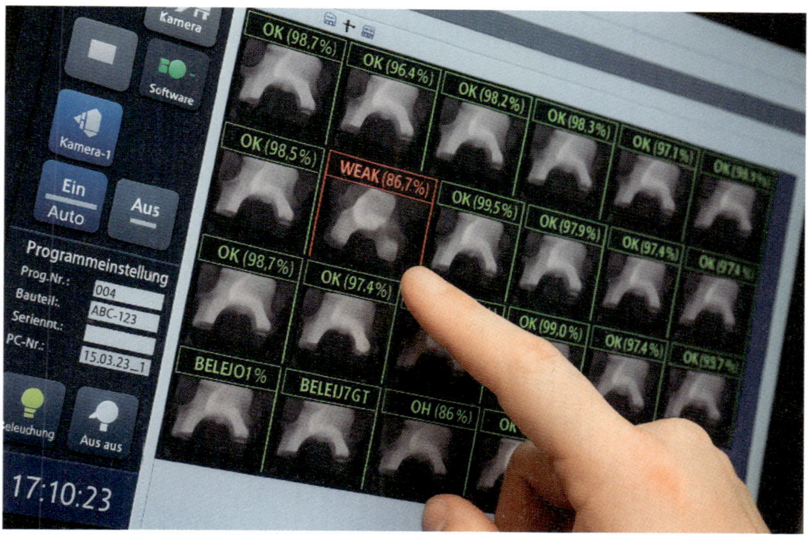

출처: Chat GPT 생성 사진

제조 현장에서 품질관리란 불량품을 빨리 찾아내고 처리해 제품의 완성도를 높이는 일이다. 예전에는 작업자들이 눈으로 하나하나 검사하거나, 무작위로 몇 개만 골라서 확인하는 방법을 썼다. 하지만 이 방법은 시간과 인력이 많이 들고 사람이 놓치기 쉬운 작은 흠집을 발견하기 어렵다. 이제 카메라로 제품을 촬영해 컴퓨터가 AI 기반 자동 검사 시스템으로 사진을 분석하는 기술이 등장해 이런 한계를 넘어설 수 있게 되었다. 사람이 하던 검사를 기계가 대신할 수 있게 된 것이다. 자동 검사 시스템은 카메라와 인공지능을 써서 제품의 흠집을 빠르고 정확하게 찾아내는 기술이며, 이미 전자제품 생산 등에서 널리 쓰이고 있다. 보쉬도 이런 AI 기반 자동 검사를 적극 도입해 품질관리를 개선하고 있다.

카메라로 찍은 여러 부품 사진에 대해 AI가 정상(녹색 OK)인지 불량(빨간색 WEAK)인지를 판단하고 확신도를 표시한다. 보쉬는 이런 AI 사진 분석 방법으로 부품 품질을 자동으로 검사하는데, 숙련된 작업자가 눈으로 일일이 흠집을 찾던 일을 AI가 대신함으로써 검사의 정확도와 속도를 크게 높였다. 다만 처음에 이런 AI 검사 시스템을 만들기 위해서는 학습용으로 불량품 사진이 많이 필요한데, 품질이 좋은 공장에서는 다양한 불량 사례 사진을 구하기 어려웠다. 예전에는 모든 종류의 불량 사진을 얻기 위해 오랜 시간 불량품이 나오길 기다리거나, 심지어 일부러 부품을 망가뜨려 데이터를 만들기도 했다. 이는 제품 품질이 좋을수록 불량 데이터가 부족해 AI 학습이 어려워지는 모순을 보여준다.

생성형 AI로 가짜 불량품 만들기

이런 문제를 해결하기 위해 보쉬는 생성형 AI를 활용해 가상의 불량품 데이터를 만드는 혁신을 이뤄냈다. 보쉬 독일 힐데스하임(Hildesheim) 공장에서는 전기 모터 부품인 스테이터(stator)를 생산하는데, 새 제품 라인을 시작하면서 실제 불량품을 만들지 않고도 모든 종류의 불량 사례를 학습하고자 했다. 보쉬 연구팀은 그 해답으로 생성형 AI를 활용했는데, 컴퓨터로 만든 가짜 불량품 사진으로 가능한 결함 유형들을 미리 만들어 AI를 학습시킨 것이다. 힐데스하임 공장에서 이런 가짜 불량품 사진을 만드는 프로젝트를 주도한 보쉬 연구원 로라 베겔(Laura Beggel)은 "생성형 AI를 통해 일어날 수 있는 불량 유형과 변형을 실제 발생 전에 인위적으로 만들 수 있다"고 설명했다.

힐데스하임 사례에서는 전기 모터의 코일을 연결하는 용접 과정에서 생길 수 있는 6가지 불량(작은 구멍, 불필요한 용접 덩어리, 용접 불량 등) 유형이 정해져 있다. 기존 비슷한 제품의 실제 불량 사진 몇 장만으로 1만 5천 장의 가짜 불량품 사진을 만들어 새로운 AI 검사 모델을 훈련한다. 그 결과 모델 개발 기간을 6개월 이상 줄이면서도 높은 품질의 자동 검사가 가능해졌다. 현장 담당자인 리아 리머(Ria Riemer)는 "생성형 AI 덕분에 대우 이른 단계부터 자동 검사 모델을 훈련할 수 있어 품질이 매우 높아졌다"고 말한다. 이 새로운 방법 덕분에 프로젝트 기간이 크게 줄었을 뿐만 아니라 연간 생산성이 수십만 유로 규모로 향상될 것으로 예상된다. 보쉬는 이런 가짜 데이터를 활용한 품질검사를 체코 이흘라바(Jihlava) 공장, 미국 찰스턴(Charleston) 공장 등 전 세계 생산망으로 확대할 계획이다.

무엇보다 주목할 점은 생성형 AI 도입으로 AI 솔루션을 만들고 전파하는 속도가 엄청나게 빨라졌다는 것이다. 보쉬는 두 개 공장에서의 초기 시험을 통해 AI 검사 시스템에 필요한 데이터를 가짜로 만들어, AI 도입 준비 기간을 기존 6~12개월에서 단 몇 주로 줄일 수 있음을 확인했다. 시험 성공 후에는 이런 가짜 데이터 생성 서비스를 보쉬 전 공장에 제공해 AI 품질관리 솔루션을 계획하고 출시하고 확대하는 일정을 획기적으로 앞당기고 있다. 보쉬 그룹 회장 스테판 하퉁(Stefan Hartung) 박사는 "생성형 AI의 도움으로 기존 AI 솔루션을 개선할 뿐만 아니라, 전 세계 제조망에서 이 미래 기술을 최대한 활용하기 위한 기반을 마련하고 있다"고 말하며, AI 활용 확대에 큰 기대를 나타냈다.

실제로 보쉬는 특수목적기계 부서를 통해 자체 개발한 카메라 AI 솔루션을 이미 20곳이 넘는 공장에 도입해, 부품 표면의 미세한 긁힘이나 칩 손상, 용접 이음새 결함 등 사람이 찾기 어려운 품질 문제까지 잡아내고 있다. 이처럼 AI와 생성형 기술의 결합은 보쉬의 품질관리 수준을 한층 높여주었으며, 현장 직원의 검사 부담을 줄여 더 믿을 수 있는 품질 보증 체계를 만들고 있다.

AI 품질검사, 무한의 활용 영역

보쉬의 AI 품질관리는 특정 공장에만 쓰이는 게 아니라 다양한 제품 생산라인에서 활용되고 있다. 몇 가지 대표적인 사례를 더 살펴보면 다음과 같다.

- 회로기판 납땜 검사: 독일 앙스바흐(Ansbach) 공장에서는 자동차 전자장치(ABS/ESP 등)에 쓰이는 회로기판(PCB)을 생산한다. 한 장의 회로기판에는 5천~8천 개의 납땜 부분이 있는데, 이 공장에서는 AI 기반 납땜 품질 검사 시스템을 도입했다. AI가 모든 회로기판 부품들이 제대로 납땜되었는지 자동으로 측정하고, 이상한 부분이 발견되면 해당 부분의 사진만 골라서 숙련된 검사자가 확인하도록 한다. 그 결과 검사자가 봐야 할 사진 수가 예전보다 훨씬 줄었고, AI가 대부분의 정상/불량 판단을 수행함으로써 작업 부담을 크게 덜어주었다. 이 AI는 사람보다 작은 결함도 놓치지 않아 품질 신뢰도를 높였고, 전반적인 생산성 향상에도 도움이 되었다.
- ABS 모듈 테스트 오류 찾기: 독일 바이에른주의 블라이히아흐(Blaichach) 공장 산하 임멘슈타트(Immenstadt) 생산시설에서는 ABS 시스템 조립 후 테스트 단계에서 스스로 학습하는 AI 시스템을 활용하고 있다. 시험대의 모니터에 부품 이상 시 빨간불이 들어오는데, 이는 AI가 모은 테스트 데이터를 학습해 진짜 결함 신호와 문제없는 일시적 신호를 구분해낸 결과다. 매주 AI 프로그램을 다시 훈련시켜 이미 높은 정확도를 계속 개선하고 있으며, 덕분에 현장

작업자는 진짜 문제가 있는 부품에만 집중해 대응할 수 있다. 이런 오류 패턴 인식 AI는 가짜 경보를 줄이고 실제 불량에 빠르게 대응하도록 돕는다.

- 생산 과정 데이터 분석: 미국 찰스턴 공장에서는 연료 분사밸브 등 자동차 부품을 생산하면서, 제조 후반에 생기는 불량품의 근본 원인을 밝히는 데 AI를 활용하고 있다. 제조 실행 시스템(MES)이 모은 엄청난 양의 공정 데이터(수십억 개 데이터 포인트)를 AI 소프트웨어가 빠르게 분석해, 제품 품질 변동과 관련된 인과관계를 찾아낸다. 그 결과 생산라인의 각종 측정값과 품질 편차 사이의 관계를 밝혀내고, 가능성이 높은 원인을 순위별로 화면에 보여준다. 엔지니어와 운영자는 AI가 제시한 원인 후보를 보고 문제를 빠르게 해결할 수 있게 되어, 불량률을 낮추고 공정을 개선하는 데 큰 도움이 되고 있다.
- 소리로 하는 품질검사: 멕시코 멕시칼리(Mexicali) 공장에서는 다기능 전동 공구를 생산하는데, 이 공장에서는 소리로 제품의 이상 여부를 판단하는 AI 검사를 도입했다. 생산 완료된 전동 공구를 3초간 마이크로 듣고, AI 소프트웨어가 정상 작동 소리와 비교해 OK 또는 NG 판정을 내리는 방식이다. 사람의 귀로는 구별하기 어려운 작은 소리 차이를 AI가 잡아내기 때문에 결과를 믿을 수 있으며, 개발 단계에서 이미 30만 개 이상의 제품을 테스트해 프로그램을 학습시켰다. 이 AI 소리 검사 과정을 통해 연간 100만 개 이상의 제품을 자동으로 검사하는 것을 목표로 하고 있어, 대량 생산 품질 검사의 효율이 크게 높아질 전망이다.

이처럼 보쉬는 카메라 검사, 데이터 패턴분석, 소리 분석 등 다양한 AI 기술을 품질관리 영역에 적용해 왔다. 그 성과로 ① 검사 인력의 작업량 감소 및 더 중요한 업무 집중, ② 작은 결함까지 놓치지 않는 검사 정밀도 향상, ③ 불량률 감소와 이에 따른 재작업/리콜 비용 절감, ④ 전반적인 생산성 증대와 생산 시간 단축 등의 효과를 거두고 있다. 품질 관리 개선은 곧 제품 신뢰성과 고객 만족으로 이어지기 때문에, 보쉬는 앞으로도 AI를 활용한 검사 기술을 계속 개발하고 확대할 계획이다.

AI가 알려주는 한발 앞선 예측 정비

제조업 현장에서 또 하나의 중요한 분야는 기계 관리, 즉 비싼 생산 설비들이 고장 없이 잘 돌아가도록 관리하는 일이다. 예전에는 기계가 고장 난 후에 고치는 것이 일반적이었고, 혹은 일정 기간마다 부품을 바꾸는 방법을 함께 썼다. 그러나 갑작스런 고장은 생산라인이 멈춰 큰 손실을 만들고, 너무 일찍 부품을 바꾸면 불필요한 비용이 든다. 이를 해결하고자 등장한 것이 예측 정비다.

예측 정비란 센서와 사물인터넷(IoT) 장치로 기계 상태 데이터를 실시간으로 모으고 분석해, 고장 징후를 미리 발견하고 가장 알맞은 시점에 정비하는 방법을 말한다. 쉽게 말해, AI 프로그램이 기계의 진동, 온도, 전류 등의 데이터를 보고 "언제쯤 고장이 날 것 같다"고 예측해주면, 그에 맞춰 미리 부품을 바꾸거나 수리해 고장을 사전에 막는 것이다.

예측 정비를 하려면 많은 기계 상태 모니터링 데이터와 이를 해석하는 AI 모델이 필요하다. 보쉬는 오래 전부터 제조라인에 센서와 네트워크를 구축해 와서, 현재 전 세계 약 240개 공장, 2천 개 이상의 생산라인에서 나오는 데이터를 모으고 활용하고 있다. 쌓인 빅데이터와 제조 공정에 대한 전문지식을 합쳐 고장 예측 프로그램을 개발하는 것은 보쉬의 큰 장점 중 하나다. 실제로 보쉬는 사내 연구를 통해 '딥러닝 기반 모델로 생산 시간을 줄이고 생산 유연성을 높이며 제품 품질을 향상시킨다. 그 결과 제조 프로세스 효율을 높이고 비용을 절감한다'는 점을 확인하며, 다양한 예측 정비 솔루션을 자체 개발해왔다.

보쉬의 대표적인 예측 정비 성공 사례로, 독일 드레스덴(Dresden) 웨이퍼 공장을 들 수 있다. 드레스덴 공장은 2021년에 가동을 시작한 최신 반도체 공장으로, 센서와 반도체 소자를 만드는 먼지 없는 클린룸 생산라인이다. 이 공장에서는 가동 초기부터 보쉬 자체 연구진이 개발한 AI 시스템을 도입해, 공정 중 생기는 이상징후나 결함을 일찍 발견하고 대응하고 있다. 사람이 일일이 모니터링해서는 놓칠 수 있는 작은 이상 패턴도 AI가 실시간으로 파악해주며, 기계에 문제가 생기기 전에 미리 정비하는 시스템을 만들었다.

반도체 웨이퍼 팹의 AI 활용: 기술자가 웨이퍼를 검사하는 모습

출처: Chat GPT 생성 사진

예를 들어 장비의 진동 데이터, 온도 변화, 처리 속도 등의 신호를 AI가 항상 분석해, 예정된 정비 주기가 아니더라도 이상 징후가 발견되면 미리 점검하도록 하는 식이다. 이런 AI 예측 정비로 드레스덴 공장은 공정 안정성을 크게 높였고 제품 품질을 지속 개선해 고객이 요구하는 까다로운 신뢰성 테스트 기간을 줄이고 전체 개발 사이클(수개월 걸리는

시험 기간 등)을 단축하는 효과를 거두었다. 그 결과 보쉬는 반도체를 더 빨리 생산해 제때 공급할 수 있게 되었고, 2022년 세계경제포럼(WEF)으로부터 인더스트리 4.0 분야 등대공장(Lighthouse Factory)으로 선정되는 등 대외적인 인정도 받았다.

데이터 기반 기계 진단과 예측 정비 확산

보쉬는 드레스덴 외에도 여러 생산 거점에서 AI 예측 정비를 적용해 기계 고장을 예방하고 있다. 예를 들어 제조 공정 데이터를 활용한 AI 이상감지 소프트웨어를 개발해, 현재 전 세계 약 50개 공장의 생산라인에 이를 활용하고 있다. 이 소프트웨어는 생산 과정에서 나타나는 비정상 패턴이나 기계 오작동 징후를 일찍 발견해 알려줌으로써, 예상치 못한 기계 정지 이전에 미리 조치를 취할 수 있게 한다. 또한 많은 보쉬 공장들에서는 기계별 진동이나 온도 센서 데이터를 실시간으로 모아 클라우드의 AI로 분석한 뒤, 위험 수준을 넘으면 알람을 주는 시스템을 운용한다.

한편, 보쉬 레틀링겐(Reutlingen) 공장처럼 고도로 자동화된 웨이퍼 생산라인에서는 AI를 활용한 생산 일정 최적화도 이뤄지고 있다. 웨이퍼 공정은 최대 1,000단계에 이르는 복잡한 공정 순서를 거치는데, AI 일정 관리자가 모든 공정 단계의 기계 사용 가능 상태와 웨이퍼 재료 흐름 데이터를 파악해 최적의 작업 순서를 결정한다. 많은 경우 생산 순서를 완전히 AI가 결정함으로써 기계 가동률을 최대로 높였고, 이를 통해 전체 공장의 평균 리드타임 단축과 비용 절감 효과를 얻었다. 이처럼 AI는 단순히 개별 기계의 고장 예측을 넘어, 공장 운영 전반의 효율화에 기여하고 있다.

보쉬의 예측 정비 시스템은 AI 기술을 활용해 고장 전에 정비를 안내함으로써 예상치 못한 라인 정지 시간을 최대 30%까지 줄인다. 불필요한 부품 교체나 과도한 정비를 피함으로써 유지보수 비용을 최대

25% 절감했으며, 적절한 시기의 관리로 장비 수명을 늘려 새 기계 투자 부담을 줄여 준다. 또 실시간 모니터링과 AI 예측을 통해 공장 가동률과 생산성을 향상시키며, 센서와 데이터 기반 분석을 통해 예측 정비를 함으로써 돌발 고장 예방과 유지보수 비용 최적화를 이룰 수 있다. AI 기술이 제조라인의 안정성과 비용 효율을 동시에 확보하는 데 핵심 요소로 막대한 역할을 할 수 있음을 입증했다.

보쉬의 사례에서 보듯이, AI 기반 품질관리와 예측 정비는 제조 현장의 혁신을 이끄는 두 축이다. 품질 측면에서는 카메라와 데이터 분석을 통해 불량을 일찍 잡아내어 제품 신뢰도를 높였고, 기계 측면에서는 예측 정비로 예상치 못한 정지를 막아 공장 가동률을 최대로 높였다. 이런 노력 덕분에 보쉬는 생산성이 크게 향상되었고 비용 절감 효과도 누리고 있다. 나아가 에너지 관리 최적화나 공정 일정 최적화처럼, 제조 운영의 모든 영역에 AI를 활용하며 스마트공장을 구현해가고 있다.

스테판 하퉁 보쉬 회장은 "AI는 혁신의 가능성이 뛰어나며, 인간의 업무를 더 생산적으로 만들 수 있다"며, 제조기업이자 공장장비 공급업체로서 보쉬가 산업용 AI 개발과 적용에서 선도적 역할을 할 것이라고 강조했다. 실제로 보쉬는 지능형 사물인터넷(AIoT, AI + IoT) 전문 조직을 강화하고, 230여 개에 달하는 자사 공장이 가진 데이터를 바탕으로 AI 솔루션을 발전시키고 있다. 특히 최근 도입된 생성형 AI 기술은 개별 공장의 특성에 맞는 맞춤형 솔루션을 빠르게 만들어 전사적으로 확산하는 데 기여해, 한층 똑똑한 제조 혁신을 이뤄낼 것으로 기대된다.

중국 보무강철의 스마트 철강 생산 혁명

보무강철 산하 상해보강고분 기업 개요

- 설립년도: 1978년
- 본사: 중국 상하이(Shanghai)
- 업종: 철강
- 시가총액: 20.2 U$십억 (2025.6.30 기준)
- 매출액: 45,230 U$백만 (FY2024, 12월 결산)
- 영업이익: 1,405 U$백만 (FY2024, 12월 결산)
- 종업원수: 46,048명
- 강재생산량: 51.4백만 톤 (2024년)

전통적인 장치산업인 철강업은 생산 효율 향상, 품질 개선, 비용 절감 및 환경 대응을 위해 스마트 제조(Smart Manufacturing)로의 전환을 추진하고 있다. 특히 세계 최대 철강 기업인 중국의 보무강철(寶武, Baowu Steel Group)은 지난 10여 년간 적극적인 디지털 혁신 전략으로 산업을 선도하고 있다. 보무강철은 2016년 바오산강철(宝钢, Baosteel)과 우한강철(武钢, Wuhan Steel)이 합쳐져 만들어진 후 조강 생산능력 1억3천만 톤에 달하는 세계 1위 철강 생산업체가 되었으며, 이제는 인공지능과 데이터 기술을 통해 철강 제조 분야의 리더십을 더욱 강화하려 하고 있다.

보무강철의 디지털 혁신 노력은 중국 정부의 제조업 발전 정책과도 맞아떨어진다. 2020년 보무강철 산하 상해(上海) 바오산 제강 공장이 세계경제포럼(WEF)으로부터 중국 철강 업계 최초로 등대 공장에 선정된 것은 이러한 성과를 상징한다. 보무강철 천더롱(陈德荣) 회장은 "기술, 수익성, 규모 3가지를 통해 세계 최고가 되겠다"고 말하며, 지속적인 기술혁신 투자가 경쟁력의 핵심임을 강조했다. 실제로 보무강철은 R&D에 막대한 투자를 지속해 최근 3년간 149억 위안을 투자해 왔으며, 이는 중국 2위 철강사인 안산강철의 2배 이상에 달한다. 이러한 전략적 투자와 최고 경영진의 지원을 바탕으로, 보무강철은 디지털 전환을 가속화해 "AI + 철강" 시대를 본격화하고 있다.

AI·데이터 기반 R&D 패러다임 전환

철강산업의 연구개발은 새로운 합금 설계, 공정 시뮬레이션, 제품 개발 등 넓은 영역을 포함한다. 빅데이터와 기계학습의 도입은 연구개발 효율을 높이고 혁신 속도를 빠르게 하는 핵심 도구가 되었다. 빅데이터란 엄청나게 많은 데이터를 모아서 분석해 의미 있는 정보를 찾아내는 기술로, 재료 실험 데이터나 공정 조건 등의 방대한 정보를 다루는 철강 연구개발에 알맞다. 기계학습과 딥러닝은 이러한 데이터를 바탕으로 복잡한 관계를 학습해 사람의 경험을 뛰어넘는 예측과 최적화를 가능하게 한다.

보무강철은 2024년 자체 개발한 대규모 AI 모델 플랫폼 "xIn³Plat"을 통해 연구개발 효율을 30% 향상시켰다고 밝혔는데, 이는 AI가 연구 데이터 분석, 실험 설계 개선, 기술문헌 검색 등에 도움을 준 결과다. 예를 들어 신강종 설계시 과거에는 전문가 경험과 수작업 시뮬레이션에 의존해야 했지만, 이제는 딥러닝 기반 모델이 소재 조성-미세조직-성능 간 관계를 학습해 최적 조합을 제시하거나 실패 가능성이 높은 조합을 사전에 걸러낸다. 그 결과 개발 사이클을 단축하고 시행착오 비용을 줄일 수 있다.

실제로 보무강철은 최근 수년간 AI와 데이터 활용을 통해 초고강도 교량용 강철, 0.02mm 초극박 강판, 친환경 고성능 강재 등 다양한 신제품을 빠르게 개발했다. 특히 초극박 강판의 경우, AI가 압연 과정에서의 미세한 온도 변화와 압력 조절을 최적화해 기존에는 불가능했던 두께를 실현할 수 있었다. 이러한 혁신 제품들은 모두 축적된 방대한 연구 데이터를 활용한 컴퓨터 시뮬레이션과 최적화 덕분에 가능했다.

한편 보무강철은 슈퍼컴퓨팅 데이터 센터를 건설해 AI 연구에 필요한 컴퓨터 자원과 데이터 기반시설도 늘렸다. 철강산업에 특화된 AI 연구에 필요한 대용량 계산을 지원하기 위해 상해 로징(罗泾) 지역의 옛 철강공장을 개조해서 구축한 AI 컴퓨팅 센터는 산업계 최초의 AI 전용 클라우드 플랫폼으로 자리매김하고 있다. 보무강철은 빅데이터와 AI로 연구개발 과정을 혁신함으로써 신제품 개발 속도를 높이고 기술 리더십을 더욱 확고히 다지고 있다.

디지털 트윈과 AI가 만드는 스마트 제조 혁신

철강 제조 공정은 원료 준비, 고로 제선, 전로 제강, 주조 및 압연 등 여러 단계의 복잡한 과정으로 구성된다. 각 단계마다 온도, 압력, 화학 조성, 장비 상태 등 엄청난 양의 데이터가 발생하며, 이를 실시간으로 최적화하는 것이 생산성 향상의 핵심이다. 인공지능과 자동화 시스템은 사람의 도움 없이도 이러한 데이터를 분석해 공정을 자동으로 제어하고 개선하는 역할을 한다. 보무강철은 이러한 스마트 제조 기술을 적극 도입하여 전통적인 철강 산업의 디지털 전환을 선도하고 있다.

AI 모델 적용 보무강철 열간 압연 1880 생산라인

출처: https://finance.sina.com.cn/tech/roll/2024-06-21/doc-inaznxkf3460587.shtml

이러한 디지털 전환의 핵심은 AI를 활용한 공정 최적화다. 보무강철은 여러 제철소에 스마트 공정 제어 시스템을 도입해 생산 효율을 높이고 품질을 안정화했다. 예를 들어, 고로 공정에는 기계학습 모델을 적용해 원료 투입 비율과 풍량을 자동 조정함으로써 이상적인 연소 온도와 화학적 균형을 유지하고 있다. AI가 고로의 운영과 관련된 실시간 데이터를 바탕으로 연료와 산소 비율을 세밀하게 조정해 에너지 소비를 줄이고 생산 효율을 높이는 것이다. 실제로 보무강철은 용광로에 AI를 적용한 이후 에너지 소비를 줄이고 제강 공정 효율을 향상시켰다고 보고하고 있다. 이는 고로 운영에서의 탄소 배출도 줄이는 일석이조(一石二鳥)의 개선이다.

또 다른 핵심 공정인 열간압연 분야에서도 AI 활용 사례가 돋보인다. 열간압연 공정에서는 고온의 강철 덩어리를 여러 번 압착기를 통과시켜 얇은 강판으로 만드는 과정에서, 압력 예측이 제품 품질을 좌우하는 중요한 요소다. 기존에는 각 제조 공정에서 경험적 공식이나 물리 모델에 의존한 작은 예측 모델로 압력을 계산했으나, 보무강철은 딥러닝 기반의 대규모 예측 모델을 열연 라인에 도입했다. 보강고분(宝钢股份, Baosteel) 열연 1880 공정에 적용된 "판구 예측 대모델"은 재료 성분, 온도, 압축률 등의 여러 변수를 인공신경망으로 학습해, 압연 후 발생하는 폭 확장(판의 폭이 늘어나는 현상)을 기존 모델보다 더 정확히 예측한다. 그 결과 기존 ±2mm 오차 범위에서 78%였던 폭 확장 예측 정확도가 83%로 향상되는 성과를 거두었다.

AI 기반의 공정 최적화와 더불어, 보무강철은 로봇 자동화와 최신 통신 인프라를 통해 스마트 공장의 물리적 기반을 구축했다. 장시성(江西省) 신위(新余)의 보무강철 산하 압연 공장에서는 자율주행 무인 운반차량(AGV)과 로봇이 어두운 작업장 속에서 24시간 강재 코일을 이송·적재하고 있다. 사람이 거의 개입하지 않는 이 자동화 창고를 통해, 시간당 처리량이 120% 향상되었고 제품 파손률은 90% 이상 감소해 연간 18만 위안의 비용을 절감하기도 했다.

보무강철은 이러한 스마트 공장 구현을 위해 최신 통신 기술도 적극 도입했다. 보무강철산하 우한제철소는 기존에 부서별 정보시스템이 따로 운영되고 통신망 범위도 부족해 스마트화에 어려움이 있자, 2021년 대대적으로 5G 전용망을 구축했다. 중국 후베이 유니콤(Hubei Unicom)과 ZTE, CISDI의 협력으로 구축된 이 5G 전용망은 공장 부지에 기지국 51개를 설치해 옥외 99% 이상, 평균 800Mbps 다운로드 속도의 초고속 저지연 무선망을 제공했다. 이를 통해 대용량 데이터를 실시간으로 주고받으며 증강현실 원격지원, 사물인터넷 센서 데이터 수집, 로봇 제어 등을 막힘 없이 수행할 수 있게 되었다. 실제 보무강철은 이 5G 기반시설 위에서 현장 무인화, 원격 설비 모니터링, 온라인 서비스 등 4대 지표를 달성하며 철강 스마트제조의 새 기준을 확립했다. 이처럼 보무강철은 AI와 디지털 기술로 제조 공정을 지능화함으로써, 생산 현장의 사람 중심 작업을 기계와 알고리즘이 대체 또는 지원하게 함으로써 효율, 안전, 품질을 동시에 끌어올렸다.

AI와 자동화를 통한 현장 혁신을 넘어, 보무강철은 디지털 트윈 기술을 활용해 미래 제조의 청사진을 그리고 있다. 디지털 트윈(Digital Twin)은 현실의 물리적 자산이나 공정을 가상 공간에 똑같이 만든 모델로, 실시간 데이터를 연결해 현실의 상태를 정확히 반영하고 예측 시뮬레이션할 수 있는 기술이다. 철강 산업에서 디지털 트윈은 공정 최적화, 설비 성능 개선, 신공장 설계, 에너지 효율화 등 여러 분야에 응용된다.

철강 연속 주조 공정의 디지털 트윈

출처: https://damassets.autodesk.net/content/dam/autodesk/draftr/25632/baogang-banner2.jpg

보무강철은 친환경·고효율 제철소 구현을 위해 디지털 트윈을 적극 활용하고 있다. 보무강철 엔지니어링 기술 그룹의 레이 위안(Lei Yuan) 수석엔지니어는 "우리는 연구개발 노력을 강화해, 디지털 트윈을 활용한 무배출 공장 구축을 추진하고 있다"고 밝혔다. 이는 제철 공장의 에너지 흐름, 공정 가스 배출 등을 디지털 모델로 정밀하게 재현해, 탄소 배출을 최소화하는 공법과 공정 조합을 찾는 노력으로 이해된다. 실제로 디지털 트윈 모델은 다양한 가상 시나리오에서 설비 가동 조건을 변경해가며 에너지 소비와 배출량을 시뮬레이션함으로써, 현실에서 적용할 최적의 운영 방안을 도출하는 데 사용된다.

새로운 공장이나 라인 증설 시에도 디지털 트윈은 중요한 도구다. 건설 전에 가상 공장을 먼저 구축해보고 공정 흐름, 배치, 물류 동선을 최적화해, 실제 건설 시 시간과 비용을 절감한다. 보무강철은 이러한 디지털 시뮬레이션 기반의 엔지니어링을 통해 투자 효과를 최대화하고 프로젝트 위험을 줄이고 있다. 특히 저탄소 제철과 관련해서 수소환원 제철, 전기로 전환 등 새로운 공정을 도입할 때 시뮬레이션이 필수인데, 디지털 트윈이 그 역할을 하고 있다.

결론적으로, 보무강철의 디지털 트윈 활용은 가상과 현실을 연결함으로써 공장 운영의 예측 가능성, 안정성, 지속가능성을 높이는 방향으로 전개되고 있다. 이는 미래 제철소가 추구하는 "가상공장+실시간 최적 제어"의 초기 형태라 할 수 있으며, 앞으로 더욱 지능화된 자율운영 공장의 기반이 될 것이다. AI 기반 공정 최적화, 로봇 자동화와 5G 인프라, 그리고 디지털 트윈까지 보무강철이 구현한 스마트 제조의 3대 축은 전통 철강 산업이 어떻게 4차 산업혁명 시대를 맞이해야 하는지를 보여주는 선도적 사례라 할 수 있다.

AI가 이끄는 설비 관리와 품질 혁신

대형 제철소에서는 고로, 압연기, 모터 등 설비 고장으로 인한 가동 중단이 막대한 손실로 이어지기 때문에, 예방정비가 중요하다. 최근에는 단순 예방정비를 넘어 예지보전(Predictive Maintenance) 개념이 도입되어, 사물인터넷 센서와 AI 예측 모델로 설비 상태를 실시간으로 확인하고 고장을 미리 예측해 대응하는 방향으로 발전했다. 예지보전을 통해 불필요한 정기 정비를 줄이고 실제 고장 위험이 있는 부분에 집중함으로써 정비 효율을 높이고 가동률을 최대화할 수 있다.

이러한 예지보전의 중요성을 인식한 보무강철은 그룹 차원에서 지능형 설비 유지보수 전문 조직인 보무 지능설비관리(Baowu IEM, Intelligent Equipment Management)를 설립하고, AI 기반 운영·유지보수 기술 개발을 추진해 왔다. 보무 지능설비관리는 산업 설비 스마트 유지보수 분야의 첨단기술 기업으로서 AI, 빅데이터, 클라우드 등 첨단 기술을 활용한 새로운 유지보수 모델을 선도하고 있으며, 이러한 노력으로 중국 철강업 디지털 전환의 본보기가 되고 있다.

보무강철은 예지보전 시스템 구축으로 설비 가동 신뢰성을 높이고 유지보수 비용을 절감해 생산성을 최대화하고 있다. 실제로 예지보전 도입 후 계획되지 않은 가동 중단이 대폭 감소했으며, 유지보수 비용은 연간 수천만 위안 절감되었다. 이는 산업 현장에서 AI와 사물인터넷 기술로 사전 예방적 유지관리 문화를 정착시킨 사례로서, 전통적으로 고장 후 수리에 의존하던 철강 공장 운영 방식에 큰 변화를 가져왔다.

이러한 설비 관리 최적화는 품질향상과도 직결된다. 안정적인 설비 운영은 균일한 품질의 기반이 되기 때문이다. 철강 제품은 크기 정밀도, 표면 품질, 내부 결함 등 다양한 품질 요건을 충족해야 하며, 작은 결함도 자동차, 항공 등의 고객 산업에서 치명적일 수 있다. 이에 보무강철은 AI 기술을 품질관리 영역에도 적용했다. 컴퓨터 비전 시스템은 고해상도 카메라와 딥러닝 알고리즘을 통해 제품 표면 결함을 실시간으로 찾아내며, 품질 예측 모델은 공정 데이터를 분석해 최종 제품의 품질을 미리 예측함으로써 불량을 예방한다.

구체적인 사례를 살펴보면, 보무강철은 생산라인에 AI 기반 결함 검사 시스템을 도입해 제품 불량률을 크게 낮춘 것으로 알려져 있다. 한 사례로 2020년경 압연 강판 생산라인에 AI 비전 검사를 적용한 후 제품 결함 발생을 25% 감소시키는 효과를 보았다. 이 시스템은 강판 표면의 미세균열, 흠집, 코팅 불량 등을 실시간으로 포착해 결함 있는 제품이 즉시 선별되도록 해주며, 과거 사람의 눈으로 놓치던 작은 결함까지 잡아낸다. 또한 결함 발생 패턴의 빅데이터를 학습한 AI가 어느 공정 단계에서 문제가 발생했는지 추적하기 때문에 공정 개선에도 활용된다. 보무강철은 이를 더욱 확장해 공정 중간품의 데이터로 최종 품질을 예측하는 모델을 개발해 선제적으로 품질을 통제하고 있다.

이러한 품질관리 측면의 AI 활용은 다른 공정에서도 시너지 효과를 창출하고 있다. 앞서 언급한 압연 폭 예측 사례에서도 드러나듯이, 크기 편차를 줄이고 제품 균일성을 높이는 효과로 연결된다. 폭 예측 정확도가 올라감으로써 고객이 요구하는 규격에 더욱 가까운 제품을 생산할 수 있게 되었고, 이는 과도한 여유분을 줄여 원가 절감과 품질 신뢰도 향상이라는 이점을 주었다. 보무강철의 산업인터넷 플랫폼에서도 품질관리는 중요한 부분으로 포함되어 있으며, 계획-실행-확인-조치 사이클을 기반으로 품질 설계, 품질 통제, 품질 추적을 통합 관리하는 것으로 알려져 있다. 이는 AI와 빅데이터로 품질 문제의 원인을 진단하고 개선 조치를 피드백하는 순환 시스템을 의미한다.

결과적으로, 보무강철은 AI를 통해 품질검사와 관리 과정을 자동화하고 불량률 감소와 제품 신뢰성 향상을 달성하고 있다. 이같은 품질 혁신은 고객 산업의 신뢰를 높이고 브랜드 가치를 향상시켜, 단순한 생산성 향상을 넘어 시장 경쟁력 강화라는 전략적 효과도 가져오고 있다.

에너지 관리 및 환경 보호에 디지털 기술 적용

철강업은 전통적으로 에너지를 많이 쓰는 산업이며, 전 세계 온실가스 배출 측면에서도 큰 비중을 차지한다. 이에 따라 보무강철은 디지털 기술과 AI를 활용한 에너지 최적화 및 친환경 경영을 핵심 과제로 삼고 있다. 한 보도에 따르면, 보무강철은 AI 기반 에너지 관리로 에너지 사용량을 6% 가량 절감하는 성과를 달성했다.

중국 정부의 탄소중립 목표에 맞춰 보무강철은 "녹색철강" 전략을 추진 중인데, 여기에도 디지털 혁신이 중심 역할을 한다. 2024년 10월 개최된 저탄소 야금 혁신포럼에서 보무강철은 "메탈러지 AI 대모델" 프로젝트를 통해 산업계 전반의 녹색 전환을 이끌겠다고 발표했다. 이는 국가 프로젝트의 산업 재탄생 과제의 일환으로, 딥러닝 및 지능형 최적화 알고리즘을 활용해 철강 생산 전 과정의 데이터 기반 탄소관리를 구현하겠다는 것이다. 실제로 보무강철은 각 제조 공정별로 탄소배출 계수를 산출하고, AI로 공정 조건을 조절해 단위 생산량당 배출을 최소화하는 방안을 찾고 있다. 또 환경 규제 영향도 AI가 시뮬레이션해 나가면서 앞으로 강화될 배출 규제에 미리 대응할 수 있도록 정책 시나리오 분석도 수행하고 있다. 에너지 관리 측면에서는, 실시간 에너지 모니터링 시스템이 모든 공장에서 가동되어 공정 단위별 에너지 소비와 탄소 지표를 눈으로 확인할 수 있게 하고 있다.

보무강철의 디지털 전환은 에너지 효율화와 환경 보호 측면에서 상당한 성과를 내고 있으며, AI와 디지털 기술이 지속가능한 철강 생산의 핵심 도구임을 증명하고 있다. 이는 친환경이 곧 비용 절감과 생산성 향상으로 연결되는 좋은 예로서, 철강과 같이 전통적인 굴뚝산업도 디지털 혁신을 통해 친환경 첨단산업으로 변모할 수 있음을 보여준다.

보무강철이 꿈꾸는 철강산업의 미래

중국 보무강철의 지난 10여 년간의 사례는 제조업 디지털 전환의 종합 축소판이라 할 만큼 다방면의 변화를 담고 있다. 보무강철은 세계 최대 철강 기업이라는 압도적 규모에 만족하지 않고, 데이터와 AI 기반의 질적 도약을 추구함으로써 새로운 경쟁력을 만들어냈다. 그 결과 생산 현장에서는 스마트 센서와 알고리즘이 사람을 돕거나 대체해 효율과 안전을 높였고, 경영 차원에서는 공급망부터 판매까지 데이터로 연결합으로써 협업과 의사결정의 속도를 높였다.

보무강철 사례에서 특히 주목할 부분은 위에서부터의 강력한 추진력과 구체적 현장 성과의 연결이다. 경영진이 AI 기술을 전략적 최우선 순위에 두고 전사적 혁신 프로젝트를 실행해, 단기간에 수백 개 현장 AI 적용을 이뤄낸 점은 시사하는 바가 크다. 이를 통해 연간 수백억 원 규모의 경제적 효과를 이미 실현하고 있으며, 품질·원가·납기 등 핵심 지표에서 눈에 띄는 개선을 달성했다.

물론 이러한 변화에는 인재 역량 강화와 문화적 전환도 함께 이루어져야 한다. 보무강철은 AI 인재 확보와 직원 디지털 역량 교육을 강조하며, AI 원천기술을 자체 확보하기 위한 연구개발에도 투자를 아끼지 않고 있다. 그 결과 그룹 내 소프트웨어 자회사를 통해 철강에 특화된 AI 모델까지 독자 개발하게 되었다. 이는 제조기업이 단순히 외부 솔루션을 도입하는 데 그치지 않고, 디지털 역량을 내재화한 사례로 볼 수 있다.

AI 에이전트를 활용한 유니레버의 마케팅 혁신

유니레버(Unilever) 기업 개요

- 설립년도: 1929년
- 본사: 영국 런던(London)
- 업종: 생활용품
- 시가총액: 152.4 U$십억 (2025.6.30 기준)
- 매출액: 65,741 U$백만 (FY2024, 12월 결산)
- 영업이익: 10,170 U$백만 (FY2024, 12월 결산)
- 종업원수: 120,040명
- 부문별 매출 구성

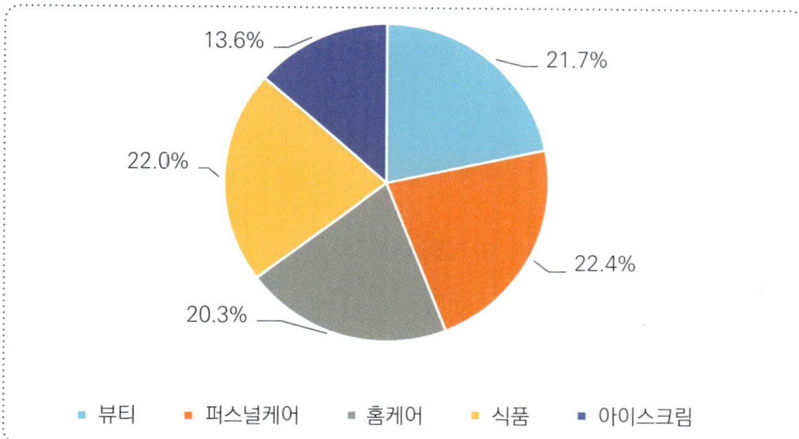

1929년 영국의 레버 브라더스(Lever Brothers) 네덜란드의 마거린 유니(Margarine Unie)가 합병해 탄생한 유니레버(Unilever)는 이후 식품과 차(Tea) 브랜드 인수로 포트폴리오를 확장했고 아시아, 아프리카, 라틴 아메리카 등 신흥시장에서 성공적 글로컬(Glocal, Global+Local) 전략을 구현하면서 전세계 생활용품·식품 업계 선도기업으로 성장했다.

유니레버는 2020년대 초반 팬데믹을 거치며 소비자 구매 채널이 온라인 중심으로 이동하고, 공급망 위기 및 비용 압박이 심화되는 등 어려움에 직면했는데, 데이터 분석과 인공지능(AI)을 핵심 해법으로 선택해 이러한 위기를 타개하고 있다. AI 에이전트 도입은 유니레버의 최신 경영전략의 일환으로 추진되었다. 마케팅 부문에서는 '10년에 한 번 있을 대전환'을 표방하며, AI 기술로 콘텐츠 제작 속도를 높이고 개인화된 고객 경험을 구현함으로써 성장을 가속화한다는 목표를 세웠다. 유니레버 최고성장책임자(CGMO) 에시 에글레스터 브레이시에 따르면, 이는 단순히 콘텐츠를 더 많이 생산하는 것이 아니라 '사람들의 니즈를 깊이 이해하고 창의적인 캠페인을 실행하는 데 AI 기반의 고품질 콘텐츠 생성 역량을 뒷받침해 규모의 개인화를 달성'하는 데 초점을 두고 있다.

브랜드 강자 유니레버, 마케팅 전 과정의 AI 혁신

유니레버는 마케팅 가치사슬 전반에 걸쳐 다양한 AI 에이전트를 도입하고 있으며, 콘텐츠 제작, 개인화 마케팅, 캠페인 운영, 소비자 인사이트 분석 등의 핵심 업무에서 뚜렷한 혁신 성과를 거두고 있다.

1. 콘텐츠 제작

유니레버는 AI를 활용해 마케팅 콘텐츠 제작의 속도와 품질을 동시에 향상시키고 있다. 2023년 챗GPT 기술을 도입해 알렉스(Alex)와 호머(Homer)라는 생성형 AI 서비스를 개발했는데, 알렉스는 소비자 이메일 문의를 분류하고 답변 초안까지 작성해 고객 응대 메시지 작성에 드는 시간을 90% 이상 단축시켰다. 기존에는 상담원이 일일이 답변 작성에 많은 시간을 소모했지만, 이제 AI가 반복적인 문의에 대한 초안을 제공하고 상담원은 최종 수정을 거치는 방식으로 업무 생산성이 극적으로 높아졌다. 호머는 제품의 기본 정보를 입력받아 아마존 상품 등록에 필요한 상세 콘텐츠를 브랜드의 어조에 맞게 자동 작성해주는 도구로, 각 브랜드 고유의 톤앤매너(Tone & Manner)를 일관되게 반영하는 콘텐츠를 대량으로 만들어낸다. 이러한 AI 기반 콘텐츠 제작으로 글로벌 제품 콘텐츠의 품질과 통일성이 향상되고 현지 마케팅 팀의 검수 업무만으로 콘텐츠 제작 속도를 높일 수 있게 되었다.

유니레버는 시각 자료 제작에도 AI 기술을 접목해 제품 이미지 생성 프로세스를 혁신하고 있다. 과거에는 신규 제품마다 사진 촬영부터 채널별 이미지 편집까지 복잡하고 시간이 많이 드는 과정을 거쳤으나, 이제 엔비디아(NVIDIA)의 옴니버스 플랫폼 등 물리 기반 3D 생성 AI로 실제 제품과 똑같은 디지털 트윈 이미지를 만들어낸다. AI로 생성된 제품 디지털 트윈은 모든 제품 버전과 라벨, 패키지 정보를 하나의 3D 파일에 담고 있어, 이를 활용하면 TV 광고부터 이커머스 썸네일까지 어떤 채널이든 동일한 원본으로부터 즉시 콘텐츠를 렌더링할 수 있다.

그 결과 마케팅 캠페인용 이미지 제작 프로세스가 종전 5단계에서 1단계로 단순화되었고, 콘텐츠 생성 비용은 50% 이상 절감, 속도는 2배로 향상되는 효과를 거두었다. 태국 트레메제(TRESemmé) 브랜드는 이 기술 도입 후 콘텐츠 제작 비용을 87% 절감하고 생산 속도는 2배로 높였으며, 소비자의 구매의향도 5% 향상되는 성과를 보였다. 이후 도브(Dove), 바세린(Vaseline), 클리어(Clear) 등 다양한 제품군에 확대 적용한 결과 최대 55%의 비용 절감과 65%의 제작기간 단축이 나타났다. 디지털 광고 클릭률도 2배로 증가하고 소비자의 콘텐츠 주목 시간도 3배로 늘어나는 등 마케팅 효과 개선이 확인되었다.

제품의 360도 실사 이미지를 생성하는 예시

출처: https://www.marketingdive.com/news/unilever-ai-marketing-bets-halve-production-costs-double-speed/742913/

2. 개인화 마케팅

고객 개개인에 최적화된 마케팅 경험 제공은 유니레버 AI 도입의 핵심 목표 중 하나로, 여러 브랜드에서 개인화 서비스를 속속 선보이고 있다. 대표적으로 유니레버는 뷰티&웰빙사업부를 중심으로 AI 기반 맞춤형 제품 추천 툴을 출시해 매출 증대에 직접적인 성과를 거두고 있다.

뷰티허브프로(BeautyHub PRO)라고 불리는 이 서비스는 소비자가 웹에서 간단한 퀴즈를 풀고 자신의 사진(셀피)을 업로드하면, 컴퓨터 비전 AI가 사진 속 피부톤, 모발 상태 등 30여 가지 데이터를 분석해 개인의 피부/모발 유형에 꼭 맞는 제품 조합을 추천해주는 버추얼 뷰티 조언자다. 현재 필리핀, 태국 등에서 운영 중인 뷰티허브프로를 통해 소비자들은 한 곳에서 여러 유니레버 뷰티 브랜드 제품을 비교 추천받을 수 있으며, 기업 입장에서는 자사 제품군 내에서 고객의 니즈를 최대한 충족시켜 구대전환을 높이는 효과를 보고 있다. 실제 데이터에 따르면 뷰티허브프로를 활용해 제품을 찾은 소비자는 그렇지 않은 경우보다 구매 완료율이 43% 높고, 해당 툴을 통해 장바구니에 담긴 제품의 객단가 역시 39% 더 높았다. 2023년 한 해에만 8만 명 이상의 이용자가 뷰티허브프로를 경험했고, 이들이 소셜 미디어 등을 통해 확산시킨 전파 고객은 300만 명을 넘는 등, 개인화 마케팅 툴 자체가 하나의 캠페인 효과를 발휘하고 있다.

개별 브랜드 차원에서도 AI를 통한 초개인화 마케팅 사례가 늘고 있다. 글로벌 퍼스널케어 브랜드 도브(Dove)는 AI 기반 가상 두피/모발 진단 서비스인 '스칼프&헤어 테라피스트'를 도입했다. 소비자가 도브 공식 웹사이트에서 두피 상태와 모발 고민에 관한 문진을 완료하면, AI가 전문가 지식을 바탕으로 개인별 두피 건강 진단과 맞춤 제품 솔루션을 제시해준다.

▎도브 홈페이지의 '스칼프&헤어 테라피스트' 소개 화면

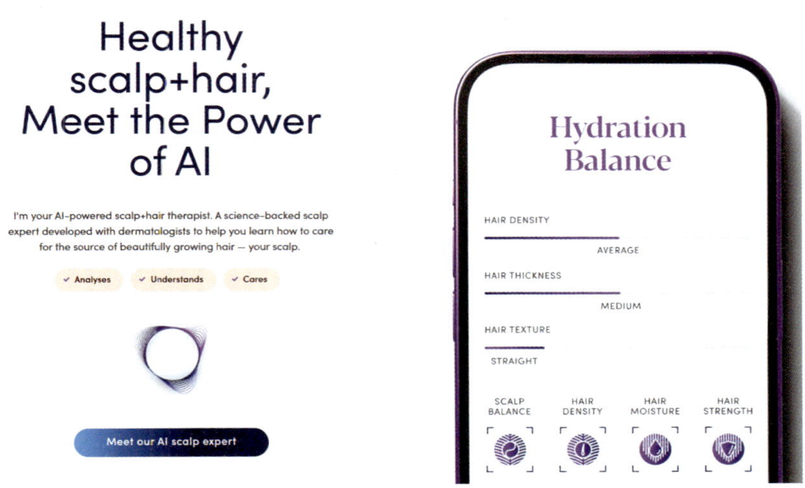

출처: https://www.dove.com/us/en/quizzes/scalp-hair-ai-therapist.html

식품 브랜드 헬만스(Hellmann's)는 '남은 음식으로 맛있는 요리를 만들어 음식물 쓰레기를 줄이자'는 마케팅 캠페인의 일환으로 레시피 추

천 AI를 선보였다. 소비자가 냉장고 속 남은 재료 2~3가지를 입력하면, 헬만스의 마요네즈 제품을 활용해 만들 수 있는 요리 레시피를 AI가 즉석에서 추천하는 방식이다. 이 레시피 챗봇은 출시 첫 주에 8만 명의 사용자를 끌어모았고, 많은 이용자들이 긍정적 반응을 보이며 브랜드 참여도를 크게 높였다. 이처럼 AI 에이전트를 통한 맞춤형 추천과 상호작용은 소비자에게 즐거운 경험과 실질적 도움을 주고, 기업에는 높은 전환율과 충성도 제고를 가져오는 윈-윈 효과를 창출하고 있다.

3. 소비자 인사이트 분석

유니레버는 AI를 활용한 소비자 인사이트 분석으로 시장 변화에 민첩하게 대응하고, 데이터에 근거한 마케팅 전략 수립 능력을 강화하고 있다. 방대한 소비자 데이터의 실시간 분석은 사람이 따라갈 수 없는 영역인데, AI를 도입함으로써 정교하고도 시의적절한 인사이트를 대규모로 확보하게 되었다. 예를 들어 뷰티허브프로와 같은 AI 툴은 소비자 개개인의 피부/모발 고민, 선호제품 등의 데이터를 축적하는데, 유니레버는 이를 소셜 미디어 트렌드, 검색어 동향 등과 결합 분석해 각 세그먼트에 맞춘 콘텐츠 기획과 제품 개발에 활용하고 있다.

또한 유니레버는 AI 기반 소비자 조사 플랫폼과 협업해 신제품 아이디어에 대한 자동 인터뷰를 진행하기도 했다. 챗봇 "BoltChatAI"가 미국의 다양한 소비자들과 자동으로 일대일 심층 인터뷰를 수행해, 다수 아이디어에 대한 심도 있는 피드백을 단기간에 저비용으로 확보할 수 있었다. 담당자는 "BoltChatAI 덕분에 방대한 아이디어를 빠른 시간 내 검증하고 깊은 통찰을 얻어 혁신 프로세스가 가속화되었다"고 평가했다.

나아가 유니레버는 머신러닝을 통한 수요 예측과 트렌드 예측 모델도 마케팅에 활용하고 있다. 예컨대 제품별 가격 탄력성 계산을 AI로 재정의해 물가가 오르는 인플레 시기에도 판매량을 방어하고, 머신러닝 수요예측으로 재고 과잉이나 품절을 최소화함으로써 마케팅 프로모션의 적시성과 효율을 높이고 있다.

4. 캠페인 운영

마케팅 캠페인 기획 및 운영 측면에서도 유니레버는 AI를 활용해 업무 효율과 효과를 한층 제고하고 있다.

우선 디지털 콘텐츠 생성 에이전트들의 도입으로 캠페인 운영 리드타임이 단축되었다. 디지털 트윈 기술을 도입하기 전에는 새로운 캠페인마다 각 채널에 맞는 소재를 별도로 준비해야 했으나, 이제는 한 번 제작한 AI 생성 콘텐츠를 다양한 매체에 즉각 응용할 수 있어 캠페인 전개 속도가 빨라졌다. 실제로 유니레버는 디지털 트윈 기반 워크플로우로 콘텐츠 제작부터 옴니채널 집행까지의 사이클을 종전 대비 5분의 1 수준으로 단축시켰다. 이 덕분에 새로운 캠페인을 시장 트렌드에 맞춰 적시에 론칭하고 빠르게 성과 데이터를 피드백 받아 다음 전략에 반영하는 애자일(Agile) 마케팅이 가능해졌다.

또한 AI 에이전트 기반의 자동화된 마케팅 운영은 캠페인 퍼포먼스 최적화에도 기여하고 있다. 유니레버는 머신러닝을 활용해 캠페인 실시간 성과를 모니터링하고 크리에이티브 및 채널 전략을 동적으로 조정하고 있다.

AI 에이전트 성공 레시피, 기술 · 조직 · 전략의 삼박자

유니레버의 마케팅 AI 에이전트 도입이 이처럼 두드러진 성과를 낼 수 있었던 배경에는 기술적, 조직적, 전략적 측면에서의 철저한 준비와 실행이 자리하고 있다.

유니레버의 AI 도입은 명확한 비즈니스 목적과 연계되었기에 성과로 직결될 수 있었다. 경영진은 AI를 마케팅 혁신의 핵심 수단으로 공식화하고, GAP 2030 성장 전략[9]의 한 축으로 AI 디지털 솔루션을 통

9 Growth Action Plan 2030, 유니레버가 2024년 수립한 중장기 전략으로 지속가능성과 수익성을 동시에 잡는 균형성장 전략

한 운영 우수성 달성을 내걸고 탑다운 지원을 아끼지 않았다. 이를 바탕으로 AI 프로젝트에 대한 투자와 외부 기술 파트너십(마이크로소프트, 엔비디아 등)이 전략적으로 이루어졌으며, 내부적으로는 작은 파일럿 성공 사례들을 빠르게 축적한 후 전사에 전파하는 린(Lean) 확산 전략을 취했다. 예컨대 먼저 고객 응대 자동화(알렉스)와 제품 콘텐츠 생성(호머)처럼 단기 ROI(Return on Investment, 투자수익률)가 확실한 분야에 AI를 적용해 성공을 거둔 뒤, 이를 교두보 삼아 개인화 마케팅, 수요 예측 등 점차 고도화된 영역으로 확대해 나갔다.

또한 명확한 KPI 설정과 성과 측정을 통해 AI 에이전트의 가치를 입증하고 개선해 나간 점도 주효했다. 90% 응대시간 단축, 87% 비용절감 등 정량 지표를 지속 모니터링하며, 목표 대비 부족한 부분은 추가 튜닝이나 프로세스 재설계로 보완함으로써 지속적인 성능 향상을 이뤄냈다.

마지막으로 소비자 중심, 윤리 중심의 원칙을 전략에 포함시켜 AI 활용으로 인한 브랜드 가치 훼손을 방지한 것도 빼놓을 수 없다. 도브가 "광고에 AI로 생성한 모델은 쓰지 않겠다"고 선언한 사례에서 볼 수 있듯, 유니레버는 AI 활용과 브랜드 철학의 조화를 전략적으로 관리해 장기적 신뢰와 브랜드 자산을 지키는 균형 감각을 보여주고 있다.

멀티 에이전트 시대 마케팅 조직의 진화

유니레버 사례에서 보듯이 AI 에이전트의 도입은 마케팅 업무 방식 전반의 근본적인 변화를 예고한다. 가까운 미래에는 여러 특화 AI 에이전트들이 유기적으로 협업해 마치 하나의 팀처럼 마케팅 기능을 수행하는 모습이 현실화될 전망이다. 예를 들어 과거에는 정형화된 챗봇 하나가 FAQ(Frequently Asked Questions, 자주 묻는 질문) 응대 정도를 했다면, 이제는 제품 Q&A 담당 에이전트, 레시피 추천 에이전트, 구매 지원 에이전트 등 여러 AI 봇들이 멀티 에이전트 시스템으로 연동되어 고객에게 맥락에 맞는 맞춤형 서비스를 실시간 제공하게 된다. 이러한 멀티 에이전트 AI는 단순한 질문 답변을 넘어, 사용자 행동을 예측하고 선제적으로 제안하는 프로액티브 마케팅을 구현할 것이다. 결국 브랜드와 소비자 간 상호작용이 훨씬 친밀하고 개인화된 형태로 확산될 것이다.

마케팅 콘텐츠 생산과 캠페인 크리에이티브 분야에서도 AI의 역할은 더욱 커질 것이다. 유니레버가 보여준 디지털 트윈 기반 콘텐츠 생산은 향후 제품 광고, 진열, 패키징 디자인까지 확장될 것이다. 앞으로는 거의 모든 마케팅 자산이 디지털 방식으로 신속히 생성·배포되는 시대가 예상된다. 이는 콘텐츠 제작 비용을 극적으로 절감시켜 마케팅 팀이 '아이디어의 경쟁력'으로 승부할 수 있는 환경을 조성할 것이다. 마케터들은 AI 동료들과 협업해 데이터에 기반한 의사결정을 내리고, AI가 다각도로 생성한 시안을 인간의 통찰로 평가·선별함으로써 창의성과 효율성을 겸비한 캠페인을 전개하게 될 것이다. 더 나아가 실시간 생성형 AI의 발전으로 타깃에 따라 광고 카피나 이미지를 즉석에서 바꿔 노출하는 개인 맞춤형 광고도 일반화될 전망이다.

또한 마케팅 의사결정 영역에서는 고도화된 AI 분석이 사람의 판단을 보조하는 수준을 넘어 주도하는 역할을 하게 될 가능성이 높다. 이미 유니레버 등 선도기업들은 AI로부터 캠페인 전략 제안, 예산 최적 배분안, 신제품 포트폴리오 추천 등을 받고 있으며, 데이터 학습량이 기하급수로 늘어나게 되면 인간 전문가보다 더 정교한 결과를 줄 것이다. 하지만 사람의 역할은 오히려 중요해지는 측면도 있다. AI가 제시한 인사이트와 옵션을 보고, 브랜드 철학과 사회적 책임 등을 고려해 최종 의사결정을 내리는 것이 인간의 주 역할이 될 것이다. 미래 마케팅 팀은 "데이터 사이언티스트적 사고를 겸비한 크리에이터"로서 AI를 도구 삼아 더욱 과학적이면서도 인간적인 마케팅을 구현하게 될 것으로 보인다.

AI 에이전트가 광범위하게 도입되는 미래의 마케팅 업무는 초개인화된 고객경험, 자동화된 콘텐츠 생산, 실시간 최적화되는 캠페인과 예산, 그리고 데이터에 입각한 전략 수립으로 특징지어질 것이다. 루틴한 업무는 AI가 처리하고 인간은 전략과 창의에 집중하는 구조로 재편되면서, 마케팅 조직의 생산성 및 창출가치는 한층 제고될 것이다. 동시에 AI 윤리와 신뢰 확보가 중요한 과제로 대두되어, 투명한 AI 활용과 인간의 최종 통제 원칙이 함께 강조될 것으로 전망된다. 유니레버 사례가 보여주듯 AI는 마케팅의 패러다임을 바꾸는 게임체인저가 될 것이나, 궁극적으로 인간의 통찰과 결합될 때 가장 큰 힘을 발휘한다는 점에서 인간 중심의 AI 활용 전략이 지속적으로 요구될 것이다.

공급망 전문가 월마트가 제시하는 AI 시대의 구매 업무

월마트(Walmart) 기업 개요

- 설립년도: 1962년
- 본사: 미국 아칸소주 벤톤빌(Bentonville)
- 업종: 소매
- 시가총액: 780.3 U$십억 (2025.6.30 기준)
- 매출액: 680,985 U$백만 (FY2025, 1월 결산)
- 영업이익: 29,348 U$백만 (FY2025, 1월 결산)
- 종업원수: 2,100,000명
- 부문별 매출 구성

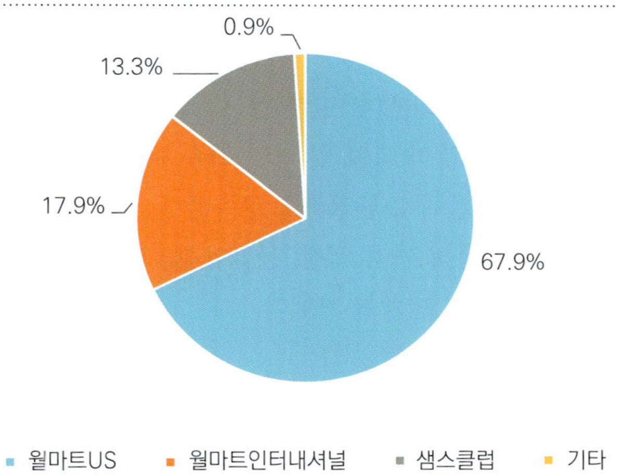

세계 최대의 소매 유통 기업인 월마트는 1962년 미국 아칸소주에서 샘 월튼(Sam Walton)에 의해 설립되었다. 월마트의 가장 큰 차별화 요소는 바로 공급망 전략이다. 회사는 물류센터를 전국에 분산 배치하고, 자체 트럭 운송 시스템을 구축해 비용을 절감하고 재고 회전율을 높였다. 또한, 매장 POS(Point of Sale) 시스템에서 발생하는 판매 데이터를 실시간으로 분석해 공급자와 재고 관리를 연계함으로써 유통 효율성을 극대화했다. 이와 같은 전략은 월마트가 미국 내 소매 시장을 빠르게 장악하고, 나아가 세계 최대의 유통체인으로 성장하는 기반이 되었다.

그러나 월마트에게도 새로운 도전이 닥쳤다. 2000년대 이후 전자상거래 시장의 폭발적 성장은 오프라인 기반의 월마트의 존재 자체를 흔드는 심대한 위협이 되었다. 특히 아마존은 가격 경쟁력과 방대한 상품 구색, 빠른 배송을 무기로 소비자의 구매 행태를 온라인 중심으로 바꾸어 놓았다. 이러한 변화는 월마트에게 새로운 전환점을 요구했다.

이에 대응해 월마트는 과감한 디지털 전환 전략을 실행에 옮겼다. 2016년 전자상거래 플랫폼 Jet.com을 인수하고 Walmart.com을 리뉴얼하며 온라인 사업을 강화했다. 또한, 오프라인 매장을 물류 거점으로 전환해 온라인 주문 상품의 픽업 및 당일 배송 서비스를 제공함으로써 아마존과는 차별화된 옴니채널 전략을 구축했다. 나아가 AI 기술을 도입해 공급망 자동화, 동적 가격 책정, 공급업체와의 자동 협상 등 디지털 역량을 확보하는 데도 박차를 가했다.

AI가 찾아준 롱테일의 숨겨진 가치

월마트의 디지털 전환 사례는 디지털 대전환 시대에도 기존 기업이 혁신과 전략적 실행을 통해 어떻게 지속가능성을 확보할 수 있는가를 보여준다. 월마트는 과거의 성공 공식을 버리지 않으면서도 변화의 흐름을 빠르게 포착하고 능동적으로 대응함으로써, 글로벌 유통 산업의 패러다임 변화 속에서도 여전히 중심에 서 있다. AI 시대를 맞이해 월마트는 기업 운영에 AI를 전방위적으로 도입하면서 또 다른 혁신을 준비 중이다.

월마트는 방대한 공급업체 풀(Pool)을 관리하며, AI를 활용한 구매 에이전트 도입으로 구매 업무에 혁신을 가져오고 있다. 전통적으로 구매 담당자들은 모든 공급업체와 개별 협상할 시간이 부족해, 전체 공급업체의 약 20%는 별도 협상 없이 표준계약 조건을 수용하는 실정이었다. 이로 인해 구매자와 공급업체 모두 협상을 통해 얻을 수 있는 잠재적 가치의 상당 부분(약 17~40%)을 놓치고 있었다.

하지만 인력을 대폭 늘려 소규모 계약까지 일일이 협상하는 것은 비용 대비 효과가 낮아 현실적 대안이 아니었다. 이런 조달 업무의 딜레마를 해결하기 위해 월마트는 AI 기반 구매 소프트웨어를 도입해 수천 개의 계약을 자동으로 협상하는 새로운 방식을 시험했다. 그 결과 수주 걸리던 협상을 불과 며칠 만에 마무리하는 등 효율성 면에서 큰 향상을 보이고 있다.

월마트는 팩텀(Pactum)이 제공하는 AI 구매 에이전트를 도입해 소규모 계약의 조건을 자동 협상하고 있다. 대상 계약은 주로 운영에 사용되는 장비나 간접 자재 분야로, 매장 쇼핑카트, 진열대, 사무용품 등의 조달이 여기에 해당된다. 이는 월마트의 전체 지출에서 전략적 중요도가 낮은 "롱테일" 공급업체들로, 이전에는 별도 협상 없이 표준 약관을 적용하던 분야였다.

AI 구매 에이전트는 텍스트 기반의 대화형 인터페이스로 공급업체 담당자와 교신한다. 월마트가 사전에 입력한 예산, 목표 조건, 우선순위 등을 바탕으로 가격, 할인율, 결제 조건, 납기, 계약 조항 등의 협상안을 제시하고 상대방의 제안을 검토한다. 예를 들어 표준 계약서상의 해지 권한 조항을 완화하는 대신 결제 일정을 자사에 유리하게 조정하거나, 가격 할인을 얻는 대가로 향후 거래 물량을 늘리는 등의 성장 기회를 제안한다. 이러한 협상 트레이드오프(trade-off) 전략은 구매 담당자가 일일이 처리하기 어려운 세밀한 조건까지 자동으로 조율해 '각 협상 당사자가 가치를 두는 혜택을 얻는 윈윈 결과'를 도출하는 것을 목표로 한다.

월마트는 2019년 팩텀과 협업을 시작해 2021년 초 캐나다 법인에서 파일럿 테스트를 진행했다. 89개 공급업체와 월마트 구매팀, 팩텀 엔지니어들이 참여한 약 3개월간의 테스트에서 구매 담당자들은 반복적인 시나리오를 제공해 AI 에이전트의 협상 방식을 훈련시켰다.

협상은 완전 비동기식으로 이루어져, 공급업체 담당자는 대면이나 통화 일정 없이 편한 시간에 AI 에이전트와 대화를 이어갈 수 있었다. AI 에이전트는 월마트 내부 구매 데이터뿐 아니라 과거 거래 추이, 업계 벤치마크 가격, 원자재 비용 등의 정보를 바탕으로 실시간 계산된 적정 가격을 제시해 데이터에 근거한 합리적인 협상을 진행한다.

월마트 구매 AI 에이전트의 구성 프레임워크

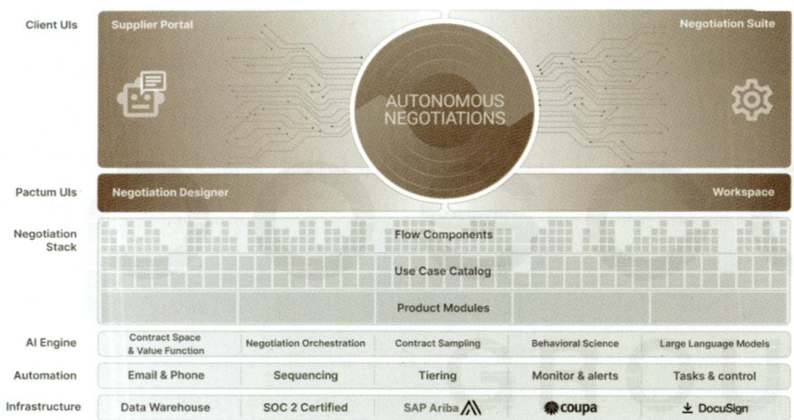

출처: https://pactum.com/the-required-components-of-autonomous-negotiations-platform-pactum-platform/

AI 도입으로 월마트와 공급업체 모두 윈윈

월마트의 AI 구매 에이전트 도입은 구매 업무의 효율성을 크게 향상시켰다. 도입 이전에는 바쁜 구매팀이 상대적으로 금액이 작은 20% 가량의 계약은 사실상 협상을 포기하고 표준계약에 의존했다. 또한 협상을 진행하더라도 한 건당 수 주일이 소요되었고, 한 명의 구매 담당자가 동시에 다룰 수 있는 협상 건수에도 한계가 있어 수천 개의 계약을 병렬 처리하는 것은 불가능했다.

그런데 AI 도입 후 월마트는 다음과 같은 개선을 이루었다.

- 협상 범위 확대: 이전에 미협상 상태로 남겨둔 "테일 엔드" 공급업체들과도 협상을 진행해 전체 조달 포트폴리오에서 협상 범위를 확대했다. 파일럿 테스트에 참여한 89개 공급업체 중 64%와 성공적으로 합의에 도달해 당초 목표인 20%를 크게 상회했고, 이후 글로벌 도입 단계에서도 접근한 공급업체의 약 68%와 계약을 체결했다.
- 소요 시간 단축: AI 챗봇은 협상 당 평균 11일 만에 합의를 도출해 냈다. 이는 기존 구매 담당자가 처리할 때 몇 주씩 걸리던 기간을 며칠 수준으로 단축한 것이다. 예산과 목표 조건이 입력된 상태에서 AI 에이전트가 실시간 대응과 계산을 수행하기 때문에, 이메일이나 대면 미팅을 기다리는 지연 없이 빠르게 제안과 수정안을 주고받을 수 있다.
- 동시 처리 및 생산성: AI 구매 플랫폼을 통해 한 번에 최대 2,000개의 공급업체와 동시 협상을 진행할 수 있어, 과거 인력 부족으로 협상하지 못했던 많은 계약들을 병렬 처리하게 되었다.
- 비용 절감 효과: 협상을 거치지 않고 맺어진 과거 계약들과 달리, AI 에이전트가 자동 협상으로 평균 1.5%~3%의 비용 절감을 실현했다. 파일럿 당시 월마트 캐나다에서는 평균 1.5%의 비용을 절감했

고, 이후 미국 본사를 비롯한 다른 법인들에서는 평균 3% 내외의 추가 비용 절감 효과를 보고했다.

- 인적 자원 효율화: 반복적이고 부가가치가 낮은 소규모 협상을 AI가 맡게 되면서 구매 전문인력은 보다 전략적인 업무에 집중할 수 있게 되었다. 팩텀의 CEO Martin Rand는 "AI가 인간 협상가를 대체하는 것이 아니라, 구매 담당자의 단조롭고 저부가가치인 업무를 덜어줘 전략적 협상에 더 많은 시간을 투입할 수 있게 한다"고 설명했다.

구매 AI 에이전트 도입 전과 후의 개선 효과

항목	도입 전(전통 방식)	도입 후(AI 활용)
협상 대상	• 중요한 80% 계약 위주 • 소량 다품종 20%는 미협상 표준계약	• 모든 공급업체 대상 협상 가능 • 특히 20% 테일엔드 계약 추가
협상 기간	수 주 소요(사례에 따라 수개월)	평균 11일 내 합의(며칠~2주 이내)
동시 협상 건수	바이어 1인당 동시 4~6 건 처리	최대 2,000건 동시 협상
계약 성사율	테일엔드의 경우 협상 자체가 부재	협상 대상의 64~68% 계약 체결
비용개선 효과	추가 절감 없음(표준조건 수용)	계약당 평균 3% 비용 절감
공급업체 평가	개별 협상에 의존(피드백 제한적)	83% 긍정적 평가, 75% AI 선호

월마트의 AI 협상 도입 초기에는 AI 에이전트와 협상하는 것에 대한 공급업체들의 심리적 장벽이나 회의적인 시각도 예상되었다. 실제 일부 공급업체는 사람이 아닌 기계와 협상하게 되었다는 데 당혹감을 느

끼거나, 회사로부터 소홀히 취급 받는다고 섭섭함을 표현하기도 했다. 그러나 전반적인 결과는 공급업체들의 만족도와 수용도가 매우 높은 것으로 나타났다.

정량적 설문 결과, 공급업체의 약 75%는 인간 구매 담당자와 대화하는 것보다 AI 에이전트와의 협상을 더 선호하는 것으로 나타났다. 하버드 로스쿨(Harvard Law School) 산하 협상 연구 기관의 분석에 따르면, 파일럿 이후 협상을 성사시킨 공급업체의 83%가 AI 에이전트와 협상에 대해 호의적으로 답변했으며, 특히 '실시간 대면이 아니라서 자신의 페이스대로 협상할 수 있었던 점'을 높이 평가했다. 언제 어디서나 자신의 속도에 맞춰 응답하고 제안할 수 있는 비동기식 협상은 공급업체들에게 시간적 융통성과 심리적 여유를 주어 더 나은 경험을 선사했다.

정성적인 측면에서도, 많은 공급업체들은 AI 에이전트와의 협상이 감정이나 개인 편향 없이 객관적 데이터에 기반해 공정하게 진행되었다는 점을 언급했다. AI 에이전트는 일관된 논리와 근거로 협상을 전개하기 때문에 프로세스에 대한 신뢰도가 높았다는 평가가 있다. 더욱이 AI 에이전트가 공급업체에게도 이득이 될 수 있는 제안 요소, 예를 들어 대금 조기 지급이나 향후 거래 확대 등을 함께 제시해 상호 만족도를 높이는 방향으로 협상이 이루어질 수 있었다.

물론 모든 공급업체가 AI 협상을 선호하는 것은 아니다. 일부는 여전히 인간 파트너와의 대화를 통한 관계 구축을 중시하기 때문에, 특정 중요한 이슈나 예외 상황에서는 사람과 직접 협상하기를 원한다. 월마트 역시 이런 부분을 고려해 전략적 중요도가 높은 계약이나 복잡한 의제는 여전히 인간 구매 담당자가 관리하고, AI 에이전트는 반복적이고 표준화가 가능한 범위에서만 활용하고 있다.

AI 에이전트가 이끄는 새로운 조달 경쟁우위 전략

월마트의 선도적인 AI 구매 에이전트 활용은 기업 조달 업무의 미래 방향성을 제시하고 있다. 월마트는 현재 미국, 캐나다, 칠레, 남아프리카공화국 등에서 운영 중인 AI 구매 에이전트를 더 많은 국가와 조달 카테고리로 확대할 방침이다. 초기에는 간접 자재 분야 위주로 시작했으나, 시스템이 고도화됨에 따라 직접 상품 조달이나 대형 계약에도 부분적으로 AI 구매 에이전트를 활용할 잠재력이 있다.

월마트의 성공 사례를 계기로 타 대기업들도 AI 구매 에이전트 도입을 적극 검토할 것으로 보인다. 모든 대기업들은 크고 작은 수많은 공급 계약을 맺고 있으며, 월마트와 유사하게 '장기 방치된 소규모 계약'에서 가치를 찾아낼 기회가 많다. AI 구매 에이전트는 이러한 숨은 이익을 실현할 수 있는 솔루션으로서, AI 구매 에이전트 전문 스타트업들이 Negotiation-as-a-Service 형태로 서비스를 제공하기 시작했다.

향후에는 표준화 가능한 협상은 대부분 AI가 처리하고, 인간은 전략 수립과 특수 상황 관리에 집중하는 형태로 조달 조직의 역할 구분이 재편될 전망이다. 단순 반복 협상 업무는 자동화되고, 구매 전문가들은 AI가 할 수 없는 고차원적인 의사결정, 즉 공급업체와의 파트너십 강화 전략, 리스크가 큰 협상의 직접 수행, AI 협상 결과의 검토 및 조정에 역량을 집중하게 될 것이다.

더 나아가 구매 협상의 패러다임 자체가 변화할 가능성도 있다. 팩텀의 CEO는 "머지않아 봇(bot) 대 봇(bot) 협상이 현실화될 것"이라고 언급했는데, 이는 구매자 측 AI와 공급자 측 AI가 서로 대화해 실시간으로 최적의 계약 조건을 도출하는 미래를 상상하게 한다. 그렇게 되면 계약 조건의 재협상 주기가 획기적으로 짧아져, 시장 상황에 따라 분기별, 월별 심지어 주별로도 가격과 조건을 유연하게 조정하는 상시 협상 환경이 조성될 것이다.

지속가능한 구매 혁신을 위한 전략 로드맵

월마트의 AI 구매 에이전트 도입 사례를 통해 볼 때, 인공지능을 활용한 자동화 협상은 대규모 조달 조직의 고질적인 비효율 문제를 해결하는 강력한 도구임이 입증되었다. 수작업으로 처리할 수 없었던 수천 건의 협상을 동시에 신속하게 수행함으로써 구매 소요시간을 단축하고 평균 3%의 비용 절감 효과를 거두었으며, 그동안 방치되었던 장기 미협상 영역에서 새로운 가치를 창출해냈다.

이러한 모습은 궁극적인 조달 최적화로 이어지겠지만, 동시에 AI 협상이 과도하게 자동화됨으로 인한 위험 관리와 윤리적 이슈도 부각될 것이다. 따라서 기업들은 AI 구매 에이전트를 도입하더라도 최종적으로는 인간의 검증과 모니터링을 거치도록 프로세스를 설계하고, 책임 소재와 윤리 기준을 명확히 할 필요가 있다.

주목할 만한 점은 공급업체들이 이러한 변화를 대체로 환영하고 있다는 사실이다. 대다수가 AI와의 협상을 선호하며, 협상 결과에 만족감을 표시함으로써 기업과 공급업체 간 윈윈 관계를 촉진했다. 이는 기술 도입이 단순히 구매자 측 이익만을 위한 것이 아니라, 공급 파트너의 경험도 향상시킬 수 있음을 시사한다.

AI 구매 에이전트의 성공적 활용을 위해서는 명확한 목표 설정과 철저한 초기 훈련, 그리고 예외 상황에 대한 인간의 개입 여지 확보 등이 필요하다. 월마트의 경험에서도 초기 파일럿을 통해 AI 구매 에이전트의 성능을 보정하고, 간접비 영역부터 시작해 점진적으로 확대하는 접근이 주효했음을 알 수 있다.

결론적으로, 월마트 사례에서 보듯 AI 구매 에이전트 도입은 구매 업무의 효율을 극대화하고 조직의 협상 역량을 확장하는 한편, 공급업체와의 관계를 새로운 방식으로 강화하는 긍정적 효과를 발휘하고 있다. 앞으로 더욱 많은 기업들이 이 기술을 도입함에 따라, 협상의 표준 방식이 변화하고 궁극적으로 산업 전반의 조달 패러다임이 재편될 가능성이 크다. 기업들은 AI 구매 에이전트를 전략적 도구로 적극 활용하되, 인간 전문성과의 조화로운 결합을 통해 최상의 성과를 내는 균형 잡힌 접근이 요구된다.

디지털 혁신의 핵심 포인트

- 엔비디아의 옴니버스를 활용해 BMW, 폭스콘, 지멘스가 구축한 디지털 트윈은 단순 시뮬레이션 도구가 아닌 전사적 혁신 플랫폼으로 기능한다. 모든 부서가 가상공간에서 협업하고, 실패 비용 없이 무한 실험할 수 있는 환경을 구축함으로써 진정한 제조혁신을 실현했다.
- 보쉬의 성공 비결은 AI를 기술 프로젝트가 아닌 전사적 제조혁신 전략으로 접근한 데 있다. 파일럿 프로젝트의 성과를 신속하게 전 공장으로 확산시키고, 현장 작업자들이 AI를 일상적으로 활용하는 문화를 정착시킨 것이 핵심이다.
- 보무강철은 연구개발부터 생산, 품질, 물류까지 철강사업 가치사슬 전반에 AI를 통합적으로 적용했다. 특히 현장 직원도 쉽게 사용할 수 있는 직관적 시스템을 구축하고, 데이터 기반 의사결정을 조직문화로 정착시켜 DX의 실질적 성과를 창출하기 위해 노력하고 있다.
- 유니레버는 마케팅 업무에 AI 에이전트를 도입함으로써 초개인화된 고객 경험, 콘텐츠 자동화 및 실시간 캠페인 최적화의 가능성을 보여주었고 가까운 미래에 마케팅 업무의 근본적인 변화 모습을 엿볼 수 있게 한다.
- 월마트는 AI 구매 에이전트의 실용성을 확인하고 구매 품목을 확장해 협상 자동화와 구매 효율 극대화를 실현할 계획이다. 월마트의 성공으로 향후 표준화 가능한 협상은 AI가 주도하고, 인간은 전략적 의사결정 및 리스크 관리를 담당하는 형태로 구매 업무가 재편될 것으로 예상된다.

본 장의 사례들은 성공적인 DX를 위해 ① AI와 인간의 상호보완적 협업 체계 구축, ② 데이터 중심 의사결정의 조직문화 내재화, ③ 점진적 확산을 통한 지속가능한 혁신 추진이 필수적임을 보여준다. 독자들이 이러한 시사점을 바탕으로 각자의 조직에 맞는 실질적인 DX 전략을 수립하고 실행할 수 있기를 기대한다.

chapter

4

그린 혁신(GX, Green Transformation), 녹색에서 찾는 새로운 성장 기회

chapter

4

그린 혁신(GX, Green Transformation), 녹색에서 찾는 새로운 성장 기회

기후위기에 대한 우려가 커지면서, 탈탄소 전환은 국가와 기업이 지속가능한 성장을 도모하기 위한 필수 조건이 되었다. 유럽연합(EU), 유엔기후변화협약(UNFCCC[10]) 등에서는 2050년까지 전 세계 온실가스 배출량을 넷제로로 감축해야 한다고 강조한다. 소비자의 인식 변화, 정부 및 기관의 탄소중립 정책과 규제 강화, 기업에 대한 주주들의 탈탄소 성과 요구 확산 등은 탈탄소 전환이 더 이상 선택 사항이 아니라는 점을 보여준다. 글로벌 산업계 역시 이러한 흐름에 발맞춰 탈탄소 전략의 수립과 실행에 박차를 가하고 있다. 하지만 현재의 그린 혁신은 경제성과 기술 성숙도 측면에서 여전히 초기 단계에 머물러 있다. 이 장에서 소개할 기업들도 완성된 성공 사례라기보다는 탈탄소 전환 과정에서 주목할 만한 성과를 내고 있는 수준이지만, 향후 그린 혁신의 방향성에 대해서는 분명히 의미있는 시사점을 제공한다.

테슬라(Tesla)는 에너지 사업부터 탄소 크레딧(Carbon Credit)까지 탈탄소 전환 과정에서 발생하는 다양한 비즈니스 기회를 십분 활용하고 있다. 네스테(Neste)는 탈탄소 전환에 대해 시대를 앞선 안목과 실행력을 보여준다. 철강 산업의 스타트업 스테그라(Stegra)는 생태계 파트너들과의 밀접한 협력을 바탕으로 대규모 그린스틸 프로젝트를 실현하고 있으며, 보스턴메탈(Boston Metal)과 일렉트라(Electra)는 기존 철강 생산 방식을 근본적으로 대체할 수 있는 신기술의 상용화에 주력해 산업의 판도를 바꿀 잠재력을 키워가고 있다. 미쓰비시 상사는 그린 에너지원인 수소, 암모니아 밸류체인을 중심으로 사업 포트폴리오를 확장하고 있다.

10 UN Framework Convention on Climate Change

테슬라, 탈탄소 전환을 사업 기회로 승화

테슬라(Tesla) 기업 개요

- 설립년도: 2003년
- 본사: 미국 텍사스주 오스틴(Austin)
- 업종: 자동차
- 시가총액: 1,023.2 U$십억 (2025.6.30 기준)
- 매출액: 97,690 U$백만 (FY2024, 12월 결산)
- 영업이익: 7,076 U$백만(FY2024, 12월 결산)
- 종업원수: 125,665명
- 판매 대수: 178만 9,226대 (2024년)
- 부문별 매출 구성

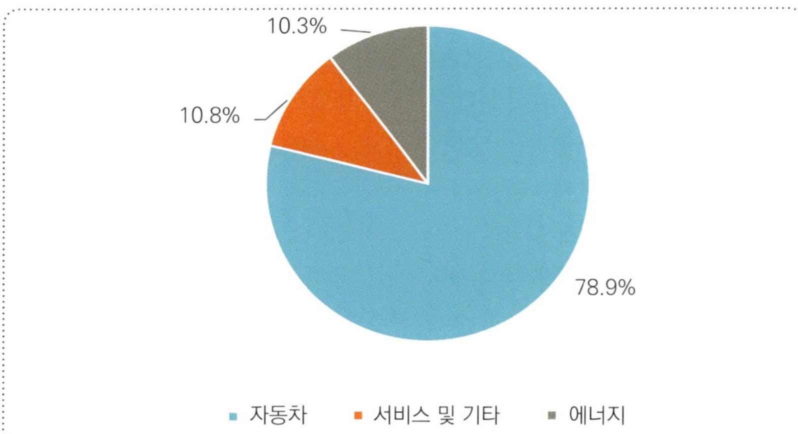

테슬라(Tesla)는 2003년 미국 실리콘밸리에서 마틴 에버하드(Martin Eberhard)와 마크 타페닝(Marc Tarpenning)에 의해 설립되었고, 이후 2004년에는 시리즈 A 펀딩의 약 85%를 개인 자산으로 투자하며 대주주가 된 일론 머스크(Elon Musk)가 경영에 본격 참여하였다.

테슬라는 전기차 시장 초기 단계에서 고급 스포츠카인 Roadster(2008년)를 먼저 선보이며 기술 검증과 자금 확보에 성공했다. 이후 고급 차량인 Model S(2012년), Model X(2015년)와 대중화 모델인 Model 3(2017년), Model Y(2020년)를 연달아 출시하며 판매량을 점차 확대했다. 이어 Tesla Semi(2022년) 및 Cybertruck(2023년)를 통해 상용차와 트럭 시장까지 전기차 포트폴리오를 완성하였다. 전기차만으로 구성된 제품 포트폴리오를 바탕으로 탄소 크레딧을 여유롭게 확보할 수 있었고, 자동차 배출규제가 본격화 된 2020년부터는 이를 다른 내연차 제조사에 판매해 수익도 얻고 있다.

한편, 테슬라는 첫 전기차 출시 당시 '지속가능한 교통수단으로의 전환 가속화(to accelerate the world's transition to sustainable transportation)'를 사명(mission)으로 내세웠는데, 이후 2015년에는 이를 '지속가능한 에너지로의 전환을 가속화(to accelerate the world's transition to sustainable energy)'로 개정했다. 그 배경에는 에너지 분야로의 사업 확장이 있었는데, 실제로 2015년 가정용 배터리인 파워월(Powerwall)과 상업용 배터리인 파워팩(Powerpack)을 시작으로, 2016년에는 태양광 지붕 타일(Solar Roof), 2019년에는 전력망용 대형 배터리인 메가팩(Megapack)을 출시하며 에너지 사업을 점차 확대해 왔다.

수익구조의 새로운 축, 탄소 크레딧[11]과 에너지 사업

2024년 기준 테슬라의 총 매출은 약 977억 달러에 달하며, 이 중 전

11 온실가스 배출을 감축·제거한 양을 인증하는 인증서로, 1크레딧은 1톤의 온실가스 배출량 감축을 의미

기차 판매를 포함한 자동차 부문이 87%를 차지하지만 그 외 탄소 크레딧 판매와 에너지 부문 매출도 무시할 수 없다.

테슬라의 탄소 크레딧 판매는 꾸준히 수익을 창출하며 2024년에는 약 27억 달러로 사상 최고치를 경신했다. 자동차 산업의 경우, 내연기관 차량의 탄소 및 대기오염 물질 배출을 줄이기 위해 여러 지역에서 엄격한 배출 규제와 함께 크레딧 거래 제도가 도입되었다. 전기차는 주행 중 배기가스가 전무(全無)하므로 완성차 업체들은 전기차 판매를 통해 크레딧을 획득할 수 있고, 목표를 달성하지 못한 업체는 이 크레딧을 구매해 규제 위반에 따른 벌금을 피할 수 있는데, 이러한 메커니즘이 테슬라의 크레딧 판매 비즈니스의 기반이 되고 있다.

테슬라 전체 매출에서 3%에 불과한 탄소 크레딧 판매 수익은 별다른 비용 없이 대부분 이익으로 연결된다. 미국의 경제·금융 전문 조사업체 블룸버그(Bloomberg)는 이와 관련해 테슬라의 탄소 크레딧 수익을 "사실상 순수 이익"이라고 평가한 바 있다. 실제로 자동차 부문의 수익성 둔화와 현금흐름 악화가 지속되는 가운데, 탄소 크레딧은 테슬라 재무 실적을 떠받치는 핵심 요소로 작용하고 있다. 2025년 1분기 기준, 자동차 부문에서 기록한 영업이익 6.2억 달러(영업이익률 3.2%) 가운데 6.0억 달러가 탄소 크레딧 판매에서 발생한 수익이라는 점은 이를 단적으로 보여준다.

테슬라의 에너지 사업 역시 큰 폭의 매출성장을 지속하며 차기 캐시카우로 주목받고 있다. 가정용·상업용 배터리와 태양광 패널 사업으로 구성된 이 사업부문은 본격적으로 매출이 발생하기 시작한 2017년 11억 달러에서 연평균 37%씩 성장해 왔으며, 매출 성장률에 있어 2023년 처음으로 자동차 부문을 앞질렀다. 2024년에는 매출 101억 달러로 사상 최고치를 기록하며 테슬라의 총 매출 중 10%를 차지하고 있다. 전기차 부문의 매출총이익률(탄소 크레딧 판매 제외)이 2022년 25%에서 2024년 약 14%까지 하락한 반면, 발전 및 저장 부문은 2024년 매출

총이익률 26%로 사업 개시 이후 가장 높은 수치를 기록하며 수익성 측면에서도 자동차 부문을 앞서가고 있다.

탄소 크레딧과 에너지 사업은 테슬라가 전면에 내세우는 주력 사업은 아니다. 그러나 이처럼 눈에 띄지 않는 영역에서 높은 성장성과 수익성을 바탕으로 재무 실적에 기여하고 있는 점은 주목할 만 하다.

규제 재해석 통해 탄소 크레딧 비즈니스 창출

테슬라가 누리고 있는 탄소 크레딧 판매 수익에 대해서는 업계 내에서도 의견이 엇갈리며, 일부에서는 이를 과도한 보상이나 특혜로 보는 시각도 존재한다. 그러나 테슬라는 단순히 주어진 혜택을 수동적으로 받아들이는 데 그치지 않았다. 전기차 시장을 선도한 것처럼, EU의 차량 배출규제에 따른 탄소 크레딧 거래 시장에서도 새로운 방식을 도입하며 제도적 혁신을 이끌었다. 대표적인 예가 '풀링(Pooling)'이라 불리는 방식으로, 테슬라는 이를 기업 간 탄소 크레딧 거래에 최초로 활용함으로써 시장의 비효율을 제거하고, 탄소 크레딧 유통의 실질적인 가치를 높이는 데 기여했다.

테슬라의 탄소 크레딧 판매 실적

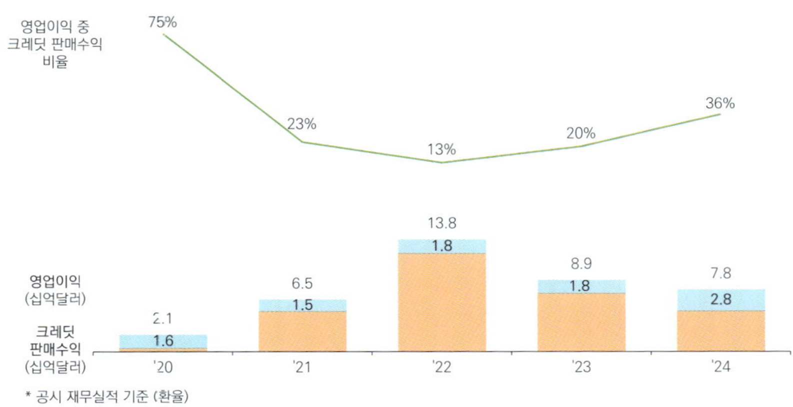

* 공시 재무실적 기준 (환율)

출처: 테슬라 공시 재무실적

EU는 차량의 CO_2 배출량을 제조사 단위로 산출해 규제하고 있지만, 법안에는 자동차 제조사들간 자발적으로 상호 합의한 경우에 한해 풀(Pool)을 구성할 수 있게끔 하는 조항이 존재한다.[12] 풀링을 허용하는 조항은 2010년 시행된 EU의 1차 탄소배출 규제 법안에도 명시되어 있었고, 폭스바겐-세아트(SEAT)-스코다(Skoda) 연합은 2012년 최초로 풀을 구성했다. 다만 이들은 폭스바겐 그룹에 속한 계열사들로, 풀링을 기업간 탄소 크레딧의 거래가 아닌 그룹 차원의 배출량 관리 차원에서 활용한 사례로 볼 수 있다. 한편, 풀링 관련 조항에는 풀링의 체결 주체를 관련기업에 한정하고 있지 않았기에 아무 지분관계가 없는 개별 기업간에도 풀링을 체결할 수 있는 기회는 열려 있었다.

테슬라는 이에 착안해 2019년에 유럽의 여러 내연기관 자동차 제조사들에게 풀링 제안을 보냈고, FCA(Fiat Chrysler Automobiles)가 이에 응하면서 개별 기업간에 풀링을 체결한 첫 사례가 되었다. 전기차만 생산하는 테슬라 차량의 배출량은 0g/km이므로, FCA는 2020년부터 풀링을 통해 자사 배출량을 낮추고 벌금을 회피하는 효과를 얻었고, 그에 상응하는 상당 규모의 비용을 테슬라에 지급했다. FCA는 2022년 PSA(푸조시트로앵) 그룹과 합병해 스텔란티스(Stellantis)가 되기 전까지, 2020년과 2021년에 걸쳐 총 약 20억 유로를 테슬라에 지급한 것으로 알려지고 있다.

기존에는 유럽 자동차 제조사들이 탄소 크레딧을 판매하거나 구매하는 데 다소 제약이 있었다. EU의 탄소거래 시스템(ETS, Emissions Trading System)은 자동차 산업에는 적용되지 않아서, 자동차 제조사들이 탄소 크레딧을 구매하기 위해서는 크레딧 판매자와 개별적으로 거래해야 했기 때문이다. 양 측은 크레딧 가격의 변동성, 정보의 비대칭성 등 리스크를 떠안아야 하며, 거래에 대한 신고, 검증, 회계처리 등

12 기업간 풀을 구성하게 되면 여기 속한 기업들은 하나의 자동차 제조사로 간주되며, 해당 풀의 CO_2 배출량은 풀을 구성하는 기업들이 판매한 모든 자동차의 배출량을 평균 내어 산출함. 예를 들어 CO_2 배출량이 200g/km인 A회사와 100g/km인 B회사가 풀을 구성하면 차량 판매 대수가 동일하다는 가정 하에 각 회사의 CO_2 배출량은 평균값인 150g/km로 인정됨.

규제당국과의 복잡한 절차와 처리기간 지연으로 인한 비효율도 존재한다.

반면 풀링을 구성할 경우 구성원간 평균 배출량을 규제당국에 신고하고 당사자 간 합의된 가격과 기간에 따라 풀링 계약을 체결하면 되므로 사적 거래로 인한 리스크와 비효율에서 자유롭다는 이점이 있어 점차 많은 기업들이 채택하고 있다. 실제 2024년에는 스텔란티스를 비롯해 도요타, 포드, 마쯔다, 스바루 등이 테슬라와 풀링 계약을 체결했다. 2025년에는 메르세데스-벤츠와 폴스타, 볼보, 스마트가 테슬라와는 별도의 풀을 구성하는 등 점차 많은 자동차 제조사들이 풀링을 활용하고 있다. 테슬라는 이러한 트렌드를 이끈 장본인이라고 할 수 있다.

테슬라는 이와 같이 탄소 크레딧 판매라는 사업 기회를 살리기 위해 업계 관행을 따르기보다 규제의 틀 안에서 최대한의 효과를 낼 수 있는 방법을 활용했고, 그 결과 2019년 약 6억 달러에 불과했던 크레딧 판매 수익은 풀링 이후 2020년 약 16억 달러, 2024년 27억 달러로 급증했다. 물론 그 배경에는 EU의 배출규제 강화가 작용한 점도 있지만 테슬라가 2019년 사전적으로 풀링을 도입했던 점이 상당 부분 기여했음은 부정할 수 없을 것이다.

전기차에서 그리드로, 배터리 기반 사업 확장

테슬라는 대다수의 경쟁사들과 달리 전기차 사업을 통해 구축한 부품 공급망과 배터리, 인버터 및 전력 관리 기술을 기반으로 일찍이 에너지 사업에 진출하였고, 그 결과 최근 눈부신 성과를 보이고 있다. 2023년 테슬라는 용량 14.7GWh 규모의 배터리 에너지 저장시스템(BESS)을 전 세계에 신규 설치했다. 이는 직전 년도의 6.5GWh 대비 두 배 이상이며, 2019년의 10배에 달하는 기록적인 성장이다. 2024년에 설치한 용량은 31.4GWh로 전년 대비 113% 또 성장했다. 이러한 폭발적 성장 덕분에 테슬라는 글로벌 에너지저장시스템 통합 공급 시장에서 2023년 점유율 15%로 1위를 차지하며 업계 선두 자리에 올랐다.

테슬라 에너지 사업의 주력 제품은 가정용 파워월(13.5kWh)과 대형 상업·유틸리티용 메가팩(개당 3MWh 이상)인데, 세계 각지에서 가정용 백업 전원, 전력망 주파수조정 및 피크저장 등에 활용되며 호평을 받고 있다. 일례로 호주 남부지역에 설치된 세계 최대 규모의 테슬라 배터리(150MWh)는 발전소가 갑자기 멈춰 발생한 전력 공백을 순간적으로 메워주는 등의 역할을 통해 전력망 안정화에 기여하며, 설치 1년 만에 수천만 달러의 전력망 비용을 절감한 것으로 알려졌다.

테슬라는 증가하는 수요를 맞추기 위해 생산 능력도 대폭 확충 중이다. 미국 캘리포니아 래스로프(Lathrop)에 연간 40GWh 생산능력의 메가팩 전용 공장을 완공해 2022년부터 가동 중이며, 2025년에는 중국 상하이에서도 연 40GWh 규모의 메가팩 공장 가동을 시작해 아시아 시장 수요에 대응하고 있다. 일론 머스크는 "테슬라 에너지 사업의 성장 속도가 자동차 사업보다 더 빠를 것"이라고 누차 강조해왔으며, 실제로 2023년 이후 에너지 부문이 테슬라의 "다음 성장의 물결(next growth wave)을 이끌 핵심으로 부상했다"고 밝혔다. 그는 에너지 저장이 장기적으로 테슬라 그룹 내 최고 마진 사업부가 될 수 있다고 언급하며 이 분야에 대한 강한 자신감을 나타냈다.

이처럼 확고한 위치를 다지고 있는 테슬라의 경쟁우위는 초기부터 '전기차+에너지 통합 전략'을 구사한 데서 출발한다. 테슬라는 전기차를 판매하는 데 그치지 않고, 그 전기차가 사용하는 전력 자체를 친환경적으로 생산·저장·공급하는 밸류체인을 함께 구축함으로써 차별화를 이루고자 했다. 이러한 접근은 고객에게 원스톱 친환경 솔루션[13]을 제공하는 동시에, 기업 입장에서는 다양한 수익원을 창출해 비즈니스 모델을 다각화하는 효과를 냈다.

---

13 예를 들어 태양광으로 생산한 전기로 테슬라 차량을 충전하고, 남는 전력은 테슬라 배터리 파워월에 저장할 수 있음.

테슬라의 에너지 사업부문 실적

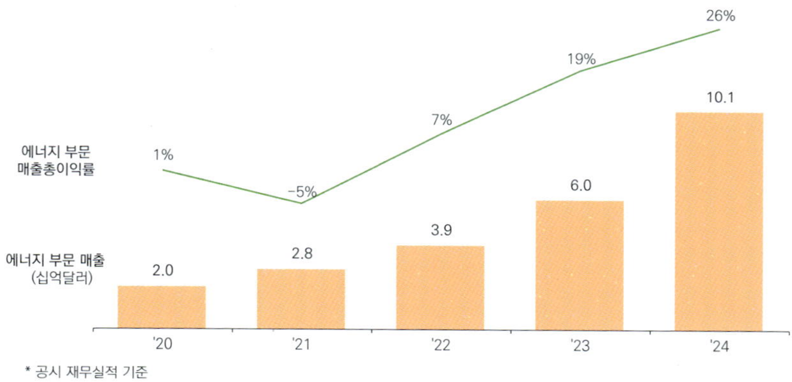

출처: 테슬라 공시 재무실적

그럼 테슬라의 경쟁사들은 어떨까. 우선 미국 최대의 전통 완성차 업체인 GM은 테슬라같은 에너지 저장시스템(BESS)이나 발전 분야의 사업이 거의 없었다. 그러다 2022년 말 'GM 에너지(GM Energy)' 사업부를 신설하고, 2024년 10월에는 테슬라 파워월에 대응하는 가정용 배터리 '파워뱅크(PowerBank)' 제품을 출시하며 이 시장에 진출했다. GM의 파워뱅크는 10.6kWh와 17.7kWh 용량의 두 가지 옵션으로 판매되며, 일반 가정에 최대 20시간 전력을 공급할 수 있어 사양 면에서는 13.5kWh의 테슬라 파워월과 유사하거나 소폭 우위에 있다. 또 GM은 양방향 충전 기술을 활용해 정전 시 자사 전기차를 가정용 발전기로 사용할 수 있는 솔루션도 발표했다.

그러나 대규모 산업용/전력망용 배터리 사업에 있어서 GM은 아직 초기 단계다. 테슬라가 이미 거대 프로젝트들을 통해 에너지 저장 매출을 두 배로 성장시킨 것과 달리, GM은 우선 주택용 위주로 시장을 탐색한 후 산업용 시장은 향후 확대하겠다는 입장이다. 테슬라는 일찍부터 태양광+가정용+산업(그리드)용을 아우르는 종합 에너지 솔루션을 구축해온 반면, GM은 이제야 부분적으로 그 뒤를 좇고 있는 실정이다.

중국의 BYD는 1995년 배터리 제조사로 출발해 성장한 기업으로,

자체적으로 배터리 셀을 생산해 전기차와 에너지 저장장치(ESS, Energy Storage System)에 활용하는 수직계열화를 이뤘다. 2023년에는 22GWh에 달하는 배터리를 에너지 저장용으로 출하했는데, 이는 전년 대비 57% 증가한 수치로 테슬라의 동년 출하량인 14.7GWh을 능가한다. 아울러 BYD는 태양광패널 제조 사업에도 진출해 브라질, 중국 등에서 태양광 모듈 공장을 가동하고 있다.

BYD는 테슬라처럼 '전기차+배터리+태양광'의 생태계를 구축한 공통점이 있으나, 시장 포지션에 차이가 있다. 테슬라가 소프트웨어 통합 및 글로벌 브랜드 파워에서 우위를 가진 반면 BYD는 폭넓은 제품 다각화와 가격 경쟁력을 내세워 전 세계 보급형 배터리 수요를 공략하고 있다.

종합해보면, 테슬라가 그동안 축적한 배터리 기술 전문성, 소프트웨어 역량, 브랜드 이미지 등이 상호 시너지를 발휘하며 경쟁 우위를 높이고 진입장벽을 구축한 것으로 볼 수 있다. 반면 GM 등 전통업체들은 이제서야 뒤늦게 에너지 사업에 발을 들이기 시작했고, BYD처럼 유사한 전략으로 바짝 쫓아오는 신흥 강자도 중국 중심이라는 지역적 한계와 브랜드 인지도 측면에서 한계점을 지닌 상황이다. 즉 테슬라는 경쟁사들보다 한 발 앞서 혁신적 전기차를 출시하고 시장 점유율을 확보함으로써 얻은 선도자의 이점을 최대한 활용해 에너지 부문에서의 경쟁우위를 유지하고 있다고 평가할 수 있다.

2023년 테슬라는 글로벌 에너지 저장시스템 통합시장 점유율 1위를 기록했고, BENF(Bloomberg New Energy Finance)가 선정한 전 세계 주요(Tier-1) ESS 공급업체 리스트에 당당히 이름을 올렸다. 자원 및 에너지 분야 글로벌 컨설팅기업인 우드맥킨지(Wood Mackenzie)는 "테슬라는 배터리 하드웨어 제조부터 프로젝트 통합, 애프터서비스까지 업계에서 가장 수직적으로 통합된 공급망을 보유하고 있어, 빠른 기술 개선과 원가 절감, 그리고 고객사에 대한 전주기(Life-Cycle) 지원 측면에서 경쟁우위를 지닌다"고 평가했다. 이러한 강점 덕분에 에너지 저장

시장의 성장속도가 빨라질수록 테슬라에 유리한 구조가 형성되고 있다. 실제로 테슬라는 “2025년에 에너지 저장 설비 출하량을 전년 대비 최소 50% 이상 성장시킬 것”이라고 야심찬 목표를 선언한 상태다.

탈탄소 전환, 로보택시와 옵티머스의 발판

앞서 살펴본 바와 같이, 테슬라의 ‘지속가능한 에너지로의 전환 가속화’라는 사명은 전기차, 에너지 저장시스템(BESS), 태양광, 탄소 크레딧을 포괄하는 통합적 사업 전략을 통해 실질적으로 구현되고 있다. 이는 탈탄소 전환이 기업에 단순한 비용 요인이 아니라, 새로운 비즈니스 기회를 창출할 수 있는 성장 동력으로 작용할 수 있음을 보여주는 대표 사례라 할 수 있다.

테슬라는 탄소 크레딧을 수동적으로 거래하는 데 그치지 않고, 기존 시장의 비효율을 해소할 수 있는 방안을 적극 모색하여 안정적인 수익원으로 전환하는 데 성공했다. 동시에, 전기차 사업을 통해 축적한 배터리·전력관리 기술 및 부품 공급망 역량을 활용해 에너지 사업으로 확장하는, 자동차 사업과 에너지 사업 간의 시너지를 실현하고 있다.

이와 같이 탄소 크레딧과 에너지 사업은 테슬라가 전기차 판매에 대한 의존도를 점진적으로 낮추고, 보다 균형 잡힌 사업 포트폴리오를 구축하는 데 기여하고 있다. 특히 최근 전기차 수요 정체와 중국발 저가 공세라는 외부 리스크 속에서도, 테슬라의 생존 가능성과 성장성을 유지시켜 주는 버팀목 역할을 해주고 있다. 나아가 AI 기반 자율주행 로보택시와 휴머노이드 로봇 옵티머스 등 차세대 미래사업에 대한 투자를 지속할 수 있는 수익 기반이 되어 준다.

이처럼 테슬라는 탈탄소 전환기에서 새로운 사업 기회를 발견해 핵심 비즈니스로 전환함으로써 안정적인 현금흐름을 통해 중장기 혁신 로드맵을 뒷받침하고 지속가능한 성장의 기반을 다져 나가고 있다.

한발 앞선 실행력으로 재생연료 시대를 선도하는 네스테

네스테(Neste) 기업 개요

- 설립년도: 1948년
- 본사: 핀란드 에스푸(Espoo)
- 업종: 석유 및 가스
- 시가총액: 10.4 U$십억 (2025.6.30 기준)
- 매출액: 22,326 U$백만 (FY2024, 12월 결산)
- 영업이익: 27 U$백만 (FY2024, 12월 결산)
- 종업원수: 5,574명
- 부문별 매출 구성

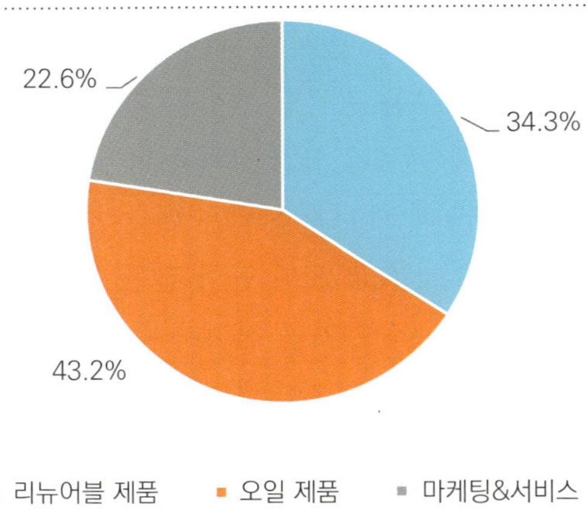

네스테(Neste)는 1948년 설립된 핀란드의 국영 정유사로, 과거 기업명인 네스테오일(Neste Oil)이 말해주듯 원유 정제와 석유화학 제품 생산을 주력으로 하던 전통적인 정유 기업이었다. 그러나 다른 정유사들보다 일찍 탈탄소 전환을 추진해 온 결과, 오늘날에는 재생연료(Renewable Fuel)부문의 강자로 자리잡고 있다. 현재 네스테 매출은 ① 석유 기반 제품-연료, 윤활유, 나프타(Naptha) 등, ② 재생원료 기반 제품-바이오디젤, SAF(Sustainable Aviation Fuel, 지속가능항공유)[14] 등, ③ 서비스-핀란드 및 주변국의 유통 및 주유소 운영으로 구성된다.

▎네스테의 제품별 매출 실적

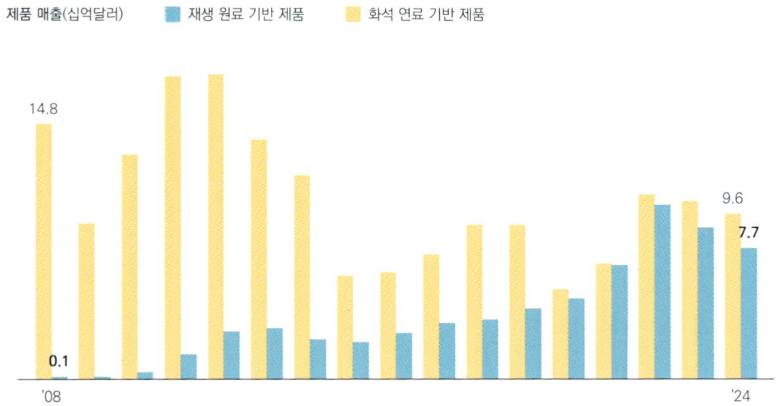

출처: 네스테 공시 재무실적

14 바이오매스 기반으로 생산된 연료와 그린수소와 이산화탄소의 합성을 통해 생산되는 연료(e-SAF)를 포함하는 개념으로, 기존의 제트 엔진과 완전히 호환되어 항공연료로 사용될 수 있음. 온실가스 배출은 생산 방식에 따라 기존의 항공연료 대비 60-90%까지 저감 가능. EU는 RED(Renewable Energy Directive) 체계하에 항공연료를 대상으로 한 ReFuelEU Aviation 규정을 통해 2025년 SAF 사용 비중을 2%로 의무화하고 이를 2030년 6%, 2035년 20%, 2050년 70%까지 단계적으로 확대할 예정이며, 미국은 RFS(Renewable Fuel Standard)를 통해 바이오디젤 의무사용량 일부를 SAF로 전환할 수 있도록 허용하고 있음.

특히 눈여겨 볼 부분은 2007년까지 전무(全無)했던 재생원료 기반 제품 사업이 2008년 판매 개시 이후 빠르게 성장해 왔다는 점이다. 재생원료 기반 제품의 매출 비중은 2010년 3%에서 2015년 17%를 거쳐 2024년에는 34%(서비스 부문 제외)까지 확대 중이다. 현재 재생연료의 대부분은 강력한 혼합 의무제가 시행 중인 유럽(51%)과 북미(49%) 시장을 중심으로 판매되고 있다.

화석연료에서 재생연료로: 시대를 앞선 탈탄소 전환

네스테의 기업 비전과 사업 전략에 공식적으로 탈탄소 전환과 재생연료가 포함된 시점은 2006년이다. 2005년까지는 재생연료가 향후 중장기적으로 교통 연료의 트렌드가 될 것이라는 전망을 간단히 언급하는 수준이었다. 그러다 2006년에 '청정 교통 연료를 제공하는 기업(The leading provider of cleaner traffic fuels)'이라는 비전을 새롭게 내세웠고, 이를 달성하기 위한 두 축을 정제(Refining) 사업과 재생연료(Biodiesel, 바이오디젤) 사업으로 설정했다. 이어 재생연료 생산시설에 대한 투자 계획을 발표하며 미래 유망 시장을 선점하고 기술적 우위를 확보하기 위해 본격적으로 움직여 왔다.

지금 이 순간까지도 상당 수의 기업들은 탈탄소 전환을 위해 정부 정책이나 보조금 등에 의지하고 규제에 수동적으로 대응하는 경향이 있다. 반면 네스테는 중장기적인 기술과 시장 트렌드에 대한 안목을 바탕으로 재생연료 분야의 차세대 기술과 제품에 과감하고 선제적으로 투자를 감행해 왔다.

네스테의 대표적 재생연료 생산 기술인 NEXBTL(Next Generation Biomass to Liquid)은 HVO(Hydrotreated Vegetable Oil) 방식[15]으로 분류

15 명칭에는 Vegetable Oil 로 표현되어 있으나 실제 투입되는 원료는 동물성 지방까지 확장되었기 때문에 기술적으로는 HEFA(Hydroprocessed Esters and Fatty Acids)라는 용어가 쓰이기도 함.

된다. 네스테가 기술을 개발하던 당시 HVO 방식은 연구개발과 상용화가 막 이루어지던 시점으로 석유 기반의 디젤 대비 생산 원가가 높아 사업성이 보장되지 않는 상황이었다. 게다가 주요국의 재생연료 의무사용 정책은 1990년대 후반에 논의되기 시작해, 미국은 2006년(RFS, Renewable Fuel Standard), 핀란드가 2007년(Act on Promotion of Biofuels in Transport) 그리고 EU는 2010년(RED, Renewable Energy Directive)이 되어서야 비로소 바이오연료 혼합 의무법을 시행했다. 이처럼 화석연료 사용 규제가 본격적으로 시행되기도 전인 1995년에 선제적으로 재생연료 개발에 착수하고 2005년에 상업용 생산시설 건설에 착공한 점은 네스테의 시대를 앞선 안목과 강한 실행력을 잘 보여준다.

2007년 발표된 네스테의 장기 사업 로드맵

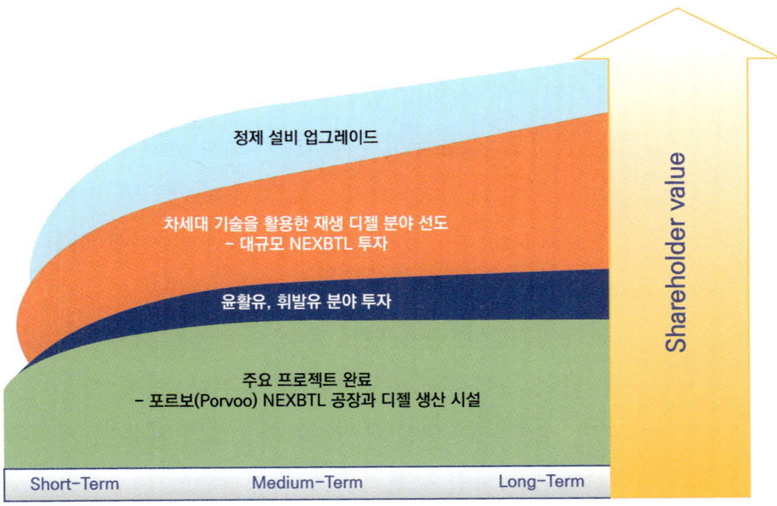

출처: 네스테 Annual Report 2007

레시피에서 시작해 규모의 경제로 완성

탈탄소 전환을 위한 네스테의 과감한 투자 의사결정 이면에는 1995

년부터 이어온 재생연료 생산기술 개발의 성과가 있었다. NEXBTL로 명명된 이 기술은 팜유, 폐식용유, 동물성 지방 등 바이오매스를 주 원료로 하여 재생디젤과 SAF 등을 생산할 수 있는 기술이다. 이는 네스테가 이전까지 정유 사업을 통해 축적한 정제 기술과 공정 역량을 바탕으로 개발된 기술로, 1995년 개발에 착수해 1996년 첫 특허 등록 이래 현재까지 약 2,000건 이상의 특허를 확보하며 기술적 경쟁력을 공고히 해 왔다.

재생연료에는 다양한 방식이 존재하는데, 네스테의 NEXBTL은 HVO방식으로 기존의 1세대 바이오디젤(FAME: Fatty Acid Methyl Ester)에 비해 품질과 활용도 면에서 우수한 장점을 지녔다. 1세대 바이오디젤은 식물성 유지에 메탄올을 첨가해 만든 연료로 가격이 저렴한 장점이 있는 반면 연소 특성이 석유 디젤과 달라 실제 사용에 제약이 있으며, 추운 지역에서는 사용하기 어렵다는 한계가 있었다.

반면 HVO 방식의 네스테 NEXBTL 재생디젤은 석유 기반 디젤과 화학적 성분이 유사하게 구성되어 있어 기존 내연기관 차량에 100% 사용이 가능했다. 품질도 일정하게 유지되며, 고성능을 요구하는 항공·해운 분야에의 적합성도 검증되었다. 2014년 핀란드의 경제 전문지 탈로우셀라마(Talouselämä)는 이 기술을 '새천년 이후 가장 혁신적인 핀란드 비즈니스 혁신'으로 선정하기도 했다.

HVO는 기존의 내연기관 차량용 연료 유통 인프라를 교체하지 않고 그대로 활용할 수 있어 일명 'Drop-in fuel'로 불린다. 또한 제품 생산 과정에서는 온실가스를 최대 90%까지 감축 가능하기 때문에 기존 교통 연료 대신 HVO를 사용하면 사회적으로 큰 부담없이 탄소배출을 즉각적으로 줄일 수 있다는 점에서 각국 정책 입안자들에게 매력적인 대안으로 주목받았다. 네스테는 이 기술을 조기에 상용화해 2007년 세계 최초로 상업용 재생디젤을 출시했고, 이후 싱가포르와 로테르담의 공장 확장을 통해 2015년경에는 세계 시장 점유율 50% 이상을 기록했다.

이러한 기술 선도를 기반으로 네스테는 규모의 경제를 조기에 실현하는 동시에, 다양한 폐자원 원료를 기반으로 제품을 생산하며 공정 운영 능력을 축적했다. 네스테는 서로 다른 구성의 바이오매스 원료들을 혼합 사용하면서도 최종 연료의 품질을 일정하게 유지할 수 있는 전처리·정제 기술을 갖추고 있다. 이는 장기간 운영을 통해 터득한 기술 경쟁력으로, 오늘날까지도 업계의 기술적 진입장벽으로 작용하고 있는 것으로 알려져 있다.

네스테는 핀란드의 포르보(Porvoo) 공장에 세계 최초의 재생연료 시설을 2007년에 가동한 것을 시작으로 재생연료 생산능력 확대에 집중 투자해, 현재 핀란드, 네덜란드, 싱가포르, 미국 등 전 세계에 걸쳐 바이오정유 시설을 운영하고 있다. 2024년 기준 생산능력은 연간 550만 톤 규모로 재생연료 분야에서 세계 최대이다. 이에 더해 현재 진행중인 네덜란드 로테르담 공장의 생산능력 확장이 완료되는 2027년에는 총 생산능력이 680만 톤에 달할 전망으로 그 위상은 향후에도 지속될 것으로 예상된다.

네스테는 NEXBTL기술을 통해 재생디젤, SAF, 그리고 나프타, 프로판 등 연료와 화학 산업 기초원료에 이르는 폭넓은 제품군을 생산하며 다양한 다운스트림 산업의 탈탄소화에도 기여하고 있다. 네스테는 자사 제품의 온실가스 배출량이 화석연료 대비 각각 재생디젤은 최대 90%, SAF는 80%, 기초원료는 85%까지 낮다고 밝히고 있다.

고객 및 파트너 네트워크를 통한 시장 지배력 또한 네스테가 보유한 중요한 역량 중 하나이다. 네스테는 2010년대 후반부터 핀란드의 핀에어(Finnair), 독일의 루프트한자(Lufthansa) 등 항공사에 SAF를 시험 공급했으며, 현재는 전 세계 30개 이상의 공항에 SAF를 정식 공급하고 있다. 특히 샌프란시스코 국제공항(San Francisco International Airport, SFO)과는 SAF를 기존 항공유 송유관망에 통합해 공급하는 인프라 시스템을 구축하는 등 선도적 행보를 이어가고 있다. 이외에도 아마존, 페덱스 등 글로벌 물류사와의 협력을 통해 시장 수요를 선제적으로 창출했고, 해운업계와도 MOU를 체결하며 고객 포트폴리오를 다변화했다.

업스트림(Upstream)과 순환경제로 영역 확장

한편 네스테는 재생연료의 핵심인 재생원료의 안정적 공급과 원가 경쟁력 확보를 위한 노력도 지속해왔다. 2020년 이후 동물성 지방 및 폐식용유 수집, 전처리 및 저장과 운송을 위해 IH Demeter(네덜란드), Count Terminal(네덜란드), Walco Food(아일랜드), Sequential(미국), Mahoney Environmental(미국) 등 세계 각지의 관련 기업에 대한 지분 투자 혹은 인수를 지속해왔다. 그 결과 현재 네스테는 재생연료 생산을 위해 사용되는 원료의 90% 이상을 폐식용유와 동물성 폐지방 등 바이오매스로 충당하고 있으며, 다양한 공급원을 확보해 원료 조달의 유연성과 안정성을 동시에 갖추고 있다는 평가를 받는다.

이제 네스테는 재생연료를 넘어 순환경제(circular economy) 영역으로 사업을 확장하고 있다. 최근 수년간 폐플라스틱을 열분해유(Pyrolysis Oil)로 전환하는 화학적 재활용 기술을 보유한 미국 알테라에너지(Alterra Energy)에 투자하는 한편, 세계 최초로 폐플라스틱유를 석유 정제공정에 원료로 투입하는 실증에도 성공했다. 핀란드 포르보 정유소에는 폐플라스틱 열분해유를 기존 정제공정과 병용(Co-processing)하는 파일럿 공정이 도입되었고, 장기적으로는 재생연료뿐 아니라 재활용 원료 기반의 화학제품 생산까지 확대할 계획이다.

반면 기존의 정유화학 사업을 정리하는 움직임도 포착된다. 2021년 핀란드 나안탈리 정유공장을 폐쇄한 데 이어, 2022년에는 기초오일(Base-oil) 관련 사업 일부를 쉐브론(Chevron)에 매각하는 등 화석원료 기반의 사업 자산은 점진적으로 축소할 것으로 예상된다.

정부와 투자자 모두의 러브콜

네스테는 정책 변화에 수동적으로 대응하기 보다, 선도적으로 탈탄소 전환을 실행하고 신규 시장을 창출함으로써 오히려 규제 방향을 자사에 유리하게 이끌었다. 핀란드 정부는 2022년 기준으로 네스테 지분 약 36%를 보유한 최대주주로서, 네스테의 친환경 전환에 대해 높은 관심과 지지를 보여왔다. 특히 공공조달 측면의 지원이 눈에 띄는데, 2007년에는 네스테가 처음으로 생산한 바이오디젤을 헬싱키 대중교통 버스에 도입해 실증 운행을 진행했고 바이오연료 혼합 의무비율을 EU 기준보다 높은 수준으로 설정해 국내 수요 기반을 조성하는 등 정책적 지원을 이어오고 있다.

자국인 핀란드에서 실증검증 이력을 보유하게 된 것은 네스테가 재생연료 산업의 표준 기업으로 자리매김하고 EU, 미국 등 글로벌 시장으로 확장하는 데 중요한 발판이 되었다. EU의 재생에너지지침(RED, Renewable Energy Directive)에는 특정 바이오연료에 대해 가중치(double counting)를 부여하는 인센티브 조항이 포함되어 있다. EU는 이 조항을 설계하는 과정에서 핀란드의 네스테 바이오디젤 도입 사례를 참고한 것으로 알려져 있다. 미국에서도 네스테는 재생디젤을 최초로 상업적 규모로 공급하며 정책 환경의 변화를 유도하는 데 기여했다. 네스테 미국 법인의 제레미 베인즈 대표는, 캘리포니아주의 저탄소연료기준(LCFS, Low Carbon Fuel Standard) 제정 및 이후의 개정 과정에서, 네스테의 재생디젤이 지원 및 규제 조항 수립의 기준이 되었다고 평가하기도 했다.

네스테가 판매한 재생연료는 화석연료를 대체하면서 2019년 기준 전 세계 CO_2 배출을 약 960만 톤 감소시키는 효과를 냈고, 2021년에는 그 규모가 1,100만 톤 이상으로 증가했다. 이러한 탄소 핸드프린트

(carbon handprint)[16]로 인해 네스테는 많은 ESG 투자기관들이 선호하는 투자 종목이 되었으며, 연기금·사회책임투자(SRI, Socially Responsible Investments) 펀드들의 러브콜이 이어졌다. 실제로 네스테는 핀란드 주식시장 시가총액 상위권 기업으로 성장했고, 재생연료 사업의 성공으로 주가가 2015~2019년 기간에 5배 이상 상승하는 등 투자수익 면에서도 훌륭한 실적을 냈다.

과감한 변신으로 그린 혁신 성공

네스테가 구축한 경쟁 우위는 후발 주자들이 따라잡기 어려운 구조다. 신규 진입자가 동일한 규모로 설비를 확충하려면 수십억 달러를 투입해야 하고 실제 설비 가동까지 수년이 걸리는데, 그 사이 시장 가격이 불리하게 변하면 투자 위험이 커진다. 실제 2024년 북미와 아시아 등지에서 여러 신규 재생디젤 공장이 완공되며 공급과잉으로 마진이 축소되자, 일부 후발 주자들이 회의를 느끼고 계획을 지연하거나 취소하는 움직임도 관찰된다. 현재 뒤늦게 사업에 진출한 전통 석유 메이저 기업들은 높은 초기 투자비와 시장 불확실성 속에서 재생연료 사업 전개에 신중을 가하고 있는 모습이다. 쉘(Shell)은 추진 중이던 재생연료 설비투자 프로젝트 5건 중 3건(네덜란드, 싱가포르, 스웨덴)을 취소하거나 일시 중단했고, BP(British Petroleum)는 추진 중이던 5개 프로젝트 중 2건(스페인, 독일)을 일시 중단했다. 반면 네스테는 이미 보유한 생산 설비를 기반으로 시장 점유율을 유지/확대하며 제품 가격 하락으로 인한 수익성 악화에도 경쟁사 대비 일정 수준 이상의 성과를 보여주고 있다.

네스테의 탈탄소 전환 사례는 전통 기업도 중장기적 산업 트렌드에 대한 안목을 바탕으로 과감한 전략 변화와 실행을 통해 그린 혁신에 성공할 수 있음을 보여준다. 특히 석유화학 업계 내 경쟁사들과 비교해

16 다른 기업(주로 고객사)의 탄소 배출 감축에 기여하는 것을 의미하며, 기업이 직접 배출한 탄소를 의미하는 탄소발자국(Carbon Footprint)과 대조됨.

보면 네스테의 행보는 매우 차별적이다. 네스테는 재생연료 사업에 선제적으로 진입함으로써 ① 규모의 경제 달성, ② 생산 기술과 운영 역량의 고도화, ③ 원료 조달 공급망과 제품 판매망 구축, ④ 정부 규제와 지원 정책 선도 등의 핵심 경쟁력을 탄탄하게 구축했다. 이는 높은 시장 점유율 확보를 통한 수익 확대는 물론 진입 장벽을 구축해 이러한 수익을 장기적으로 누릴 수 있도록 해준다. 지속가능성을 중심에 둔 장기 전략이 결국 재무적 성공으로 보답받을 수 있다는 것을 입증한다.

네스테의 탈탄소 전환 스토리는 단순히 한 기업의 성공담을 넘어, 전통산업 기업이 어떻게 미래 지속가능성에 베팅하고 스스로를 재창조할 수 있는지 잘 보여준다. 하버드비즈니스리뷰는 네스테에 대해 '지난 10년간 가장 극적으로 변모한 기업 중 하나'라고 평가하기도 했다. 네스테의 탈탄소 전환 여정은 기술개발→설비투자→공급망 구축→비핵심사업 구조조정이라는 일련의 과정을 일관되고 통합적으로 추진해 온 사업 변신과 진화의 성공 스토리다.

뚜렷한 정부 규제가 없던 시절에도 네스테는 기후위기 대응이 가져올 거대한 변화를 내다보고 과감히 행동에 나섰다. 이는 오늘날 네스테를 글로벌 업계 리더로 올려놓았으며, 후발 경쟁사들은 그 격차를 좁히기 위해 막대한 자본과 시간을 투자해야 하는 상황이 되었다. 네스테의 그린 혁신 사례는 기업 경영진에게는 비전과 장기전략 수립, 그리고 이를 과감히 실행하는 용기의 중요성을, 정책 입안자에게는 퍼스트무버를 정책 파트너로 바라보는 시각과 적절한 인센티브 제공의 필요성을, 그리고 경쟁사들에게는 피할 수 없는 저탄소 전환의 파고에 적극적으로 대응하지 않으면 뒤처질 수밖에 없다는 교훈을 준다.

친환경 철강 스타트업 스테그라의 새로운 사업 모델

스테그라(Stegra) 기업 개요

- 설립년도: 2020년
- 본사: 스웨덴 스톡홀름(Stockholm)
- 업종: 철강
- 시가총액: 비상장
- 매출액: 비공개
- 영업이익: 비공개
- 종업원수: 비공개

스테그라(Stegra)는 2021년 'H2 Green Steel'이라는 사명으로 출발한 스웨덴의 철강 스타트업의 새로운 이름이다. 철강 산업이 초래하는 막대한 탄소배출 문제를 해결하기 위해, 설립 초기부터 '전례 없이 빠른 속도로 철강 산업을 탈탄소화하고 기존 업계의 변화를 촉발하겠다'는 목표를 내세웠다. 2024년에는 스웨덴어로 '도약' 또는 '상승'을 의미하는 '스테그라'로 사명을 변경하며, 어려운 여건 속에서도 도전을 멈추지 않고 지속적으로 성장하겠다는 의지를 천명했다.

현재 스테그라는 스웨덴 북부 보덴(Boden)에 대규모 그린스틸(Green Steel)[17] 공장을 건설 중이다. 이 공장은 2022년 하반기에 착공되어 공사가 진행 중이며, 2026년부터 가동을 시작할 예정이다. 보덴 공장은 크게 ① 그린수소[18] 생산을 위한 수전해(Electrolysis) 공정, ② 수소를 이용해 철광석을 환원하는 수소직접환원(Hydrogen Direct Reduction) 공정, ③ 불순물을 제거하고 합금 성분을 조정하는 전기로(Electric Arc Furnace) 공정, ④ 제품을 최종 형태로 만드는 압연 공정으로 구성된다. 2026년부터는 연간 250만 톤 규모의 생산 체제를 가동하며, 이후 증설을 통해 2030년에는 500만 톤 생산 능력을 목표로 하고 있다.

제로베이스에서 철강 사업모델 재설계

스테그라의 수소환원 공정은 석탄을 환원제로 사용하는 기존 고로-전로 방식에 비해 이산화탄소 배출량을 최대 95%까지 줄일 수 있다. 철광석(Fe_2O_3) 내 산소(O_2) 성분이 수소(H_2)와 반응해 수증기(H_2O)를 배출하는 방식으로 환원이 이뤄지기 때문에, 사실상 무탄소 철강(near-

---

17 그린스틸에 대해 아직 국제적으로 합의된 단일 기준은 없음. 수소를 사용하지 않는 용광로나 전기로 등 전통 공정에서는 철강 1톤당 0.6~2.3톤의 이산화탄소를 발생시키는 반면 스테그라의 수소환원 공정은 현재 상용화된 기술 중 가장 낮은 수준인 철강 1톤당 0.1~0.2톤 수준의 이산화탄소만 발생시키므로 그린스틸로 불림.

18 신재생 및 원자력 에너지를 이용해서 물을 전기분해하여 얻어지는 수소를 말함.

zero emission steel) 생산이 가능하다. 특히 보덴 공장은 그린수소 생산부터 수소직접환원, 전기로, 압연에 이르기까지 철강 생산의 전체 과정을 단일 부지에서 수행하는 세계 최초의 수소환원 기반 일관제철소로 주목받고 있다.

스테그라는 이 프로젝트를 통해 철강 산업의 탄소중립 기여도, Scope 3 감축[19] 효과, 저원가 입지 등을 강조하며 투자자들에게 사업성을 적극 어필해 왔다. 그 결과 2021년 시리즈 A 라운드에서 약 1억 1천만 달러의 투자 유치에 성공한 것을 시작으로, 이후 시리즈 B와 C 라운드, 그리고 스웨덴 정부의 지원과 은행권 대출 등을 포함해 총 107억 달러에 이르는 자금을 유치하는 데 성공했다.

스테그라가 건설중인 보덴(Boden) 그린스틸 공장 전경

출처: https://stegra.com/news-and-stories/h2-green-steel-raises-more-than-4-billion-in-debt-financing-for-the-worlds-first-large-scale-green-steel-plant

19 기업이 발생시키는 탄소배출량을 산정하는 기준. Scope 1은 기업의 비즈니스 활동에서 직접발생하는 배출량, Scope 2는 기업이 사용하는 에너지원에서 발생하는 간접 배출량, Scope 3는 그 외 밸류체인에서 발생하는 모든 간접 배출량으로 정의. 예를 들어 자동차 제조사의 Scope 3 배출량 산출 시 자동차 생산에 사용된 철강이 발생시킨 이산화탄소 배출량이 포함됨.

기존 철강사들 중에서도 그린스틸 설비 투자를 추진하는 곳은 다수 존재하지만, 스테그라는 투자금 조달 방식에서 뚜렷한 차이를 보인다. 예를 들어, 아르셀로미탈(Arcelormittal)은 독일, 프랑스, 스페인 등 유럽 내 주요 공장에 탈탄소 설비 투자를 진행하면서 총 투자금의 약 절반을 EU 및 현지 정부의 보조금으로 충당하고, 나머지는 자사 자본으로 조달하고 있다. 반면, 스테그라는 출범 초기부터 자기자본이 거의 없는 스타트업이었기에, 전적으로 외부 자본 유치를 통해 대규모 투자를 실행해야 하는 구조다.

자본금뿐 아니라 생산시설, 고객, 인력 등 기존 사업 기반이 전무한 상황에서, 스테그라는 그린스틸 공장을 처음부터 새롭게 구축해야 했다. 이를 위해 정부, 고객사, 설비 공급사, 기술 파트너, 투자자 등 다양한 이해관계자들과의 파트너십에 기반한 생태계를 조성하는 데 주력했다. 이 생태계를 통해 철광석과 재생에너지의 안정적 조달 기반을 마련하고, 검증된 기술과 설비를 선별해 도입함으로써 비용경쟁력을 확보했다. 동시에 주요 고객사들과의 조기 계약을 통해 수요 기반을 선제적으로 확보했으며, 이를 통해 인허가와 자금 조달 과정에서의 불확실성도 줄일 수 있었다.

스테그라는 생태계 파트너들로부터 지분 투자도 이끌어내 자기자본 조달에 활용했는데, 이는 다시 외부 투자자들의 신뢰를 높이는 계기가 되었다. 이처럼 이해관계자들의 신뢰와 투자 유치가 선순환되는 구조를 구축함으로써, 기존 철강 업계와는 다른 방식으로 대규모 자금을 조달하고 사업을 전개해 나가고 있다. 이는 철강 산업에서 전례 없는 차별화된 사업모델로 평가받고 있으며, 전통산업에 대한 새로운 접근법으로 주목받고 있다.

선제적 고객 확보, 사업 모델 구축의 첫 단추

스테그라는 그린스틸 공장 건설에 앞서 가장 먼저 그린스틸 구매 의

사가 있는 고객 확보에 나섰다. 초기 고객사 중 하나인 메르세데스-벤츠(Mercedes-Benz)는 스테그라의 시리즈 A 라운드에 직접 참여한 투자자였으며, 처음에는 법적 구속력이 없는 양해각서(MOU)를 체결하는 방식으로 협력을 시작했다. 이후 프로젝트의 현실성이 높아지면서 2023년에는 이를 법적 구속력이 있는 장기공급계약(Binding Offtake)으로 전환했다. 동시에 메르세데스-벤츠는 자사 자동차 조립 라인에서 발생하는 철스크랩[20]을 스테그라로 보내 재사용하는 순환형 공급망 협력 모델도 함께 구축하며 비즈니스 협력을 강화하고 있다.

볼보(Volvo) 역시 2023년 스테그라와 구매 계약을 체결했다. 볼보는 트럭과 버스 등 상용차 부문에서 탈탄소화를 선도하며 2021년 업계 최초로 그린스틸을 상용차에 적용한 바 있다. 이케아(IKEA)의 매장을 운영하는 잉카 그룹(Ingka Group)도 같은 해 스테그라와 공급 계약을 맺고, 매장 내 창고용 선반 등에 사용되는 철강의 약 50%를 스테그라에서 조달할 계획인 것으로 알려졌다.

이러한 고객사들은 모두 Scope 3 감축 목표를 적극 추진하는 기업들이다. 스테그라의 헨리크 헨릭손(Henrik Henriksson) CEO에 따르면 이들 외에도 많은 제조업체들이 온실가스 감축 목표 달성을 위해 그린스틸 구매에 높은 관심을 보이고 있다고 한다. 실제로 스테그라는 스웨덴의 철강업체 사브(SSAB)에 이어 두 번째로 많은 그린스틸 공급계약을 체결한 기업으로 기록되고 있다.

스테그라는 생산 설비가 전무한 초기 단계부터 고객사들과의 긴밀한 협력을 통해 수요를 선(先)확보했고, 이는 공장 건설 프로젝트의 추진 과정에서 결정적 역할을 했다. 제품 개발과 양산 이후 시장을 확보하는 기존의 방식과 달리, 스테그라는 수요를 먼저 확보하고 이를 기반으로 설비를 구축하는 새로운 접근법을 선택했다. 2024년 초 스테그라가 공식 발표한 바에 따르면, 2026년부터 가동 예정인 자사 공장의 연

20 이를 가공 스크랩이라 하며, 철강 생산 공정에서 발생하는 생철 스크랩, 건설현장 등에서 수거되는 노폐 스크랩과 구별됨.

간 생산량 250만 톤 중 절반 이상이 'Take-or-Pay'(최소 구매량 보증 및 대금 지급 의무) 형태의 구속력 있는 계약으로 이미 확보된 상태이다. 이 같은 계약 구조는 향후 안정적인 수요처 확보와 영업현금흐름 기반 형성에 크게 기여했고, 은행과 투자자들로부터 대규모 자본을 유치할 수 있는 토대가 되었다.

자금 조달과 리스크 대응의 비결, 생태계 파트너십

스테그라에게 원료 및 에너지 공급사와의 파트너십은 사업 성공의 핵심 축이다. 스테그라가 도입한 수소환원로는 고품위 철광석 펠릿(Fe 함량 67% 이상)을 필수적으로 요구하는데, 이 같은 고품질 원료는 특정 지역에서만 제한적으로 생산되어 향후 공급부족 가능성이 높아질 것으로 전망되는 상황이다. 따라서 고품위 펠릿의 공급 안정성이 중요한 과제가 된다. 이에 스테그라는 브라질의 발레(Vale), 호주의 리오틴토(Rio Tinto) 등 세계 주요 철광석 생산 기업들과 장기 공급 계약을 체결해 원료 공급 리스크에 선제적으로 대응했다. 재생에너지 확보를 위해서는 노르웨이의 스타트크래프트(Statkraft), 핀란드의 포텀(Fortum) 등 북유럽 전력사들과 장기 전력구매계약(Power Purchase Agreement, PPA)을 맺고 안정적 전력 수급 기반을 마련했다.

또한 공장 운영 경험이 없는 스테그라에게 설비 공급사는 기술적 신뢰성과 사업 실행력을 확보하는 데 있어 빼놓을 수 없는 중요한 파트너였다. 스테그라의 핵심 설비 중 하나는 700MW 규모의 세계 최대 단일 수전해 기반 그린수소 생산 시설이다. 사업 초기 전 세계적으로 수소에너지에 대한 관심이 높아지며 수전해 설비에 대한 수요가 공급을 초과하는 상황이 발생했다. 스테그라에 대해서도 공장 건설이 지연될 우려가 제기됐으나, 스테그라는 독일의 TK Nucera와 대규모 공급 계약을 선제적으로 체결하며 이를 해소했다. 미드렉스(Midrex, 환원로 설비), SMS(주조 및 압연 설비), 히타치에너지(Hitachi Energy, 전력 인프라 설비) 등 주요 설비 기업들과도 협력 관계를 맺고 있으며, 이들은 단순한 설비 공급을 넘어 스테그라에 직접 지분 투자를 단행한 전략적 파트너이기도 하다. 스테그라는 이러한 기술 보유 기업들과의 동반자적 관계를 통해 대외 신뢰도를 높이고, 결과적으로 외부 투자 유치에서도 긍정적 반응을 얻을 수 있었다.

스테그라의 자금 조달 구조에서 또 하나의 중요한 축은 정부 및 국제 신용보증기관의 협조였다. 스웨덴의 채권관리기구인 SNDO(Swedish National Debt Office), 독일의 율러 허미스(Euler Hermes)를 통한 수출신용보증, 유럽투자은행(EIB)의 은행중개대출(Bank-intermediated loan) 등 다양한 공공 금융 도구를 활용함으로써, 스테그라는 총 20개 이상의 금융기관으로부터 비소구 금융대출(Non-recourse debt)을 유치했다. 이는 대출 상환 책임을 사업주 개인 혹은 법인이 아니라 해당 프로젝트 자체에 한정하는 구조로, 금융기관과 프로젝트 간 리스크를 공유하는 방식이다. 이러한 구조는 스타트업인 스테그라에게 매우 유리한 조건의 투자 유치 기반이 되었다.

| 스테그라의 프로젝트 파이낸싱 구조

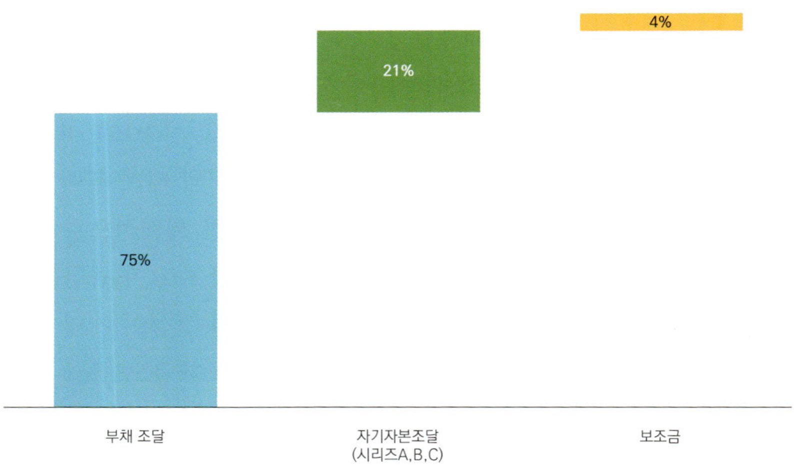

출처: POSRI 내부 자료

또한 실질적인 공장 착공 과정에서도 스웨덴 정부의 지원이 이어졌다. 스웨덴 정부는 보덴 공장에 대한 인허가 절차를 신속하게 처리하고 유연한 행정지원을 통해 조기 착공을 가능하게 했다. 나아가 북부 지역 철도 및 전력망 인프라 확충을 국가 차원의 우선 과제로 설정하고, 스테그라 공장 운영에 필요한 기반 시설 구축을 약속한 바 있다.

스테그라는 2026년부터 본격 시행되는 EU 탄소국경조정제도(Carbon Border Adjustment Mechanism, CBAM)의 수혜를 받으며 글로벌 시장에서 가장 앞선 그린스틸 공급사로 주목받고 있다. 메르세데스-벤츠, 볼보, BMW 등 주요 완성차 기업들과 선제적 공급 계약을 체결해 탈탄소 철강재에 대한 수요를 기반으로 안정적 시장 확보에 성공했다는 점에서 긍정적 평가를 받고 있다. 이러한 선제적 수요 확보 덕분에 스테그라는 프로젝트 파이낸싱에서 유리한 고지를 점했고, 금융기관들도 상대적으로 낮은 리스크로 대출을 집행할 수 있었다. 스테그라의 CEO 헨리크 헨릭손은 "재무제표도 매출도 없는 상태에서 거액의 자금을 끌어올 수 있었던 비결은 고객사들의 참여를 이끌어낸 것"이라며, 선구매 계약을 기반으로 부채 자금을 조달하고 은행의 대출 조건을 충족하기 위해 긴밀히 협업해왔다고 설명했다.

검증된 기술과 파트너로 그린스틸에 도전

반면 선도적으로 그린스틸 프로젝트를 추진하고 있는 스테그라에게 여러 현실적 불확실성과 리스크도 존재한다.

첫 번째는 에너지 수급 불확실성이다. 스테그라 공장이 완전 가동될 경우 연간 15~20TWh의 전력이 필요하며, 이는 스웨덴 전체 전력소비량의 10%를 훌쩍 넘는 규모다. 재생에너지가 풍부한 보덴 지역이라 해도, 다수의 친환경 산업 프로젝트가 동시에 추진되는 상황에서 에너지 공급에서 병목이 발생할 가능성이 지속적으로 제기되고 있다. 풍력단지 개발 지연과 전력망 확충 이슈가 장기적으로 에너지 비용 증가 혹은 생산 차질로 이어질 가능성도 있다.

두 번째는 상업 생산 지연 리스크다. 전 세계적으로 700MW급 수전해 시설과 연계된 수소 기반 직접환원(수소 DRI) 제철소가 실제 상업 가동된 사례가 없는 상황에서, 상용화 초기의 기술적 불확실성과 시운전 기간 장기화 가능성은 여전히 부담 요인이다. 또 러-우 전쟁 등 지정학적 긴장 고조로 글로벌 자재비와 인건비가 상승하며 완공까지의 건설 일정과 비용에 대한 리스크가 커지는 상황이다.

세 번째는 시장 경쟁 심화 가능성이다. 아르셀로미탈, SSAB 등을 비롯한 많은 유럽의 기존 철강 대기업들도 수소환원제철 전환을 추진하고 있다. 물론 이들은 최근 그린수소와 에너지 가격 상승, 전력망 확충 지연 등으로 일부 프로젝트를 재검토하거나 지연시키고 있어 스테그라 대비 상업생산 시점이 다소 늦어질 것으로 전망된다. 그러나 대형 철강사들은 수십 년의 생산 경험을 바탕으로 그 시간차를 빠르게 좁힐 가능성이 있다는 점에서 업계 내 경쟁과 그린 프리미엄[21]축소 위협이 완전히 사라진 것은 아니다.

그럼에도 불구하고 스테그라의 CEO 헨릭 헨릭슨은 보덴 공장이 2025년 6월 기준 공정률 40%로 당초 계획대로 진행 중이며, 연말까지 75%에 도달하고 2026년 중 가동을 시작할 예정이라고 밝혔다. 그는 또한 그린스틸에 대한 대기 수요와 그린 프리미엄을 반영해, 2030년 기준 EBITDA(법인세·이자·감가상각 전 이익) 전망치를 기존 11억 유로에서 약 10% 상향 조정할 수 있을 것으로 내다보며 강한 자신감을 내비쳤다.

철강 사업 경험이 전무한 스타트업임에도 스테그라가 이처럼 낙관적인 전망을 제시할 수 있는 배경에는 앞서 언급했듯, 검증된 기술을 기반으로 에너지, 철광석, 설비, 고객사에 이르기까지 사업 성공에 필요한 핵심 요소들에 대해 신뢰할 수 있는 외부 파트너들과 긴밀한 협력 체계를 구축해온 점이 크게 작용했다.

---

21 Green Premium, 친환경 상품을 구매함으로써 일반 상품 대비 추가적으로 지불하는 환경 비용

스테그라는 기존 철강사들과 달리 독자적인 신기술을 개발한 것도, 혁신적인 신제품을 내놓은 것도 아니다. 이들이 채택한 기술은 이미 수십 년 전부터 업계에서 사용돼 온 기존 기술이었고, 협력한 고객과 공급사 역시 과거부터 전통 철강사들과 거래해 온 기업들이었다. 그럼에도 스테그라가 주목받는 이유는, 철강 산업에 이미 존재하던 요소들을 새로운 방식으로 재구성해 비즈니스 모델 자체를 혁신했다는 점에 있다. 이는 탈탄소 전환기에는 기술 개발 못지않게, 사업 구조와 전략의 설계를 통해서도 기존 산업의 한계를 돌파할 수 있음을 보여주는 사례다.

물론 스테그라의 생산 규모는 글로벌 철강사들과 비교할 수 없다. 보덴 공장이 가동되더라도 연간 생산량은 250만 톤에 불과하며, 이는 전 세계 약 17억 톤 이상의 철강 수요 대비 극히 일부에 지나지 않는다. 그럼에도 불구하고 예정대로 상업 가동에 성공한다면, 스테그라는 세계 최초로 상업 규모의 그린스틸 제철소를 운영하는 기업으로 기록될 것이다.

아직 스테그라의 사업이 최종적으로 성공할지는 불확실하다. 그러나 한 가지 분명한 점은, 철강처럼 진입 장벽이 높고 보수적인 전통 산업에서도 탈탄소 전환이라는 흐름 속에서 전혀 새로운 사업 모델이 등장할 수 있다는 가능성을 입증했다는 데 있다. 수십 년의 업력과 자본력을 기반으로 산업을 장악해온 기존 철강사들 사이에서, 후발 스타트업인 스테그라의 등장은 기존 질서에 적지 않은 충격을 던지고 있다.

탈탄소 전환기를 주도하고 있는 스테그라는 향후 철강 산업의 구조적 변화 가능성을 상징하는 존재다. 철강 업계가 스테그라의 행보에 주목하는 이유도 여기에 있다. 스테그라가 과연 이 난관을 돌파해낼 수 있을지, 그리고 그린스틸 프로젝트가 계획된 일정과 목표를 달성할 수 있을지 여부는 철강 산업 전체의 전환 방향을 가늠할 수 있는 중요한 이정표가 될 것이다.

게임체인저를 향한 도전, 보스턴메탈과 일렉트라의 기술 혁신

보스턴메탈(Boston Metal) 기업 개요

- 설립년도: 2013년
- 본사: 미국 매사추세츠주 우번(Woburn)
- 업종: 폐기물 관리
- 시가총액: 비상장
- 매출액: 비공개
- 영업이익: 비공개
- 종업원수: 비공개

일렉트라(Electra) 기업 개요

- 설립년도: 2020년
- 본사: 미국 콜로라도주 볼더(Boulder)
- 업종: 제조
- 시가총액: 비상장
- 매출액: 비공개
- 영업이익: 비공개
- 종업원수: 비공개

철강 산업은 전 세계 탄소 배출량의 약 7%를 차지하는 대표적인 다배출 산업이다. 때문에 주요 글로벌 철강사들은 다른 산업보다 앞서서 탄소중립 목표를 수립하고, 이를 달성하기 위한 다양한 전략을 적극 추진하고 있다. 기존 철강사들은 기술 검증이 완료된 경로를 중심으로 탈탄소화 방안을 모색하는 반면, 몇몇 철강 스타트업들은 기존 기술의 한계를 극복할 수 있는 차세대 기술의 연구개발과 실증에 주력하고 있다. 대표적인 사례가 고품위 철광석이나 그린수소에 대한 의존도를 낮출 수 있는 전기분해 기반 철강 생산 기술이다. 이 기술 분야를 선도하고 있는 스타트업인 미국의 보스턴메탈(Boston Metal)과 일렉트라(Electra)의 사례를 살펴보자.

철에서 희소금속까지, 보스턴 메탈과 MOE 기술

보스턴메탈은 2012년 MIT 재료공학 연구진에 의해 설립된 스타트업으로, MOE(Molten Oxide Electrolysis, 용융산화물 전기분해)라는 혁신적인 기술을 통해 철강 생산의 탈탄소화를 목표로 하고 있다. MIT의 새도웨이 교수 연구팀은 2013년 MOE 개념에 관한 논문을 네이처(Nature)지에 발표했고, 이를 계기로 같은 해 보스턴메탈(당시 사명: Boston Electrometallurgical Corp.)이 공식 출범했다.

설립 초기부터 NASA와 미국철강협회(AISI)의 지원을 받아 기술 개발을 이어온 보스턴메탈은, 2018년까지만 해도 8명에 불과했던 인력을 2025년 현재 약 350명 수준으로 확대하며 빠르게 성장해 왔다. 2024년에는 타임(TIME)지가 선정한 '세계 100대 영향력 있는 기업(TIME 100)'에 이름을 올렸고, 2025년에는 MIT 테크놀로지 리뷰(MIT Technology Review)가 선정한 '10대 혁신기술(Breakthrough Technology)' 중 하나로 꼽히는 등 대외적 인지도 역시 높아지고 있다.

보스턴메탈은 2014년부터 2018년까지 미국 국립과학재단(NSF)과 에너지부(Department of Energy, DOE)로부터 세 차례에 걸쳐 총 80만 달러의 지원을 받으며 초기 연구개발을 본격화했다. 이후 2019년에는 빌 게이츠가 이끄는 브레이크스루 에너지(Breakthrough Energy)로부터 투자를 유치한 것을 시작으로 철광석 공급사인 발레(Vale)와 BHP, 철강사 아르셀로미탈(ArcelorMittal), 사우디 국영 정유사 아람코(Aramco), 독일 자동차기업 BMW 등 유수의 글로벌 기업들로부터 투자가 이어졌다. 2024년 1월 시리즈 C까지 총 3억 6천만 달러 규모의 자금을 유치하는 데 성공했는데, 이는 보스턴메탈이 보유한 기술에 대한 업계의 기대감을 단적으로 보여준다. 이에 대해 보스턴메탈 CEO인 타데우 카르네이로(Tadeu Carneiro)는 "어려운 시장 환경에도 불구하고 회사의 기업가치는 지속적으로 상승하고 있다"고 밝히기도 했다.

| 보스턴메탈의 MOE 기술 설명(좌)과 설비 전경(우)

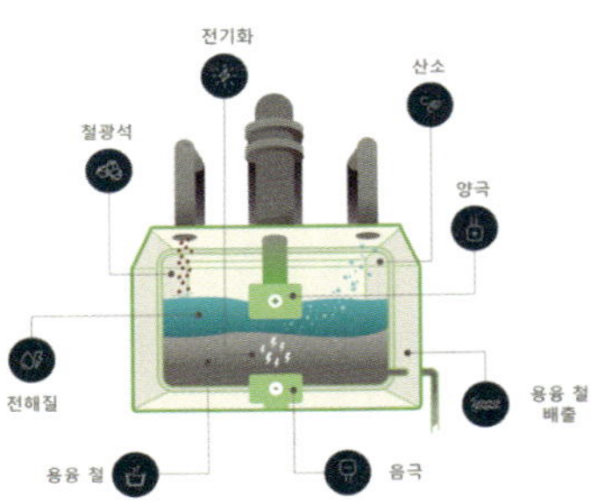

출처: https://www.bostonmetal.com/green-steel-solution/(좌), https://www.bostonmetal.com/news/boston-metal-celebrates-historic-commissioning-run-of-moe-green-steel-cell/(우) 보스턴메탈 공식 홈페이지

보스턴메탈은 2028년까지 MOE 기반 상업생산 설비를 가동하고, 기술 라이선싱을 시작한다는 로드맵을 제시하고 있다. 특히 자체적으로 철강을 생산하는 것과 더불어 기존 철강업체에 기술을 라이선싱하

고 핵심 부품인 전기분해용 전극을 공급하는 형태의 비즈니스 모델을 채택해 글로벌 확장을 도모할 계획이다. 이는 대규모 설비 투자 부담 없이 기술 보급과 수익 창출을 극대화하기 위한 전략으로 해석된다.

보스턴메탈의 MOE 공정은 철의 산화물인 철광석(Fe_2O_3)을 MOE 셀에 투입하는 것으로 시작된다. 철광석은 셀 내부의 전해질에 용해된 후, 약 1,600℃에 이르는 고온 환경에서 양극과 음극 사이에 전류가 흐르며 전기분해가 일어난다. 이 과정에서 철(Fe)과 산소(O_2)가 분리되고, 셀 하부에는 용융 상태의 순수 철이 생성되어 배출된다.

보스턴메탈은 궁극적으로 이 기술을 활용해 철강을 상업 생산하는 것을 목표로 삼고 있지만, MOE 공정은 사실 철강 이외의 다양한 금속도 생산할 수 있는 범용 기술이다. 2024년 3월 가동을 시작한 브라질 공장은 광산이 다수 위치한 미나스제라이스(Minas Gerais) 인근에 위치해 있으며, 발레를 포함한 5개 광산업체의 채광 과정에서 발생하는 광미(Tailing, 금속 추출 후 남는 저품위 잔여물)를 MOE 셀에 투입해 니오븀(Nb), 탄탈륨(Ta) 등 고부가가치 희소금속을 추출한다. 보스턴메탈은 해당 공장을 2025년부터 가동해 연간 약 700톤의 희소금속을 생산하고, 2026년까지 연간 1만 톤 생산을 통해 연매출 약 4억 달러, 영업이익 1억 달러를 달성한다는 계획을 제시하고 있다. 보스턴메탈이 계획대로 브라질 공장에서의 MOE 운영 경험을 축적하고 현금흐름을 확보한다면 궁극적 목표인 2026년 그린스틸 상업 생산 실현 가능성을 높이는 기반이 될 것으로 예상된다.

값비싼 수소나 고품위 철광석이 요구되지 않는 보스턴메탈의 MOE 공정은 유럽 철강사들의 수소환원제철 공정과 비교해 원료 수급의 리스크가 적다는 장점을 지닌다. 반면 상업 생산의 경제성 측면에서는 여전히 과제가 남아 있다. MOE 공정은 전기 에너지에 대한 의존도가 높아 전력 단가에 따라 수익성이 크게 달라지기 때문이다. 보스턴메탈 CEO는 최근 한 언론과의 인터뷰에서 "전력 단가가 30달러/MWh 수준일 경우 기존 철강 생산 공정과 유사한 원가 수준이 가능하다"고 언급했다. 하지만 2023년 기준 미국의 산업용 전력 평균 단가가 약 70달러/MWh임을 감안하면 초기 상업 가동은 정부 지원이나 고객의 그린 스틸 프리미엄 수용 여부에 따라 실현 가능성이 좌우될 것으로 보인다.

커피 내리는 온도로 철을 추출, 일렉트라의 ODE 기술

일렉트라는 2020년 미국 콜로라도주 볼더에서 니즈하완(Nijhawan) 박사가 설립한 스타트업으로, 저온 전기화학 공정을 통해 순수한 철을 생산함으로써 철강 제조의 탈탄소화를 실현하는 것을 목표로 하고 있다. 미국 월스트리트저널은 "이제 신선한 커피보다 낮은 온도에서 철강을 만들 수 있게 됐다"며 저온에서 가동되는 일렉트라 신기술의 장점을 표현하기도 했다.

2021년에는 미국 국립과학재단(NSF)으로부터 26만 달러의 연구 지원을 받았으며, 2022년까지 시리즈 A 라운드를 통해 아마존(Amazon), 브레이크스루 에너지(Breakthrough Energy), BHP 등으로부터 총 1억 1천만 달러의 자금을 확보했다. 미국의 전기로 철강사 뉴코어(Nucor) 또한 투자에 참여했으나 구체적인 투자 금액은 공개되지 않았다.

이후 2024년에는 파일럿 공장을 완공하고 시운전을 통해 핵심 기술을 검증했고, 이를 바탕으로 시리즈 B 라운드에서 총 1억 9천만 달러의 추가 투자를 유치했다. 투자에는 철광석 공급사인 로이힐(Roy Hill)과 리오틴토, 일본의 도요타그룹 계열 종합상사인 도요타통상(Toyota Tsusho), 철강사 야마토공업(Yamato Kogyo), 그리고 기존 투자자인 브레이크스루 에너지와 BHP 등이 참여했다. 일렉트라의 CEO 니즈하완은 "다양한 투자자들이 우리의 비전에 공감해 주었고, 이를 통해 철강 산업의 철 생산 방식을 근본적으로 재창조하려는 우리의 구상이 상업화에 한발 더 가까워졌다"고 언급했다.

일렉트라는 2025년 하반기 콜로라도주에 데모 플랜트를 착공할 예정이며, 해당 설비에서는 연간 약 500톤 규모의 순수 철을 생산해 투자사 및 고객사에 시험용으로 제공하고 제품의 적합성을 검증할 계획이다. 궁극적으로는 2029년에 상업 생산용 공장을 가동하는 것이 목표다.

일렉트라는 자사가 생산한 순수 철을 철강사의 전기로 제강 공정에 투입하는 중간소재로 공급함으로써, 기존에 주 원료로 사용되던 철스크랩을 보완하거나 대체하는 밸류체인을 구상하고 있다. 이는 철스크랩이 불순물 함유로 인해 자동차용 고급 철강 생산에 제약이 있는 문제를 해결할 수 있는 방법으로 평가받는다. 특히 철강 생산량의 70% 이상이 전기로 기반인 미국 시장에서는 이러한 전략이 더욱 효과적으로 작동할 것으로 전망되며, 실제로 전기로 업체인 뉴코어가 일렉트라에 지분 투자를 단행한 점은 그 가능성을 뒷받침해준다.

일렉트라의 전기분해 기술은 ODE(Oxygen-Decoupled Electrolysis, 산소분리 전기분해)로 불린다. 이는 보스턴메탈의 MOE 방식과 달리 철광석을 산성 용액에 용해시킨 이후 전기분해를 하기 전에 산소 성분을 먼저 분리해 내기 때문이다.

이 기술은 두 가지 특징을 지니는데, 첫 번째는 철 함량이 35%로 낮은 저품위 철광석을 원료로 사용할 수 있다는 점이다. 앞서 산소가 분리된 용액 내에 남아 있는 실리카, 알루미나 등 철 이외의 불순물 성분을 제거해 철 이온 농도를 높이는 과정을 거치기 때문에 가능하다. ODE 기술의 두 번째 특징은 섭씨 60도 수준의 저온에서 작동한다는 점이다. 이로 인해 가동에 필요한 최소 전력량이 적고, 공급되는 전력의 양이 변동되더라도 안정적인 운전이 가능하다는 장점이 있다. 때문에 간헐성이 큰 태양광이나 풍력 등 재생에너지 기반의 전력을 사용해도 안정적으로 공정을 운영할 수 있다.

| 일렉트라의 ODE(위) 및 실제 생산된 철(아래)

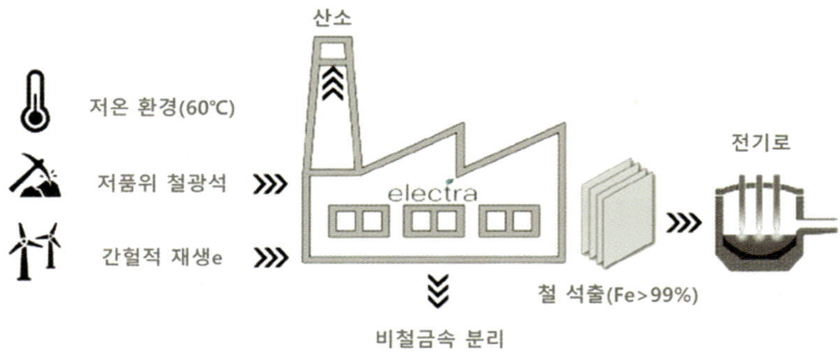

출처: https://cleantechnica.com/2024/12/23/the-green-steel-movement-is-building-up-a-head-of-steam/(위), https://www.electra.earth/our-technology/(아래)

일렉트라는 2021년 프로토타입 실험에서 3cm² 크기의 철판을 생산한 것을 시작으로, 2024년에는 파일럿 공장에서 1m² 규모의 철판 생산에 성공했다. 회사는 2030년까지 미국 내에서 연간 100만 톤 규모의 그린철강 생산을 달성한다는 목표를 세우고 있다. 기술 신뢰도 측면에서도 일렉트라는 파일럿 실증을 통해 핵심 개념에 대한 위험을 상당 부분 해소했다는 평가를 받고 있다. 2024년 파일럿 가동 직후 일렉트라는 "이미 99% 순도의 철을 파일럿 규모로 생산해냈다"고 발표하며,

이 철판 샘플을 들고 있는 연구진 사진을 공개하기도 했다.

기존 철강 업계가 먼저 주목한 파괴적 혁신 기술

보스턴메탈과 일렉트라는 비슷하면서도 각기 다른 접근법으로 철강 산업의 패러다임을 바꾸는 파괴적 혁신을 시도하고 있다. 주목할 점은 두 기업 모두 각자의 기술에 최적화된 비즈니스 모델을 선제적으로 제시하고 있다는 점이다. 보스턴메탈은 직접 철강 생산 공정을 운영하는 것 외에도 기술과 소모품을 다른 철강사에 판매하는 모델을, 일렉트라는 미국 내 철강 산업의 밸류체인에 특화해 기존 전기로 철강사에 중간 소재를 공급하는 모델을 언급하고 있다. 예컨대 보스턴메탈은 라이선싱으로 다수 철강사에 기술을 전파해 글로벌 임팩트를 극대화하려 하고, 일렉트라는 전기로 업체들에 청정 철 원료를 공급함으로써 기존 재활용 철강 산업을 녹색화하려 한다.

이처럼 기존 밸류체인과 협력하는 구조의 비즈니스 모델은 완제품 시장에서 기존 철강사들과 직접 경쟁하기보다 상생 구조를 만들 수 있다는 점에서 상업화를 완성하는 장벽을 낮춰준다. 실제로 아르셀로미탈과 같은 전통 철강 기업이 보스턴메탈에 투자한 것은, 그 기술을 향후 자사 공장에 도입할 의지를 내비친 것으로 볼 수 있다. 뉴코어가 일렉트라에 투자한 것 역시 일렉트라의 철을 자사 전기로에 투입해 친환경 고급강 생산 경쟁력을 높이겠다는 전략적 포석일 수 있다.

보스턴메탈과 일렉트라는 모두 짧은 기간에 막대한 투자 유치를 이끌어내며 기술의 실현 가능성을 인정받고 있다. 앞서 언급한 대로 아르셀로미탈, BHP, 발레, BMW, 마이크로소프트(Microsoft) 등 각 산업의 리더들이 주주로 참여하고 있는데, 이는 철강 메이저, 광산 메이저, 최종 수요 기업, IT 대기업까지 아우르는 거대 연합이라 주목할 만하다.

세계 최대 철강사인 아르셀로미탈의 CEO 아디티야 미탈(Aditya Mittal)은 보스턴메탈 투자 당시 "짧은 기간 내 놀라운 성과를 내고 있으며 철강 생산을 혁신할 만한 흥미로운 가능성"이라며 공개적으로 밝혔다. 보수적인 철강 업계 1위 기업이 직접 투자하고 나선 것은 보스턴메탈 기술에 대한 신뢰의 방증이라 할 수 있다. 광산 기업들 역시 보스턴메탈에 거는 기대가 크다. 호주 BHP와 브라질 발레는 세계 철광석 생산 1, 2위 기업으로, 이들은 보스턴메탈이 성공할 경우 저품위 철광석 수요 확대와 부가가치 창출로 이어질 것을 보고 전략투자에 참여했다. 발레 경영진은 보스턴메탈의 모토인 '전 세계 모든 등급의 철광석을 녹여 철강을 만든다'는 점에 주목해, 미래에 자사 광산 폐기물에서도 새로운 수익을 낼 수 있으리라 기대하고 있다.

한편 BMW와 같은 완성차 회사는 탄소중립 자동차 생산을 위한 친환경 소재 조달 차원에서 초기에 투자했는데, BMW는 자사가 추구하는 탈탄소 철강 조달 목표(2030년까지 600만 톤)에 MOE 같은 기술이 필수적이라고 밝혔다. 특히 자동차 업계는 탄소국경세 등 규제로 인해 탄소 배출량이 낮은 차량 소재를 확보하는 데 사활이 걸려 있다. 때문에 보스턴메탈의 그린스틸이 상용화되면 일정 프리미엄을 지불해서라도 구매할 의향을 보이는 상황이다.

일렉트라 역시 광산-제강-트레이딩-수요기업이 모두 참여하는 파격적인 투자자 조합을 이끌어내며 외부 신뢰를 확보했다. 일렉트라의 순철이 상용화되면 뉴코어처럼 철스크랩 기반으로 철강을 만드는 기업에 안정적인 저탄소 철 공급원이 생기므로, 전통 고로 기업들보다 전기로 기업들이 이 기술에 더 열광하고 있다. 일렉트라에 투자한 광산회사 리오틴토는 기술적 파트너십도 체결해, 일렉트라 파일럿 공정에 자사 철광석을 공급하고 저품위 광석의 활용 가능성을 시험했다. 리오틴토는 특히 자신들이 배출하는 광산 폐기물의 부담을 자산으로 바꿀 수 있다는 점에 주목했다. 이는 일렉트라의 기술이 광산업계의 ESG 과제 해결에도 기여할 수 있음을 뜻한다.

일렉트라는 또 도요타통상이나 ZF, Interfer Edelstahl 등 최종 수요 및 유통 기업들과 MOU를 체결했는데, 이는 일렉트라가 생산한 고순도 철이 자동차용 강판이나 배터리용 철 소재 등으로 활용될 만한 잠재력이 있다는 점을 시사한다. 예컨대 ZF는 전기자동차 구동모터 등에 쓰이는 전기강판(electrical steel) 원료로 일렉트라 철의 적용을 검토 중이며, Interfer Edelstahl은 일렉트라 철을 혼합한 친환경 강종 개발을 모색하고 있다. 이처럼 전방 산업의 기대 또한 높기 때문에, 일렉트라가 데모 플랜트에서 일정 품질의 철을 생산하는 데 성공한다면 곧 다양한 산업 분야에서 실사용 테스트가 진행되고 상업 수요로도 이어질 전망이다.

100년 만의 철강 기술 혁신을 향해

대표적인 전통 장치산업이며 기술 발전이 느린 철강 산업에서, 보스턴메탈과 일렉트라의 등장은 100년 만의 혁신으로 주목받고 있다. 전문가들은 이들의 기술을 19세기 베세머 전로 발명이나 20세기 산소전로 도입에 비견하며, 수세기 동안 고탄소 연료에 의존하던 제철 프로세스를 혁명적으로 뒤바꿀 가능성을 지닌 파괴적 혁신이라고 평가한다.

물론 아직 상용화 단계에 이르기까지는 전해질과 전극의 안정성, 전력 소비 최적화, 부산물 처리 경제성 등의 문제가 산적해 있다. 하지만 이들의 기술은 단순히 탈탄소 전환과 규제 대응이라는 차원을 넘어, 기존 공정으로는 달성 불가능한 수준의 효율과 유연성을 제시할 것이라는 기대를 받고 있다.

보스턴메탈과 일렉트라는 오랜 연구개발 과정을 거쳐 이제 막 상업화를 향한 속도전에 돌입했다. 이들의 성공 여부는 향후 2~3년 내 가동될 데모 플랜트의 결과에 따라 결정될 전망이다. 아직 불확실성은 남아 있지만, 지금까지의 기술적 진전과 업계 전반의 전폭적인 지원을 바탕으로 상업화에 성공한다면 철강 산업의 판도가 크게 바뀔 것으로 예상된다. 전 세계 철강 업계가 두 기업의 동향에 주목하는 이유도 여기에 있다.

미래 에너지 공급망 설계자, 미쓰비시 상사

미쓰비시 상사(Mitsubishi Corporation) 기업 개요

- 설립년도: 1954년
- 본사: 일본 도쿄
- 업종: 상사, 유통
- 시가총액: 80.5 U$십억 (2025.6.30 기준)
- 매출액: 122,084 U$백만 (FY2025, 3월 결산)
- 영업이익: 2,433 U$백만 (FY2025, 3월 결산)
- 종업원수: 62,062명
- 부문별 매출 구성

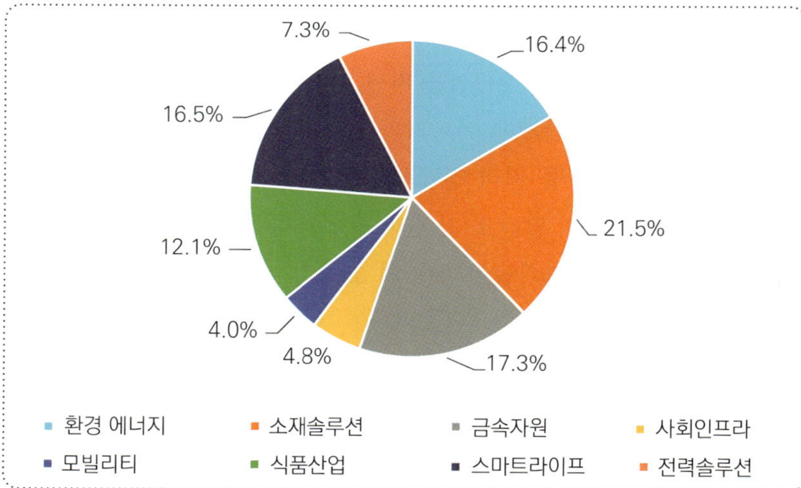

기후변화와 에너지 전환에 투자하는 일본의 종합상사

미쓰비시 상사(Mitsubishi Corporation)는 일본을 대표하는 종합상사로, 1954년 미쓰비시 그룹의 자회사로 출범해 전 세계를 무대로 에너지, 자원, 인프라, 제조, 소비재 등 다양한 사업을 펼치고 있다. 현재 미쓰비시 상사의 사업 포트폴리오는 환경에너지, 소재솔루션, 광물자원, 도시개발 및 인프라, 모빌리티, 식량산업, 스마트라이프, 파워솔루션 등 8개 사업 그룹으로 구성되어 있다. 이처럼 광범위한 사업 영역을 바탕으로 단순한 무역을 넘어 프로젝트 개발, 생산, 제조에 이르기까지 종합적인 사업 역량을 보유하고 있다. 2025년도 결산 기준으로 미쓰비시 상사의 연 매출은 약 165조 원에 이르며, 이는 일본 종합상사 가운데 가장 높은 수준이다.

미쓰비시 상사를 포함한 일본의 종합상사는 다양한 산업 분야를 아우르는 통합형 기업 구조로, 일본 특유의 기업 형태이다. 미쓰비시 상사 외에도 미쓰이물산, 이토추상사, 스미토모상사, 마루베니 등이 일본의 5대 종합상사로 꼽히며, 이들 모두가 일본 산업 전반의 핵심적인 자원 공급자이자 투자자로서 역할을 해왔다. 이들은 복잡한 국제 사업을 총괄하고 조율할 수 있는 실행력과 폭넓은 글로벌 네트워크를 바탕으로, 사실상 사업형 투자 지주회사에 가까운 형태로 진화해왔다. 최근 종합상사들은 기후변화 대응, 에너지 전환, 식량안보, 헬스케어 등을 새로운 성장 영역으로 삼고 있는데, 수소·암모니아 사업 사업은 대표적 중장기 전략 육성 사업 중 하나이다.

정부의 탈탄소 정책에서 기회 포착

미쓰비시 상사는 수소와 암모니아를 차세대 에너지원으로 보고, 이들의 제조, 수송, 저장에 이르는 전(全) 주기 기술을 확보하기 위한 실증 및 상용 프로젝트를 국내외에서 폭넓게 전개하고 있다. 이러한 행보는 일본 정부와 에너지 산업계가 공동으로 추구하는 '수소·암모니아 사업' 라는 비전을 현실화하는 대표 사례로 평가받는다.

일본은 에너지 수입 의존도가 매우 높은 국가로, 섬나라라는 지리적 특성상 재생에너지의 자립적 확장에도 제약이 따른다. 이에 따라 탄소배출을 줄일 수 있는 차세대 에너지원으로 수소와 암모니아를 집중 육성하고 있다. 일본 정부는 2017년 수소 기본전략을 최초 수립한 이후, 2023년 개정을 통해 더욱 구체적인 목표를 제시했다. 이에 따르면 2030년까지 수소와 암모니아를 각각 연간 300만 톤, 2050년까지는 수소 2,000만 톤, 암모니아 3,000만 톤 규모로 확대할 계획이며, 향후 15년간 약 15조 엔의 공공·민간 투자가 이뤄질 전망이다.

미쓰비시 상사는 이러한 정부 정책과 산업 전망에서 사업 기회를 포착했다. 기존 화석연료 사업을 통해 축적해 온 인프라, 기술, 글로벌 네트워크를 활용해 수소·암모니아의 생산부터 운송, 저장, 활용에 이르는 전방위적 프로젝트를 실행하고 있다. 단순한 기술 도입을 넘어 관련 산업 생태계 전체를 아우르는 '체계적 시장 설계자'로서의 역할을 자처하고 있다는 점에서 주목할 만하다.

미래 에너지원의 전체 밸류체인 주도

1. 수소 · 암모니아, 글로벌 생산/운송 거점과 국내 인프라의 연계

미쓰비시 상사는 수소와 암모니아 사업에서 글로벌 생산과 국내 인프라를 유기적으로 연결하는 전략을 취하고 있다. 대표적인 사례가 미국 엑슨모빌과 협력 중인 '베이타운 프로젝트'다. 이 프로젝트는 텍사스주에 세계 최대 규모의 저탄소 수소 생산 플랜트를 건설하는 사업으로, 천연가스를 원료로 생산한 수소에서 발생하는 이산화탄소의 약 98%를 포집·저장해 청색 수소와 청색 암모니아를 생산하는 것이 핵심이다.

2024년 9월 미쓰비시 상사는 엑슨모빌과 지분 참여 및 암모니아

장기구매계약(Offtake)에 대한 기본 합의를 체결했다. 이 프로젝트는 2025년 최종 투자결정(FID)[22]을 거쳐 2029년 상업 생산을 목표로 하고 있으며, 연간 수소 90만 톤, 암모니아 100만 톤 생산이 가능한 세계 최대 규모의 단일 시설이 될 전망이다. 미쓰비시 상사는 이 프로젝트의 지분을 정유사 이데미츠 코산과 공동으로 인수하고, 생산된 암모니아의 상당량을 일본으로 도입해 발전소, 제철소, 화학공장 등 다양한 산업에 공급할 계획이다.

미국 루이지애나에서도 이데미츠 코산, 스위스의 프로만과 함께 암모니아 생산 플랜트 건설을 위한 공동 연구를 진행 중이다. 이 프로젝트는 연간 120만 톤 생산을 목표로 2030년 가동을 계획하고 있으며, 북미의 풍부한 천연가스와 CCS 기술을 활용해 청정 암모니아를 생산한 후 일본으로 수입하는 방안을 검토 중이다. 아직 예비 단계지만 미쓰비시 상사의 북미 기반 공급망 확장 전략의 일환으로 주목받고 있다.

미쓰비시 상사가 참여 중인 미국 베이타운 프로젝트 개요

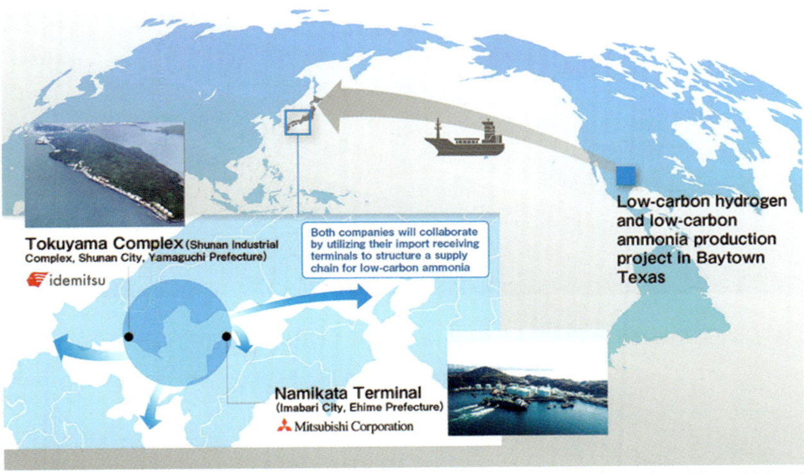

출처: https://www.mitsubishicorp.com/jp/en/news/release/2024/0000054882.html

22 Final Investment Decision, 프로젝트 실제 착수 여부를 결정하는 최종 승인 단계로, 자금 투자 방식, 리스크 분담 구조, 계약 체계 및 공급망 구성 등의 세부사항에 대한 결정 포함

미쓰비시 상사의 수소·암모니아 사업은 다자간 국제 파트너십을 중심으로 추진된다는 전략적 차별점을 가지는데, 2023년 2월 발표된 코퍼스크리스티(Corpus Christi) 프로젝트도 이러한 전략의 대표적 사례다. 이 프로젝트는 롯데케미칼과 RWE가 각각 수요와 유럽 유통을 담당하고, 미쓰비시 상사가 생산·운송을 맡는 형태로, 아시아-유럽-미국을 연결하는 삼각형 교역 구조를 구축하고 있다. 특히 롯데케미칼은 2030년까지 6조 원을 투자해 연 120만 톤의 수소 생산을 목표로 하고 있으며, RWE는 유럽 수소 허브 구축을 주도하고 있다. 미쓰비시 상사는 이들과의 협력을 통해 동북아-유럽 간 수소 에너지 교역의 기반을 마련하고 있다.

코퍼스크리스티 프로젝트

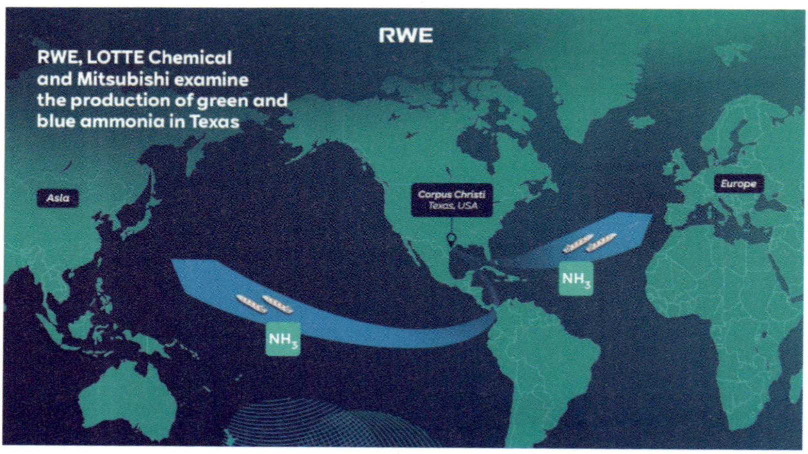

출처: https://www.rwe.com/en/press/rwe-supply-and-trading/2023-02-08-rwe-lotte-mc-enter-into-jsa-to-develop-clean-ammonia-project/

운송 및 저장 부문에서도 세계 최대 암모니아 운송선사를 보유한 미쓰이 O.S.K. Lines, 일본 최대 정유사인 ENEOS, 중동의 ADNOC 등과 손잡고 글로벌 해상 운송망과 수입 터미널 운영 등에서 협력 기반을 구축해 왔다.

이러한 전방위적 협업을 통해 미쓰비시 상사는 단독 개발이 아닌 '컨소시엄형 사업 모델'을 적극 활용함으로써, 리스크 분산과 규모의 경제를 동시에 달성하고 있다. 이런 글로벌 전략 덕분에 미쓰비시 상사는 "수소·암모니아 국제공급망 설계자"라는 평가를 받고 있다.

한편, 일본 내 암모니아 인프라 구축도 중요한 전략 축으로 추진되고 있다. 미쓰비시 상사는 시코쿠 지역에 위치한 나미카타 LPG(액화석유가스) 터미널을 암모니아 전용 터미널로 전환하는 프로젝트를 진행 중이다. 2023년 4월부터 지역 발전사 및 산업용 수요처들과 함께 '나미카타 터미널 암모니아 활용 협의회'를 결성해 운영 방식, 안전관리, 수요 확대 등을 논의하고 있다.

미쓰비시 상사는 이 터미널을 2030년까지 연간 100만 톤의 암모니아를 처리할 수 있는 서(西)일본 거점으로 육성할 계획이며, 기존 에너지 수입기지로서 40년간 축적한 운영 경험과 인프라를 활용해 전환 속도를 높이고 있다. 또한 이데미츠 코산이 야마구치현에 구축한 도쿠야마 암모니아 수입기지와 연계해 일본 내 암모니아 연료 공급 네트워크를 형성하고, 글로벌 생산 프로젝트와의 시너지를 극대화하려는 전략도 추진하고 있다. 이러한 전방위적 접근을 통해 미쓰비시 상사는 해외 청정 암모니아의 안정적 공급 기반을 확보하는 동시에, 국내 수요처를 연결하는 공급망의 완결성을 추구하며, 일본 정부가 수립한 로드맵 달성에 기여하는 것을 목표삼고 있다.

2. 수소 운송을 위한 기술 투자

수소(H_2)는 기체 상태에서 부피가 크고 폭발 위험이 높아 대량 운송에 물리적 제약이 따른다. 이에 따라 수소를 보다 안정적이고 효율적인 형태로 변환해 운송하는 캐리어 기술이 핵심으로 떠오르고 있다. 미쓰비시 상사는 메틸사이클로헥산(Methylcyclohexane, MCH, $C_6H_{11}CH_3$)과 암모니아라는 두 가지 수소 캐리어를 중심으로 운송 기술의 상용화를 추진하고 있다. 각각의 기술은 수소의 물성과 활용 목적에 따라 장단점이 뚜렷하며, 미쓰비시 상사는 실증 프로젝트를 통해 이 두 기술의 상업적 가능성을 검증하고 있다.

미쓰비시 상사의 수소 사업은 일본 신에너지산업기술종합개발기구(New Energy and Industrial Technology Development Organization, NEDO)가 주도한 실증 프로젝트에서 출발했다. 동남아에 위치한 브루나이에서 생산한 그린수소를 MCH 형태로 변환해 일본으로 수송하는 실증 사업이 그 시작이었다. 미쓰비시 상사는 미쓰이 물산, NYK, 치요다화공건설과 함께 AHEAD(Advanced Hydrogen Energy Chain Association for Technology Development)라는 컨소시엄을 결성하고, 핵심 기술인 'SPERA Hydrogen'을 통해 수소와 톨루엔을 반응시켜 MCH로 전환·운송하는 체계를 구축했다. 이 방식은 상온·상압에서 액체 상태로 수송할 수 있어 안전성이 높고 기존 인프라를 쉽게 활용할 수 있다는 장점을 가진다.

미쓰비시 상사는 해당 실증 결과를 바탕으로 후속 프로젝트를 이어가고 있다. 네덜란드 로테르담 항만청, Koole 터미널, 치요다화공건설과 협력해 MCH 수소의 상업 수입 가능성을 공동조사 중이며, 일본 최대 정유사인 ENEOS와는 브루나이 수소를 정유소에 공급하는 계약을 체결했다. 이를 통해 일본 공업용 수소의 상당 비중을 차지하는 회색수소[23]를 대체하는 것이 목표다.

한편 수소를 암모니아로 전환하여 운송하는 기술에 대해서도 실증을 진행 중이다. 미쓰비시 상사는 액체 암모니아를 고효율로 수소와 질소로 크래킹하고, 이를 연료전지와 결합하여 전력을 생성하는 시스템을 개발한 미국의 스타트업 아모지(Amogy)에 지분투자를 진행했다. 그리고 2023년부터 아모지, SK이노베이션과 함께 암모니아 크래킹 기술의 스케일업 가능성과 밸류체인 전반의 비용 분석을 위한 공동 연구를 진행하고 있다. 이들은 공동 연구 결과에 따라 향후 일본과 한국에서 공동 파일럿 프로젝트까지 추진 예정인 것으로 알려졌다.

---

23 석유화학 공정의 부산물로 나오는 부생수소와 천연가스를 개질해 만드는 추출수소로, 비교적 저렴하게 생산할 수 있지만 탄소배출량이 많다는 단점이 있음.

한편 미쓰비시 상사가 아모지에 투자한 이후, 자회사인 미쓰비시 조선은 아모지의 암모니아 크래킹과 연료전지 기술을 활용한 선박 엔진의 개념 설계를 진행하기도 했다. 또한 아모지는 2025년 일본의 엔지니어링 기업인 JGC, 일본 정부 산하 연구개발 기관인 NEDO(New Energy and Industrial Technology Development Organization) 와 함께 암모니아 크래킹 플랜트 실증 프로젝트 추진 계획을 발표하는 등 최근까지도 상용화를 향한 발걸음을 이어가고 있다.

3. 수소 활용을 위한 실증 사업

일본 국내에서도 '지산지소(地産地消)'형 수소 공급망을 확대하고 있다. 2024년에는 홋카이도 치토세시에서 'Zero Carbon City' 프로젝트에 착수했다. 미쓰비시 상사는 다카사고 열학공업, 홋카이도 전력, 에어워터 홋카이도와 함께 연간 3,000톤 규모의 그린수소를 수전해 방식으로 생산하고, 이를 신치토세 공항 및 인근 산업단지에 공급할 계획이다.

2025년에는 기린맥주 치토세 공장에서 수소 보일러 실증 사업도 예정되어 있다. 태양광발전, 수전해 장치, 수소연료 보일러 등을 복합적으로 설치해 연간 80톤의 그린수소를 공장 보일러 연료로 활용하는 프로젝트이다. 기린맥주와 미쓰비시 상사 외에도 다카사고 열학공업, MCKB, 미우라 공업 등이 참여하고 있다.

활용 측면에서도 수소의 범위를 넓히고 있다. 2025년부터는 수소환원제철 기술인 HYFOR(Hydrogen-based Fine-Ore Reduction) 데모 프로젝트에 참여하고 있다. 프라이메탈스(Primetals)가 주도하는 이 컨소시엄에는 오스트리아 철강사 뵈스트알피네, 호주 광물기업 리오틴토 등도 참여하며, 2027년 가동을 목표로 수소 기반 제철공정의 가능성을 시험하고 있다.

또한 일본 야마구치현 슈난 지역에서는 도쿠야마의 부생수소를 활용한 연료전지 실증 프로젝트를 운영 중이다. 혼다가 개발한 고정식 연료전지를 통해 생산된 전력을 미쓰비시 상사가 운영하는 분산형 데이터센터에 공급하는 방식으로 산업계의 전력 수요를 수소 기반으로 전환하는 분산형 모델의 시험대가 되고 있다.

글로벌 협업으로 엔드-투-엔드 체인 완성

미쓰비시 상사는 탈탄소 전환이라는 시대적 흐름 속에서 수소·암모니아 사업에 선제적으로 투자하며, 미래 에너지 시장의 주도권 확보를 노리고 있다. 기존 전통 사업에 안주하지 않고, 에너지 산업의 탈탄소 전환이라는 불확실한 환경을 새로운 기회로 인식하고 정부 및 글로벌 기업들과 긴밀한 협업을 통해 생산에서 운송, 저장, 활용에 이르는 밸류체인 전반에 걸친 다수의 사업을 주도하며 종합상사 본연의 강점을 극대화하고 있다.

이처럼 생산, 운송, 유통, 활용까지의 밸류체인 전체에 관여하는 미쓰비시의 '엔드투엔드(end-to-end)' 전략은, 나미카타 허브와 미국 내 생산기지를 직접 연결하는 사업 구조 설계, 해상 운송을 위한 선사와의 제휴, 수요 기업들과의 협의체 운영 등 다양한 사례를 통해 드러난다. 이러한 통합 전략은 공급과 수요 양측을 동시에 조율함으로써 사업 안정성과 수익성을 높이는 동시에, 기술적 시행착오를 줄이고 시장 표준화에도 기여하고 있다.

이처럼 미쓰비시 상사가 글로벌 협업과 밸류체인 통합에 집중하는 이유는 불확실성이 큰 신사업일수록 초기에 전체 밸류체인을 조망하고 각 영역에서 단계별로 역량을 축적해가는 체계적 접근이 중요하기 때문이다. 또 단독이 아닌 파트너십 기반으로 사업을 추진함으로써 사업 실패 리스크를 분산시키는 동시에 상대방의 기술·자본·시장 접근력을 적극 활용할 수 있어 성공 가능성을 높일 수 있다. 미쓰비시 상사는 이러한 전략을 실행에 옮김으로써, 수소·암모니아 분야에서의 글로벌 선도 기업에 가까워지고 있다.

그린 혁신의 핵심 포인트

앞서 살펴본 사례들은 탈탄소 전환이라는 거대 과제 속에서 기업이 그린 혁신을 통해 어떻게 비즈니스 기회를 창출할 수 있는지 구체적으로 보여준다.

- 첫째, 내재된 역량 간의 시너지 창출을 통한 사업 포트폴리오 확장이다. 테슬라는 전기차 사업에서 확보한 탄소 크레딧을 효과적으로 수익화하는 한편, 축적된 배터리와 전력관리 기술 바탕으로 에너지 사업에 진출하고 각 사업을 유기적으로 통합해 시너지를 달성했다.
- 둘째, 장기적 안목을 바탕으로 한 전략 수립과 실행력이다. 네스테는 화석연료 중심의 전통 정유 사업에서 탈피하고 정부 정책보다 한발 앞서 재생연료 시장에 과감히 진입함으로써 선도 기업이라는 지위를 확보하고 재생 연료 시장의 표준으로 자리매김했다.
- 셋째, 익숙한 요소를 새롭게 조합한 사업 모델 혁신이다. 철강 스타트업 스테그라는 생산 설비나 사업경험이 전무했으나 검증된 기술 도입과 검증된 파트너들과의 밀접한 협력을 통해 신뢰를 구축, 고객사들을 선제적으로 확보하고 대규모 자금을 유치하며 철강 산업에서 가장 앞선 탈탄소 전환 행보를 이어가고 있다.
- 넷째, 혁신기술 개발과 협업이다. 보스턴메탈과 일렉트라는 혁신적 철강 제조기술을 개발하는 한편 기존 철강사들과의 경쟁이 아닌 협업을 이룰 수 있는 비즈니스모델을 지향하고 폐쇄적 경쟁보다 개방형 생태계 전략을 추구하고 있다.
- 다섯째, 글로벌 밸류체인과 파트너십 기반의 통합 전략이다. 미쓰비시 상사는 수소·암모니아 사업에서 다양한 파트너들과 밸류체인을 직접 통합해 나가며 리스크 분산과 시장 접근성을 동시에 확보하고 있다.

각 기업들은 각자의 상황에서 저마다의 전략으로 탈탄소 전환 시대를 앞서가고 있다. 전략의 구체적 내용은 서로 다르지만, 수동적 대응이 아니라 선제적으로 그린 혁신을 향한 전환을 이끌고 있다는 점은 공통적으로 발견된다. 여전히 수동적인 많은 기업들에게 탈탄소 전환의 방향은 물론 속도와 범위, 방법에 이르기까지 가능성의 길을 보여준다.

chapter

5

조직문화 혁신(LX, Leadership Transformation), 문화는 경쟁력이자 궁극의 성과

chapter

5 조직문화 혁신(LX, Leadership Transformation), 문화는 경쟁력이자 궁극의 성과

혁신은 전략이나 기술만으로 완성되지 않는다. 결국 그것을 실행에 옮기는 것은 '사람'이며, 사람의 일하는 방식과 사고방식을 바꾸는 힘이 바로 조직문화다. 복잡하고 예측 불가능한 환경 속에서 기업은 더 이상 과거의 성공 방식에 기대어 살아남을 수 없다. 이제는 '무엇을 할 것인가'보다 '어떻게 할 것인가'가 더 중요한 질문이 되었고, 그 해답은 조직문화 안에 있다.

오늘날의 조직문화는 단순한 분위기나 규범이 아니다. 구성원의 태도, 협업 방식과 의사결정 구조, 나아가 기업의 민첩성과 회복탄력성까지 좌우한다. 수직적 지시보다 공감과 연결, 통제보다 자율과 실험이 중시되는 흐름 속에서, 심리적 안전감과 유연하게 일하는 방식은 문화의 핵심 요소로 자리잡고 있다. 결국 조직문화는 가장 강력하게 성과를 움직이는 힘이다.

이 장에서는 문화가 성과로 이어지는 방식들을 다섯 개의 사례를 통해 살펴본다. 소니(Sony)는 핵심가치에 집중해 창업정신을 재점화함으로써 침체된 문화를 다시 움직였고, 마이크로소프트(Microsoft)는 경쟁보다 공감과 성장을 선택한 리더십으로 조직 내 사일로(Silo) 분위기를 소통과 연결을 통해 회복했다. 암젠(Amgen)은 중간관리자를 조직문화 변화의 핵심 축으로 삼아 이들에 대한 권한 위임과 다양한 지원을 통해 성공적인 변화를 이루었고, 뉴코어(Nucor)는 수평적 구조와 분권형 운영을 통해 협업을 일상화한 현장 중심 문화를 구축했다. 마지막으로 펩시(Pepsi)는 애자일 문화로 시장 변화에 민첩하게 대응하며 유연성과 속도를 경쟁력으로 전환시켰다.

이 다섯 기업의 사례를 통해 공통적으로 '사람과 일하는 방식을 바꾸는 것'이 곧 기업 혁신의 시작이자 끝임을 알 수 있다.

창업정신 재건과 현장 소통을 회생의 기회로, 소니

소니(SONY) 기업 개요

- 설립년도: 1946년
- 본사: 일본 도쿄
- 업종: 전자
- 시가총액: 159.0 U$십억 (2025.6.30 기준)
- 매출액: 84,965 U$백만 (FY2025, 3월 결산)
- 영업이익: 9,227 U$백만 (FY2025, 3월 결산)
- 종업원수: 112,300명
- 부문별 매출 구성

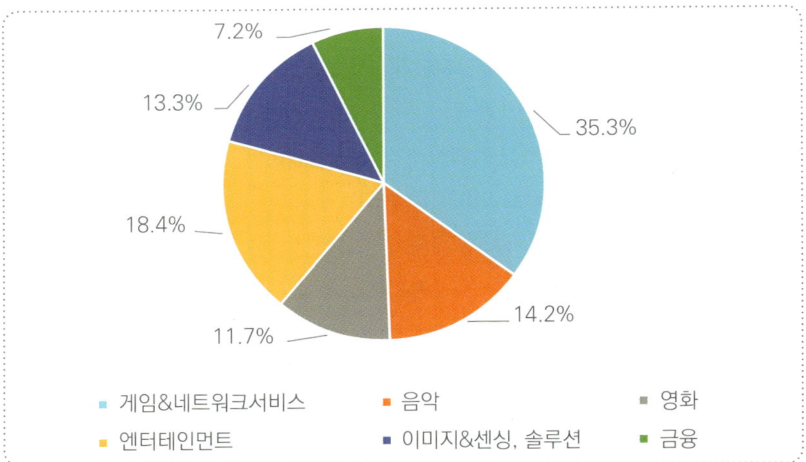

한때 혁신의 대명사였던 소니가 2000년대 후반 심각한 경영 위기에 직면했을 때, 많은 전문가들은 이 거대 일본 전자기업의 몰락을 기정사실로 받아들였다. 하지만 히라이 가즈오 CEO의 리더십 하에 단행된 조직문화 혁신은 소니를 다시 세계 최고의 엔터테인먼트·기술 기업으로 부활시켰다. 이는 단순한 재무적 회복을 넘어서 조직 내 사일로(Silo) 문화를 해체하고 'One Sony'라는 통합된 조직문화를 구축한 결과였다.

혁신의 아이콘, 몰락의 그림자 속으로

1900년대 중후반 '워크맨'과 '트리니트론 TV'로 전 세계를 호령하며 혁신의 아이콘으로 불렸던 소니는 2000년대 들어 심각한 경영 위기에 직면하게 된다. '기술의 소니'라는 명성은 퇴색했고, 시장 변화에 대한 안일한 대처와 내부 소통 부재는 거대한 공룡 기업을 침몰 직전까지 몰고 갔다. 과거 아날로그 시대의 성공 방식에 안주하며 디지털 시대로의 전환이라는 거대한 파도에 효과적으로 대응하지 못한 것이 근본적인 원인이었다.

특히 소니는 브라운관 TV 판매 호조에 안주한 채 LCD TV 개발에 소홀했다가 2000년대 초반 실적 부진의 직격탄을 맞았다. 2003년 4월에는 이틀 동안 주가가 27% 하락해 약 9,890억 엔이 증발하는 '소니 쇼크(SONY Shock)'가 발생했으며, 이는 소니 몰락의 신호탄이 되었다. 더욱 충격적인 것은 맥킨토시 판매 부진으로 애플이 위기에 빠졌을 때 소니 내부에서 애플 인수를 제안했지만, 당시 CEO였던 오가 노리오가 "그딴 것 사서 뭘 해?"라며 콧방귀를 뀐 일화였다. 이는 소니가 시대의 흐름을 얼마나 잘못 읽었는지를 보여주는 상징적 사건이었다.

2000년대 초, 애플의 '아이팟' 등장은 소니에게 치명타를 줬다. 소니 내부에 우수한 PC, 휴대용 오디오, 플래시 메모리, 배터리, 콘텐츠(소니 뮤직) 부서 등 아이팟에 대항할 만한 충분한 기술력과 자원을 보유하고 있었음에도 불구하고, 각 부문 간의 지나친 경쟁과 폐쇄적인 사일로 문화는 시너지를 창출하기는커녕 오히려 내부 역량 결집을 방해했다. 당시 소니 CEO였던 하워드 스트링거는 "사일로가 너무 많아 소통이 불가능했다"고 회고할 정도로 조직 내 칸막이 문화는 심각한 수준이었다.

이러한 내부 문제들은 곧바로 실적 악화로 이어졌다. 2008 회계연도(2008년 4월~2009년 3월)에는 사상 최대인 2,600억 엔의 영업손실을 기록하며 14년 만에 영업이익과 순이익이 모두 적자로 돌아섰다. 히라이 가즈오가 CEO로 취임하기 직전인 2012년까지 소니는 4년 연속으로 막대한 적자를 기록했으며, 누적 적자액은 약 7,100억 엔에 달했다. 급기야 2014년에는 국제신용평가사 무디스로부터 신용등급이 '투자부적격'으로 강등되는 수모를 겪기도 했다.

위기 극복을 위해 소니는 전 세계 사업장에서 1만 6천 명을 해고하는 강도 높은 구조조정을 단행했고, 일본 내 2개 TV 공장 중 한 곳을 폐쇄하기에 이르렀다. 주력 사업이었던 전자 부문은 지속적인 적자에 시달리며 '엉망이 된 소니'의 상징처럼 여겨졌고, 영화, 음악, 금융 등 비(非)전자 부문의 수익으로 간신히 적자를 메우는 상황이 지속되었다. 설상가상으로 글로벌 금융위기 이후 단행된 R&D 인력 감축과 투자 소홀은 엔지니어들의 사기를 저하시켰고, 이는 제품 경쟁력 약화로 이어져 '기술의 소니'라는 자부심마저 퇴색시키는 결과를 초래했다. 과거 소니의 강점이었던 하드웨어 중심의 사고방식과 자사만의 독자 규격을 고집하는 폐쇄적인 태도 역시 급변하는 시장 환경에서 외면받는 주요 원인이 되었다. 혁신과 아이디어가 고갈된 채 시대에 뒤떨어진 한물 간 제품만을 선보이며, 한때 시장을 선도했던 기업의 위상은 끝없이 추락하는 듯 보였다.

'One Sony, Be Moved'의 깃발을 올리다

암흑 속에서 소니를 구원하기 위해 등판한 인물은 바로 히라이 가즈오였다. 2012년 4월, 그는 소니 그룹의 CEO로 취임하며 위기 극복의 중책을 맡았다. 전임 CEO인 하워드 스트링거 시절 약 3,550억 엔이라는 엄청난 손실을 기록한 이후였기에 그의 어깨는 더욱 무거웠다. 히라이는 소니 부활의 핵심이 단순한 구조조정이나 비용 절감을 넘어, 무너진 직원들의 자부심을 회복하고 조직 전체에 활력을 불어넣는 데 있다고 판단했다. 그는 취임 직후 'One Sony(하나의 소니)'와 'Be Moved(고객에게 감동을 주는)'라는 두 가지 핵심 키워드를 제시하며 소니 재건의 방향을 명확히 했다.

'One Sony'는 과거 부서 간 벽과 과도한 경쟁으로 분열되었던 조직을 하나로 통합하고, 모든 직원이 공동의 목표를 향해 나아감으로써 잃어버린 자신감을 되찾자는 단일화 전략이다. 'Be Moved'는 고객의 마음을 움직이는 혁신적인 제품과 서비스를 제공하겠다는 소니의 본질적인 사명을 다시 한번 강조하는 것이다. 그리고 이 두 가지 슬로건을 관통하는 핵심 액션 플랜으로 'KANDO(感動, 감동)'를 내세웠다. 히라이는 "의욕을 상실한 직원들이 고객에게 감동을 줄 수 없기에, 직원들에게 먼저 감동을 주어야 한다", "고객 감동은 직원 감동의 결과다"라고 강조하며, 모든 혁신의 시작점을 '직원'으로 설정했다. 이는 단순한 구호가 아닌, 소니 조직문화 전체를 뒤바꾸는 거대한 변화의 시작을 알리는 선언이었다.

히라이는 소니의 전신인 도쿄통신공업의 설립 취지서를 다시금 되짚어보며 '성실한 기술자의 기능을 최고도로 발휘하게 하는 자유롭고 활달하며 유쾌한 이상적 공장의 건설'이라는 초창기 이념을 되새겼다. 소니의 공동 창업자 중 한 명인 이부카 마사루가 천명한 "기술자들이 기술의 기쁨과 사회적 책임을 인식하고, 마음껏 일할 수 있는 안정된 일터를 만드는 것"이라는 창업 목적과 비전을 현대적으로 재해석했다. 그리고 과거 소니 역사를 빛낸 수많은 명품들의 공통점에서 '사용자에게 감동을 주는 회사'라는 소니의 본질적인 정체성을 발견하고, 이를 'KANDO'라는 단어로 구체화해 전 세계 소니 임직원들과 공유했다.

| 소니의 핵심 액션 플랜, KANDO(감동)

출처: https://www.slrlounge.com/registration-opens-for-sony-kando-everywhere-free-online-event-august-15-16-2020/

소니의 조직문화 혁신은 단순히 슬로건에 그치지 않았다. 히라이는 현장 중심의 소통을 최우선 과제로 삼아, 취임 후 6년간 75회에 달하는 타운홀 미팅을 주재하며 직원들과 직접 소통했다. 그는 현장의 목소리를 경청하고, 다양한 의견을 수용하는 이견(異見) 존중 문화를 조직 전반에 확산시켰다. 실제로 미국 시장에서 플레이스테이션3에 대한 가격 정책의 전환 등은 현장 직원들의 의견을 적극적으로 반영한 결과였다.

또한 히라이는 기술자들의 사기 진작과 창업 정신의 현대적 계승에 힘썼다. 일본 내 최대 R&D 센터인 아쓰기 테크놀로지 센터를 수시로 방문하며 엔지니어들과 직접 소통했고, 'R&D 오픈 하우스'와 'TS(The Sony) 사업준비실', 'SAP(Seed Acceleration Program)' 등 혁신 아이디어를 사업화하는 체계를 구축했다. 이를 통해 '4K 초단초점 프로젝터'와 같은 신제품, 그리고 '메시(MESH)'나 '웨나(wena)' 등 사내 벤처 성공 사례가 탄생했다.

조직 내외의 벽을 허물고, 개방성과 다양성을 존중하는 문화도 강화

됐다. 히라이는 소니뮤직에서 배운 '아티스트 퍼스트' 정신을 게임 사업에 접목해 '크리에이터 제일주의'를 표방하고, 독점 계약을 지양해 개발자들의 자율성을 존중하고 창의성을 극대화했다. 또한 요시다 켄이치로 등 외부 전문가를 적극 영입해, 다양한 배경의 인재들이 신뢰를 바탕으로 협력할 수 있는 환경을 조성했다.

2012년 이후 소니는 화학 사업, TV 사업부, 리튬이온 배터리, 노트북 등 비핵심 사업을 과감히 매각하거나 축소하며, 조직의 내실을 다졌다. 뉴욕 맨해튼에 위치한 미국 본사(Sony Corporation of America) 빌딩 매각 등 뼈를 깎는 구조조정도 히라이 스스로 진두지휘했다. 이러한 변화의 결과, 각 사업부가 자회사로 분사되어 더 큰 자율성과 책임을 갖고 시장 변화에 유연하게 대응할 수 있게 되었고, 사업부 간 교류와 협력이 활성화되었다.

2021년 소니는 지주회사 체제로 전환하며 '소니 그룹'으로 새롭게 출범했다. 전자 사업 부문 분사, 금융 부문 100% 자회사 편입 등 조직 개편을 단행하며, 전통적인 전자 제조 기업에서 IP(Intellectual Property, 지적재산) 기반의 엔터테인먼트 기업으로 탈바꿈하는 데 성공했다. 게임, 음악, 영화 등 엔터테인먼트 사업이 그룹 전체 매출과 영업이익의 50% 이상을 차지하는 핵심 동력으로 부상했으며, 5년간 약 1조 엔을 콘텐츠 IP 강화에 투자하는 등 장기적 관점의 성장 전략이 본격화됐다.

핵심 가치 부활을 위한 조직문화 혁신의 대장정

소니의 부활은 결의에 찬 구호만으로 이루어진 것이 아니다. 히라이를 필두로 한 경영진은 'KANDO'라는 핵심 가치를 조직 전체에 뿌리내리고, 이를 실현하기 위한 구체적인 조직문화 혁신 전략을 강력하게 추진했다.

1. 책임지는 리더십

히라이는 "리더는 방향을 결정해야 하며, 결정한 것에 책임을 져야 한다"는 신념을 가지고 있었다. 그는 "자신감을 잃은 사원들의 가슴 깊은 곳에 숨겨진 '열정의 마그마'를 터뜨리고, 팀으로서의 역량을 최대한 끌어내는 것"이 핵심이라고 강조했다. 이를 위해 그는 '현장감이 위기감을 낳는다'는 마인드로 모든 일에 앞장섰으며, 사안을 결정하는 과정에서 자유롭게 서로 다른 의견들을 제시하며 치열하게 토론할 수 있는 분위기를 만들고자 노력했다. 최종적인 결정은 리더가 내리고, 고된 일은 리더가 자처하며, 무엇보다 '모든 책임은 리더가 진다'는 것을 분명히 했다.

2. 현장 소통의 실천

| 직원들과 소통하는 히라이 가즈오

출처: https://toyokeizai.net/articles/-/568573

히라이의 현장 중심 소통은 그가 소니컴퓨터엔터테인먼트 아메리카 임시 사장을 맡았던 30대 시절부터 지켜온 철칙이었다. 당시 그는 지사의 모든 직원과 일대일로 만나 대화하며 현장의 목소리를 듣고 비전을 공유했다. 과거 "본사 사람은 얼굴도 안 비치면서 지시만 한다"는 현장의 불만을 누구보다 잘 알고 있었기에, 그는 직접 전 세계 소니 거점을 방문하며 직원들과 만났다. 특히 CEO 취임 초기 6개월 동안에는 전 세계 소니의 주요 거점을 모두 방문했는데, 이때 이동한 거리가 지구를 네 바퀴 돈 것에 해당할 정도였다.

3. 이견 존중 문화 구축

히라이는 "경영하는 데 중요한 것은, 자신이 모든 것을 알고 있는 게 아니라는 것을 자각하고 '모르니까 가르쳐 달라'고 말할 수 있는 자신감을 가지는 것"이라고 말하며, 리더 스스로 열린 자세를 가져야 함을 강조했다.

대표적인 사례로 미국 시장에서 플레이스테이션의 성공을 이끈 의사결정 과정이 있다. 당시 소니 본사는 게임 개발사와의 무분별한 독점 계약과 게임 타이틀 수 늘리기에 집중하고 있었다. 그러나 미국 지사 직원들은 이러한 전략이 오히려 게임사들의 반감을 사고 게임의 질적 저하를 초래할 수 있다고 반대했다. 이에 히라이는 "책임은 모두 내가 진다"며 지사 직원들의 의견을 전폭적으로 수용했다. 그 결과 플레이스테이션은 미국 시장에서 큰 인기를 얻으며 시장을 장악할 수 있었다.

또한 '플레이스테이션3'가 높은 가격으로 인해 시장의 외면을 받았을 때도, 그는 현장 직원들과의 소통을 통해 문제의 본질을 파악했다. 경영진은 플레이스테이션3를 최첨단 홈 엔터테인먼트 컴퓨터로 만들고자 했지만, 직원들과 소비자들은 본질적으로 '게임기'로서의 기능에 집중했다. 괴리를 인지한 히라이는 직원들의 의견을 수용해 제품의 정체성을 '게임기'로 되돌리고, 부품과 마감재를 합리적인 수준으로 조정해 가격을 낮췄다. 그 결과 발매 3년 만에 역마진 구조를 해소하고 수익성을 개선하는 데 성공할 수 있었다.

4. '양보다 질' 전략으로 TV 사업 부활

이러한 'KANDO' 정신은 사업 전략에도 깊숙이 반영되었다. 대표적인 사례가 2004년부터 2013년까지 10년 연속 적자를 면치 못하며 누적 적자만 약 8천억 엔에 달했던 TV 사업 부문의 부활이다. 히라이는 과감하게 '양보다 질'로의 전환을 선언하고, 2009년 발표했던 '2012년 세계 시장 점유율 20%(4천만 대)'라는 경영 목표를 전면 철회했다. 대신 판매 목표를 2천만 대로 하향 조정하고, 품질에서의 확실한 차별화를 통해 고객에게 감동을 선사하는 데 집중했다.

TV 사업부는 우선 몸집을 줄이고 비용을 절감했다. 2011년에는 삼성전자와 함께 만들었던 LCD패널 합작투자사에 대한 투자를 중단하고, 이듬해에는 샤프전자와 함께했던 합작투자사에 대한 투자도 중단했다. 매출 확대보다는 수익성 향상에 힘쓰며, 대화면 4K(초고화질) TV와 같은 프리미엄 TV 생산에 집중하면서 차별화했다. UX(User Experience, 사용자 경험)와 직결되는 칩셋이나 음향 기술에는 아낌없이 투자해 4K를 지원하는 고화질 프로세서 X1을 탑재한 프리미엄 제품을 선보였고, 그 결과 2014년 TV 사업은 11년 만에 흑자 전환에 성공하는 극적인 반전을 이뤄냈다. 제품 판매단가가 2014년 5만 7천 엔에서 3년 만인 2017년 6만 7천 엔으로 상승했으며, 2014년만 해도 TV 사업부 매출액의 25%도 안 됐던 4K TV 매출액이 2017년에는 TV 사업부 매출액의 75%까지 상승했다.

5. 새로운 조직문화의 정착

2015년에는 제2차 중기경영계획을 통해 '양보다 질'로의 전환을 전사적으로 확대하고, 회사의 경영지표를 매출액 규모가 아닌 ROE(Return On Equity, 자기자본이익률)로 변경해 품질 중심 경영 의지를 명확히 했다. 이는 사실상 '쓸데없이 규모의 크기를 쫓지 않는다'는 창업 초기 경영 방침을 계승한 것이다.

2021년 지주회사 체제로 전환한 이후에는 '회사와 직원은 동등하다'는 새로운 패러다임의 조직문화가 정착되었다. 각 사업 부문은 '동등한 거리'에서 각자의 전문성을 발휘하며 유기적으로 협력하는 관계를 구축했다. 특히 디지털 전환과 스트리밍 시대에 발맞춰 아티스트와 크리에이터 친화적인 비즈니스를 강화하는 데 집중했다.

소니 조직문화 주요 키워드와 전략

혁신 영역	기존 문화	새로운 문화	핵심 전략
의사소통	사일로, 수직적	수평적, 개방적	타운홀 미팅, 직접 소통
혁신 방식	탑다운, 경직적	상향식, 유연한	SAP, TS실, 이견 수용
조직 정체성	분산된, 경쟁적	통합된, 협력적	One SONY, KANDO
인재 관리	통제, 지시	권한 위임, 지원	Creator First

출처: 회사 홈페이지 등 종합

2023년부터 소니는 창사 이래 최고의 실적을 내는 기업으로 재도약했는데, 이러한 조직문화 실험이 비즈니스 성과에도 긍정적인 영향을 미친 것으로 볼 수 있다. 소니는 더 이상 전통적인 전자 제조 기업이 아닌 IP 기반의 엔터테인먼트 기업으로 완전히 변모하고 있음을 명확히 보여주었다.

'KANDO'로 일군 기적, 지속가능한 미래로 비상

히라이로부터 시작되어 2018년 요시다 켄이치로로 이어진 소니의 조직문화 혁신은 눈부신 성과로 나타났다. 한때 침몰 직전까지 갔던 거함 소니는 극적인 턴어라운드에 성공하며 시장의 재평가를 받았다. 2021년 회계연도 실적 발표에서 소니는 매출 9조 9,215억 엔(전년 대비 10% 증가), 영업이익 1조 2,023억 엔(전년 대비 26% 증가)을 기록하며, 일본 기업 중 도요타 이후 처음으로 영업이익 1조 엔을 돌파하는 쾌거를 이루었다. 이러한 성장세는 이후에도 지속되어 소니는 완벽한 부활에 성공했다.

이러한 재무적 성과보다 더욱 의미 있는 것은 바로 소니 내부에 되살아난 'KANDO'의 DNA와 직원들의 자긍심 회복이었다. 'One Sony, Be Moved'라는 슬로건 아래 'KANDO'라는 핵심 가치를 공유하고, 소통과 공감, 이견 존중, 창의성과 도전 정신을 장려하는 조직문화는 과거의 패배 의식을 씻어내고 '팀 소니'로서의 강력한 응집력을 만들어냈다.

소니의 사례는 많은 기업, 특히 변화의 소용돌이 속에서 위기를 겪고 있는 한국 기업들에게 깊은 시사점을 준다. 첫째, 위기 극복의 핵심은 리더의 명확한 비전 제시와 진정성 있는 소통에 있다. 둘째, 모든 혁신은 사람에게서 비롯되며, 직원의 자발적인 참여와 몰입을 이끌어내는 핵심 가치의 정립과 내재화가 무엇보다 중요하다. 셋째, 과거의 성공 방식에 안주하지 않고 끊임없이 내부의 벽을 허물고 외부의 다양성을 수용하며 변화를 두려워하지 않는 조직문화만이 지속가능한 성장을 담보할 수 있다.

현재의 소니는 과거의 영광에 안주하지 않고 '창의성과 기술의 힘으로 세상을 감동으로 채운다'는 존재 이유를 향해 끊임없이 진화하고 있다. 핵심 가치의 부활을 통해 조직문화를 혁신하고 기업 재건에 성공한 소니의 드라마틱한 여정은, 위기를 기회로 전환하고자 하는 모든 조직에게 영감을 주는 살아있는 표본이다.

적응적 리더십에서 시작된 문화 혁명, 마이크로소프트

마이크로소프트(Microsoft) 기업 개요

- 설립년도: 1975년
- 본사: 미국 워싱턴주 레드몬드(Redmond)
- 업종: 소프트웨어
- 시가총액: 3,697.0 U$십억 (2025.6.30 기준)
- 매출액: 245,122 U$백만 (FY2024, 6월 결산)
- 영업이익: 109,433 U$백만 (FY2024, 6월 결산)
- 종업원수: 228,000명
- 부문별 매출 구성

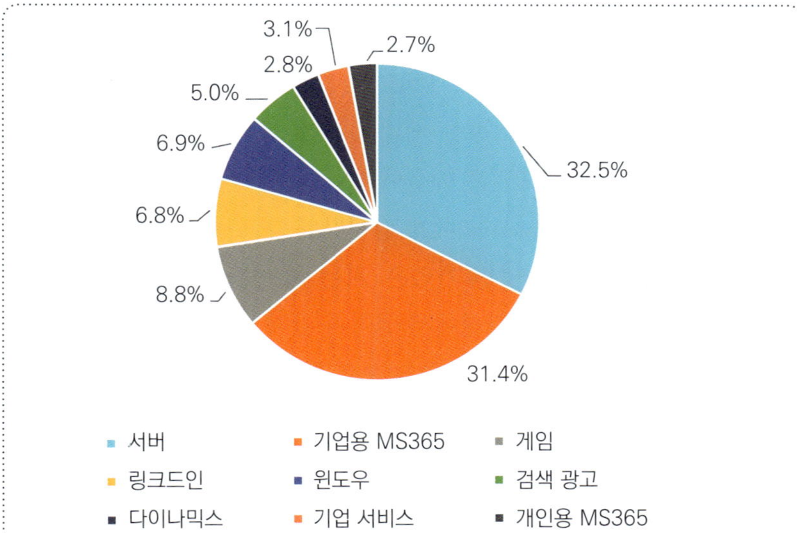

모바일 시대를 읽지 못하고 침체에 빠져 있던 마이크로소프트는 사티아 나델라(Satya Nadella)의 리더십 하에 조직문화를 근본적으로 변화시키며 시가총액 3조 달러를 돌파하는 세계 최고의 기업으로 재탄생했다. 이는 단순한 재정적 성공을 넘어, 성장 마인드셋(Growth mindset)으로의 근본적 문화 혁신을 통해 이루어진 결과이다. 사티아 나델라의 적응적 리더십(Adaptive Leadership)[24]은 현대 조직이 급변하는 환경에서 생존하고 성장하기 위해 필요한 문화적 변화와 혁신의 모델을 제시하고 있다.

침몰 직전의 거함을 살린 사티아 나델라의 등장

2000년대 초반, IT 산업의 새벽을 열었던 거인 마이크로소프트는 찬란했던 영광을 뒤로한 채 깊은 수렁으로 빠져들고 있었다. 개인용 컴퓨터(PC) 운영체제 윈도우(Windows)와 사무용 소프트웨어 오피스(Office)라는 강력한 무기를 바탕으로 한 시대를 풍미했지만, 모바일이라는 거대한 파도 앞에서 속수무책으로 흔들렸다. PC 시대의 절대 강자라는 자만심은 변화의 흐름을 제대로 읽지 못하게 만들었고, 스마트폰 하드웨어 시장의 주도권은 애플에게, 모바일 운영체제 시장의 패권은 구글의 안드로이드(Android)에게 넘어갔다.

한때 혁신의 아이콘이었던 기업은 '지는 해', '공룡 기업'이라는 냉혹한 평가를 받으며 시장의 관심에서 멀어져 갔다. 2000년 주당 55 달러에 육박하며 시가총액 세계 1위를 넘보던 주가는 2013년에는 27 달러까지 추락하며 반 토막났다. 당시 CEO였던 스티브 발머의 공격적인 경영 스타일과 내부 경쟁 문화는 오히려 혁신의 발목을 잡았고, 사내에는 부서 간 이기주의와 관료주의가 만연했다. 언론사인 블룸버그는 2014년 1월, '아무도 마이크로소프트의 CEO가 되고 싶어 하지 않는다(Why

---

24 급변하는 환경 속에서 조직 구성원들이 새로운 도전에 효과적으로 적응하고 역량을 강화할 수 있도록 지원하는 리더십 유형

You Don't Want to be Microsoft CEO)'라는 제목의 기사를 통해, 모바일 시장에서의 실패와 경직된 조직문화로 인해 누구도 선뜻 이 거대한 배의 키를 잡으려 하지 않을 것이라고 공공연히 비꼬았을 정도로 상황은 절망적이었다.

이렇듯 암울한 분위기 속에서 2014년 2월, 마이크로소프트 이사회는 창업자 빌 게이츠와 그의 오랜 동반자였던 스티브 발머의 뒤를 이을 세 번째 CEO로 사티아 나델라를 선택했다. 인도 하이데라바드 출신의 엔지니어였던 나델라는 1992년 마이크로소프트에 합류한 이후 주로 기업 대상의 검색 엔진(Bing), 서버 및 클라우드 부문을 담당했었다. 당시 시장의 주목을 받던 윈도우나 오피스 같은 화려한 B2C 사업부가 아닌, 상대적으로 눈에 띄지 않는 B2B 사업부 출신이었기에 그의 임명은 '의외의 선택'이라는 평가가 지배적이었다. 일각에서는 마이크로소프트가 혁신적인 외부 인사를 영입하는 대신 내부 출신, 그것도 비주류 사업부의 인물을 선택한 것에 대해 우려의 목소리를 내기도 했다.

그러나 나델라는 취임과 동시에 마이크로소프트의 오랜 병폐였던 관료적이고 경쟁적인 문화를 협력적이고 개방적인 방향으로 전환하는 대수술에 착수했고, '클라우드 우선(Cloud First)'이라는 명확한 비전을 제시하며 회사의 체질을 근본적으로 바꾸기 시작했다. 그의 조용하지만 단호한 리더십은 '무너진 공룡'으로 조롱받던 마이크로소프트를 극적으로 부활시키는 서막을 열었다.

'나델라 리더십'의 세 가지 축: 공감, 성장, 개방

사티아 나델라가 침몰 직전의 마이크로소프트를 구원하고 다시금 혁신의 아이콘으로 올려놓을 수 있었던 비결은 그의 독특하고 강력한 리더십 철학에 있다. 그는 기술이나 전략보다 '사람'과 '문화'를 최우선으로 생각했으며, 이는 CEO로서 가장 중요한 임무는 좋은 기업 문화를 조성하는 것이라는 그의 신념에서 비롯되었다. 그의 리더십은 공감

(Empathy), 성장 마인드셋(Growth mindset), 그리고 개방성(Openness)이라는 세 가지 핵심 가치를 중심으로 펼쳐졌다.

1. 공감: 변화의 씨앗을 뿌리다

나델라 리더십의 가장 근본적인 토대는 바로 '공감'이다. 그는 중증 뇌성마비를 앓는 아들과 학습 장애를 가진 딸을 키우면서 타인의 어려움과 감정에 깊이 공감하는 능력을 길렀다고 여러 차례 밝힌 바 있다. 이러한 개인적인 경험은 사티아 나델라가 리더로서 직원, 고객, 파트너사의 입장을 헤아리고 그들의 필요를 충족시키려는 노력으로 이어졌다. 그는 임원들에게 마셜 로젠버그의 책 『비폭력 대화』를 선물하며 공감하는 리더가 되길 주문했다. 또 전 세계 지사와 고객사를 방문해 현장의 목소리를 듣고, 타운홀 미팅을 통해 직원들과 소통했다.

이러한 공감의 문화는 과거 서로에게 총구를 겨누는 듯했던 마이크로소프트 내부의 극심한 경쟁 분위기를 완화하고, 직원들이 심리적 안전감을 느끼며 서로 협력할 수 있는 토양을 마련했다. 나델라는 그의 저서 『히트 리프레시(Hit Refresh)』에서 "공감은 혁신의 핵심 동력이다. 고객의 충족되지 않은, 표현되지 않은 요구를 이해하는 능력에서 혁신이 시작된다"고 언급하며 공감의 중요성을 재차 피력했다.

2. 성장 마인드셋: 도전하는 학습 조직으로 진화하다

나델라가 마이크로소프트에 주입하고자 했던 또 다른 핵심 가치는 심리학자 캐롤 드웩(Carol Dweck)이 주창한 '성장 마인드셋'이다. 과거 마이크로소프트는 연이은 성공에 도취되어 자신들이 '모든 것을 안다'고 여기는 고정 마인드셋(Fixed mindset)에 빠져 있었다. 이는 새로운 지식 습득을 게을리하게 만들고, 실패를 극도로 두려워하며, 비판을 수용하지 못하는 경직된 조직문화를 낳았다. 나델라는 이러한 문화를 타파하기 위해 "우리는 '모든 것을 아는(know-it-all)' 조직에서 '모든 것을 배우는(learn-it-all)' 조직으로 변해야 한다"고 끊임없이 역설했다.

| 사티아 나델라 취임 전 마이크로소프트 조직문화 만평

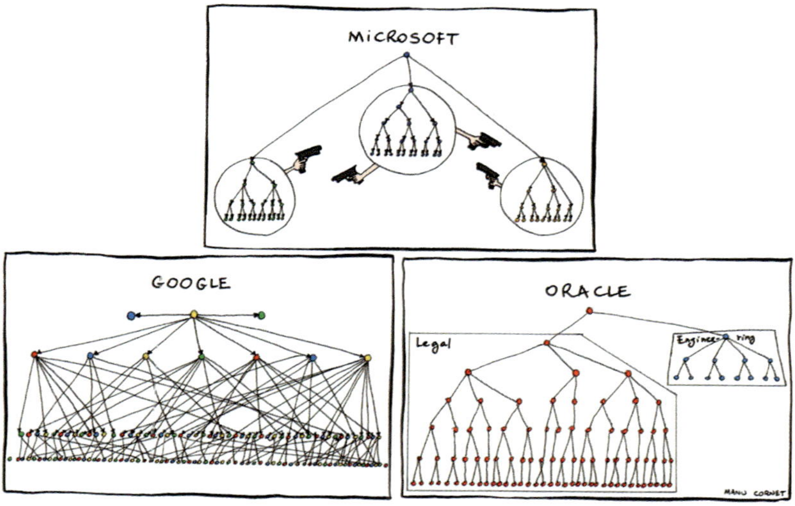

출처: https://www.globalnerdy.com/2011/07/03/org-charts-of-the-big-tech-companies-plus-an-enhancement/에서 수정 인용

성장 마인드셋은 개인의 능력이나 지능은 고정된 것이 아니라 노력과 경험을 통해 발전할 수 있다는 믿음을 의미한다. 나델라는 직원들이 새로운 것을 배우고 도전하는 과정에서 겪는 실패를 비난하기보다는 성장의 기회로 삼도록 독려했다. 그는 "실패는 피할 수 없는 것이며, 중요한 것은 실패로부터 무엇을 배우고 어떻게 다시 도전하는가이다"라고 강조하며, 실험과 혁신을 지지하고 불편함을 용인하는 문화를 조성하는 데 힘썼다. 이를 위해 정기적인 해커톤(Hackathon)[25] 행사를 개최해 직원들이 직무와 관계없이 자유롭게 아이디어를 내고 프로토타입을 개발할 수 있도록 지원했으며, '개러지(The Microsoft Garage)[26]'라는 혁

25 '해킹(Hacking)'과 '마라톤(Marathon)'의 합성어로, 제한된 시간 동안 팀을 이루어 집중적으로 아이디어를 기획하고, 소프트웨어나 하드웨어를 개발하는 행사

26 직원들이 자발적으로 창의적인 아이디어를 실험하고 실제 제품으로 발전시킬 수 있도록 지원하는 사내 실험 문화 프로그램이자 혁신 플랫폼

신 공간을 마련해 창의적인 실험을 장려했다. 이러한 노력은 직원들이 호기심을 가지고 끊임없이 학습하며 새로운 가치를 창출하도록 이끄는 원동력이 되었다.

3. 개방성: 벽을 허물고 협력과 상생의 생태계를 구축하다

과거 마이크로소프트는 자사의 윈도우 생태계를 보호하기 위해 극도로 폐쇄적인 정책을 고수했다. 경쟁사의 제품이나 오픈소스 기술에 대해서는 배타적인 태도를 취했으며, 이는 '독점 기업'이라는 비판으로 이어졌다. 오픈소스 기반의 운영체제인 리눅스(Linux)에 대해 빌 게이츠는 '공산주의'에, 스티브 발머는 '암적인 존재'에 비유하며 공개적으로 적대감을 드러내기도 했다.

2014 마이크로소프트 미디어행사의 사티아 나델라

출처: https://news.softpedia.com/news/CEO-Satya-Nadella-Microsoft-Loves-Linux-462754.shtml

나델라는 취임 직후부터 경쟁사와 협력하며 MS 오피스를 애플 iOS와 구글 안드로이드에서도 사용할 수 있도록 했는데, 이는 윈도우 판매에만 집중하던 과거의 전략에서 완전히 벗어난 파격적인 행보였다. 더 나아가, 과거 적대시했던 리눅스를 윈도우 운영체제 내에서 사용할 수 있도록 지원하고, 닷넷(.NET) 프레임워크와 같은 핵심 기술들을 오픈소스로 공개했다. 2018년에는 세계 최대의 오픈소스 개발자 커뮤니티인 깃허브(Github)를 75억 달러라는 거액에 인수하며 전 세계 수백만 명의 개발자들을 마이크로소프트 생태계로 끌어안았다. 이는 마이크로소프트가 더 이상 특정 플랫폼에 얽매이지 않고, 다양한 기술과 아이디어가 교류하고 융합하는 개방형 혁신을 추구하겠다는 의지를 명확히 보여준 대 사건이었다. 이러한 개방성은 마이크로소프트가 IT 생태계 내에서의 고립을 해소하고 다양한 파트너와의 협력을 통해 새로운 성장 기회를 모색하는 데 결정적인 역할을 했다.

'One Microsoft' 비전 위한 구조, 제도, 인프라 혁신

나델라는 문화 변혁이 단순한 구호나 캠페인으로 끝나지 않도록 구체적인 제도와 시스템의 변화를 이끌었다. 그의 개혁은 직원들이 실제로 새로운 문화를 체감하고 행동으로 옮길 수 있도록 하는 데 초점을 맞췄다.

1. '원 마이크로소프트(One Microsoft)' 비전과 조직구조 개편

과거 마이크로소프트는 윈도우, 오피스, 서버, 게임 등 각 사업부가 독립적으로 운영되며 서로 경쟁하는 사일로(Silo) 현상이 심각했다. 나델라는 이러한 부서 간 장벽을 허물고 전사적인 협력을 강조하는 '원 마이크로소프트' 비전을 제시했다. 이를 위해 제품 중심이었던 조직구조를 고객의 니즈와 솔루션 제공을 중심으로 재편했다. 기존의 복잡한 사업부들을 경험 및 디바이스(Experiences & Devices), 클라우드 및

AI(Cloud + AI), 비즈니스 애플리케이션(Business Applications) 등과 같이 고객 가치 창출을 중심으로 통합하고, 각 부문이 긴밀하게 협력하도록 유도했다.

2. 스택 랭킹(Stack-Ranking) 제도 폐지

나델라가 취임 직후 단행한 가장 상징적인 조치 중 하나는 '스택 랭킹'이라고 불리던 상대평가 인사 제도의 폐지였다. 이 제도는 부서별로 직원들을 정해진 비율에 따라 상대적 등급을 매기고, 최하위 등급자에게는 불이익을 주거나 퇴출시키는 방식으로 운영되었다. 이는 직원들 간의 과도한 경쟁과 정보 미공유, 사내 정치의 만연 등 심각한 부작용을 낳으며 협업을 저해하는 주범으로 꼽혔다. 나델라는 이 제도를 폐지하고, 개인의 성과뿐만 아니라 팀워크, 동료에 대한 기여, 새로운 아이디어의 공유와 확산 노력 등을 종합적으로 평가하는 새로운 성과 관리 시스템을 도입했다.

3. 협업과 학습을 위한 플랫폼 확대

나델라는 직원들이 자유롭게 아이디어를 공유하고, 서로에게 배우며, 함께 혁신을 만들어갈 수 있는 다양한 플랫폼과 프로그램을 적극적으로 지원했다. 매년 개최되는 전사적인 해커톤은 직원들이 직급이나 부서에 관계없이 팀을 이루어 새로운 아이디어를 실제 프로토타입으로 구현해보는 축제의 장으로 자리 잡았다. 여기서 발굴된 아이디어 중 일부는 실제 마이크로소프트 제품과 서비스로 발전하기도 했다.

또한, 직원들의 자발적인 프로젝트와 실험을 지원하는 '개러지' 프로그램을 통해 실패를 두려워하지 않고 도전하는 문화를 확산시켰다. 이외에도 사내 소셜 네트워크인 야머(Yammer)의 활성화, 협업 툴인 팀즈(Teams)의 전사적 도입 등은 직원 간의 소통과 지식 공유를 촉진하는데 기여했다.

4. 다양성과 포용성(Diversity & Inclusion) 강조

나델라는 공감의 리더십을 바탕으로 다양성과 포용성을 기업 문화의 핵심 요소로 강조했다. 그는 다양한 배경과 관점을 가진 인재들이 존중받고 각자의 잠재력을 최대한 발휘할 수 있는 환경을 만드는 것이 혁신의 필수 조건이라고 믿었다. 이를 위해 채용 과정에서의 편견을 줄이고, 여성 및 소수집단 출신 리더를 육성하며, 포용적인 직장 문화를 만들기 위해 다양한 교육 프로그램과 정책을 시행했다.

이러한 조직문화 혁신은 단순히 '일하기 좋은 회사'를 만드는 것을 넘어, 마이크로소프트의 사업적 성공에도 직접적으로 기여했다. 직원들의 주인의식과 창의성이 높아지면서 새로운 아이디어가 활발하게 제시되었고, 부서 간 협업이 원활해지면서 제품 개발 속도와 품질이 향상되었다. 무엇보다 '성장 마인드셋'이 조직 전체에 확산되면서, 마이크로소프트는 변화하는 시장 환경에 민첩하게 대응하고 새로운 기회를 포착할 수 있는 '회복탄력성(Resilience)'을 갖추게 되었다.

마이크로소프트 문화 변화 전후 비교(나델라 취임 전후)

구분	변화 前('14년 이전)	변화 後('14년 이후)
조직 문화	Know-it-all (모든 것을 아는)	Learn-it-all (모든 것을 배우는)
평가 시스템	상대평가(스택 랭킹)	협력 중심 평가
사업 전략	윈도우/PC 중심	클라우드 퍼스트 (Cloud First)
협력 방식	폐쇄적, 경쟁적	개방적, 협력적
혁신 접근법	사일로, 개별 경쟁	부서간 협업
실패에 대한 태도	회피, 처벌	학습 기회로 인식

출처: 홈페이지 등 종합

멈추지 않는 '히트 리프레시'로 조각하는 미래

나델라의 리더십 아래 마이크로소프트는 불과 몇 년 만에 극적인 반전을 이루었다. 과거의 영광에 안주하며 변화를 거부했던 '잠자는 공룡'은 깨어났고, 오히려 시장을 선도하는 '춤추는 코끼리'로 변모했다. 객관적인 시각으로 시대의 변화를 읽고 클라우드 시장으로의 과감한 사업 전환을 결단한 용기, 실패를 용인하고 끊임없이 배우려는 성장 마인드셋의 조직 내재화, 그리고 경쟁사까지 포용하며 생태계를 확장한 개방성은 마이크로소프트 부활의 핵심 동력이었다.

그 결과는 눈부셨다. 2014년 나델라 취임 당시 약 3천억 달러 수준이었던 마이크로소프트의 시가 총액은 2023년 2조 5천억 달러를 넘어서며 애플과 함께 세계 최정상의 자리를 다투고 있다. 한때 아마존 웹서비스의 독주가 예상되었던 클라우드 시장에서는 애저(Azure)가 성장하며 양강 구도를 형성했고, 구독형 서비스로 전환한 오피스 365는 안정적인 수익원 역할을 해내고 있다. Xbox 게임 사업은 물론, 링크드인(LinkedIn), 깃허브 등 성공적인 기업 인수를 통해 사업 포트폴리오를 다각화하는 데도 성공했다.

나델라는 자신의 저서 『히트 리프레시』에서 컴퓨터의 '새로고침(Refresh)' 버튼처럼 개인과 조직도 끊임없이 스스로를 새롭게 해야 한다고 강조했다. 그는 마이크로소프트의 성공적인 변혁은 단 한 번의 '히트 리프레시'로 끝나는 것이 아니라, 지속적인 자기 성찰과 변화의 노력이 필요하다고 역설한다. 이러한 철학은 현재 인공지능(AI) 혁명 시대에도 마이크로소프트가 발 빠르게 대응하고 주도권을 잡으려는 노력으로 이어지고 있다. OpenAI와의 전략적 파트너십을 통해 생성형 AI 기술인 코파일럿(Copilot)을 빙(Bing), 엣지(Edge) 브라우저, 윈도우, 오피스 제품군 등 핵심 서비스에 통합하며 새로운 혁신의 파도를 만들어내고 있다.

마이크로소프트의 부활은 단순히 한 기업의 성공 사례를 넘어, 초불확실성의 경영환경 속에서 조직이 어떻게 생존하고 성장해야 하는지에 대한 깊은 통찰을 제공한다. 나델라의 '적응적 리더십' 즉, 객관적 시각을 통한 결단, 시행착오를 통한 학습, 그리고 개방성을 바탕으로 예상치 못한 문제에 유연하게 대응하는 능력은 오늘날 모든 리더에게 요구되는 핵심 역량이다. 기술의 변화 속도가 더욱 빨라지고 불확실성이 증대되는 미래 사회에서, 마이크로소프트가 보여준 끊임없는 자기 혁신과 공감, 성장, 개방의 문화는 다른 기업들에게도 지속가능한 성장을 위한 중요한 나침반이 될 것이다.

중간관리자 주도의 균형적 조직문화 혁신, 암젠

암젠(Amgen) 기업 개요

- 설립년도: 1980년
- 본사: 미국 캘리포니아주 사우전드오크스(Thousand Oaks)
- 업종: 생명공학 및 제약
- 시가총액: 150.1 U$십억 (2025.6.30 기준)
- 매출액: 33,424 U$백만 (FY2024, 12월 결산)
- 영업이익: 7,258 U$백만 (FY2024, 12월 결산)
- 종업원수: 28,000명
- 부문별 매출 구성

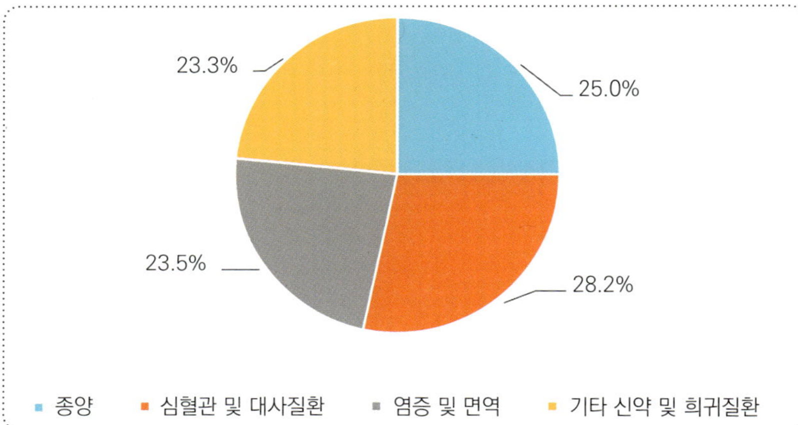

2010년대 초 기존 주력 제품의 특허 만료 위기에 직면한 미국의 제약회사 암젠은 브래드웨이(Robert A. Bradway) CEO 취임 후 '혁신 아니면 도태'를 기치로 필사적인 혁신을 추진했다. 이를 위해 그는 조직문화와 운영 방식 전반을 재설계했고, 특히 중간관리자가 주도하는 '미들아웃(middle-out)' 혁신 모델을 도입해 변화의 실질적 동력으로 삼았다. 동시에 R&D 프로세스를 개편하고, 제품 포트폴리오도 다각화했다. 그 결과, 암젠은 신약 출시와 신규 수익원 창출에 성공하며 위기를 극복했고, 이는 조직문화와 혁신 전략의 모범 사례로 평가된다.

특허절벽과 바이오시밀러로 불안해지는 미래

2010년대 초반 암젠은 주요 블록버스터 약품들의 특허가 만료되며 이른바 '특허절벽' 위기에 직면했다. 당시 제약·바이오 산업 전반에서 전례 없는 규모의 특허 만료가 몰아치며, 안정적 수익원 감소라는 압박이 커지고 있었다. 암젠 역시 빈혈 치료제 및 면역 촉진제 등 주요 제품 매출의 급감과 향후 바이오시밀러[27]와의 경쟁 가능성에 직면했다.

암젠 매출의 상당 부분을 차지하던 빈혈 치료제 에포겐(EPOGEN®)과 아라네스프(Aranesp®)는 각각 2013년 전후로 미국 특허가 만료되었고, 이로 인해 매출이 지속 감소했다. 에포겐의 미국 내 물질특허는 2013년 8월 만료되었고, 2010년 약 25억 달러이던 연 매출이 2012년에는 약 19억 달러 수준으로 떨어졌다. 아라네스프 역시 매출이 2010년 약 25억 달러에서 2012년 약 20억 달러로 감소했다. 이들 빈혈 치료제군의 매출 급락은 안전성 이슈로 인한 사용 제한과 경쟁 약물 등장까지 겹치며 가속화되었다.

항암 치료 보조제로 쓰이는 뉴포젠(NEUPOGEN®)은 1990년대 출시된 이후 꾸준한 매출을 올렸지만, 유럽에서 이미 2006년 특허만료

---

27 특허가 만료된 바이오 의약품의 복제약으로 오리지널 바이오 의약품과 동등한 품질과 효능을 가짐. 오리지널에 비해 상대적으로 저렴하다는 장점이 있음.

후 바이오시밀러가 등장했고, 미국에서도 2013년 특허가 만료되었다. 후속 제품인 뉴라스타(NEULASTA®) 역시 2015년 미국 특허만료 일정이 잡혀 있었다. 엔브렐(Enbrel®)의 경우 특허가 비교적 장기(미국에서 2029년까지 연장)였으나, 동종 TNF(Tumor Necrosis Factor, 종양괴사인자) 억제제[28]들의 경쟁이 심화되어 성장 정체가 우려됐다.

이와 같은 기존 수익모델의 한계로 인해 암젠의 매출 포트폴리오는 불안정해지고 있었다. 2010~2012년 사이 빈혈 치료제 매출 감소분을 일부 신제품과 엔브렐 등이 메우며 2012년 총 매출 약 173억 달러를 기록하며 11% 성장하긴 했지만, 이러한 성장은 데노수맙(Denosumab) 계열 신제품인 뼈질환 치료제 프롤리아(Prolia®)와 엑스지바(Xgeva®), 그리고 엔브렐의 가격인상 등에 크게 의존한 것이었다. 장기적으로는 노후 제품 매출 감소를 상쇄할 신약 파이프라인 확보와 사업 구조 혁신이 시급한 상황이었다. 브래드웨이는 이러한 위기 의식을 명확히 인지했고, '혁신하지 못하면 도태된다(Innovate or die)'는 기치 아래 근본적인 변화에 착수했다.

| 년대 암젠의 주요 제품군

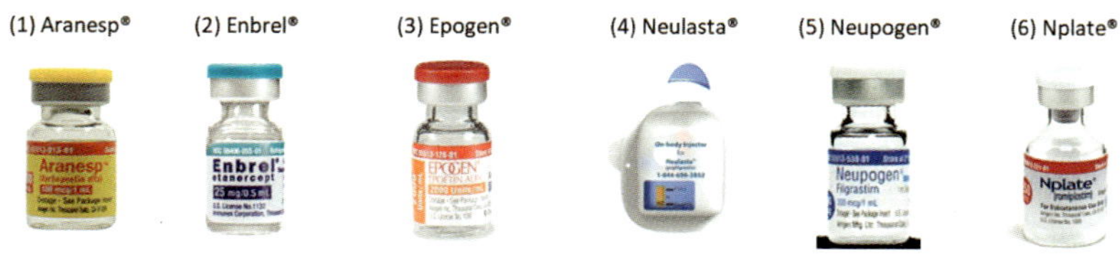

출처: (1) https://mms.mckesson.com/product/568581/Amgen-Inc-55513000404

(2) https://www.enbrelpro.com/dosing/administration

(3) https://www.Petco.com/shop/en/petcostore/product/epogen-injectable-solution

(4) https://www.empr.com/home/news/neulasta-delivery-kit-provides-new-

---

28 염증 반응을 억제하고 세포 면역 반응을 조절하는 약물로, 암 세포 증식을 억제하는 작용을 하는 것으로 알려져 있음.

option-for-patients/

(5) https://www.neupogenhcp.com/-/media/Themes/Amgen/NeupogenHCP-com/NeupogenHCP-com/PDFs/singlepackbrochure_hyperlinked_091015

(6) https://www.drugs.com/nplate.html

혁신 전략 #1 – 중간관리자를 혁신 드라이브의 핵으로

브래드웨이는 취임 이후 탑다운(Top-down) 지시와 바텀업(Bottom-up) 실행만으로는 부족하다고 판단하고, 중간관리자가 변화의 중심에서는 조직문화 혁신을 추진했다. 이를 위해 2013년 초 전사적인 변혁 프로그램 '풀포텐셜(Full Potential)'을 조용히 준비해 실행에 옮겼다. 이 프로그램의 철학은 전 직원의 잠재력을 극대화할 수 있도록 조직을 재설계하고 유연성을 높이는 것으로, 특히 중간 관리자 층의 적극적 참여와 협력적 창조(Co-creation)를 핵심 원리로 삼았다.

- 변화추진 전담 조직 신설: 브래드웨이는 기존 조직에 안주한 관행을 깨기 위해, 최고인사책임자(CHRO, Chief Human Resources Officer)를 변혁추진 최고책임자(CTO, Chief Transformation Officer)로 임명하고 전사 혁신을 전담하는 변혁팀을 구성했다. CTO 산하 소규모 핵심 인력팀이 각 부문의 혁신 활동(Initiative)을 조율하며, 경영진과 현장의 가교 역할을 수행했다. 이는 '이번 변화는 과거와 다르다'는 강력한 신호를 조직에 주었고, 변혁 작업에 전사적 우선순위를 부여했다.
- 중간관리자 주도의 협력적 창조: 암젠이 말하는 협력적 창조란 최고경영진이 방향을 제시하되, 부서장급 중간관리자들이 핵심 팀원으로 참여해 자신들의 전문성과 현장 경험을 바탕으로 구체적 변화 아이디어를 제안하고 실행계획을 수립하는 방식을 의미한다. 다양한 계층의 리더들이 변혁의 구체적 방안을 함께 설계하도록 유도

하는 것이다. 이렇게 함으로써 과거 일방향 탑다운식 명령의 한계를 극복하고, 현장의 지혜를 끌어내며 바텀업 제안의 조직 전략에 대한 적합성을 높였다. 실제로 암젠은 "그동안 톱다운에 익숙했던 리더십 팀을 어떻게 공동 설계에 깊숙이 참여시킬 것인가? 어떻게 다수 계층의 리더들을 참여시켜 최고의 아이디어를 이끌어낼 것인가?"라는 질문을 던지며 변혁을 진행했다.

- 명확한 책임과 거버넌스: 변혁 추진 과정에서 책임과 의사결정 권한을 명확하게 정의했다. 주요 혁신 과제별로 전담 리더(주로 부사장급)가 지정되고, CEO를 포함한 최고경영진이 지배구조 위원회로서 모든 활동의 승인, 자원배분, 성과 모니터링을 담당했다. 이를 통해 아이디어 도출 단계에서는 자유로운 참여를 보장하면서도, 최종 실행 단계에서는 조직 전체의 일관성(alignment)을 확보했다. 특히 공정한 프로세스를 강조해, 개인이나 부서의 이해관계로 인해 유망한 아이디어가 묵살되지 않도록 하는 장치를 마련했다.
- 중간관리자 역량 강화와 소통: 변화 과정에서 중간관리자들의 리더십 역량 강화에 중점을 두었다. HR부서는 변혁팀과 협력해 경영진 워크숍, 리더십 교육, 커뮤니케이션 프로그램을 운영하고, 변화를 주도할 차세대 리더들을 발굴해 이들이 변화의 전도사 역할을 하도록 지원했다. 또한 투명하게 전사 커뮤니케이션을 진행해, 변화에 따라 역할이 바뀌거나 영향을 받는 직원들에게 미리 소통해 변화에 대한 저항감을 낮췄다. 이러한 노력은 변화에 대한 조직의 내부 수용성을 높이고, 혁신 문화가 확산되는 토대가 되었다.

▎암젠의 중간관리자 육성 활동

명칭	목적	대상	주요 내용
Transformational Initiative Leadership	• 조직 혁신 주도 • 회사의 혁신을 주도할 차세대 리더 발굴, 육성	암젠에서 가장 높은 평가를 받고 문제 해결 능력이 입증된 중간급 경영진 (부사장급 '이니셔티브 리드' 및 이사급 '이니셔티브 연락 담당자')	• 핵심 혁신 과제 리딩 • 부서 통합, 신규 프로세스 도입 등 근본적 변화 주도
Ignite Program	• 지식 및 네트워크 확대 • 새로운 경력 경로 탐색	암젠의 R&D 및 Office of Chief Medical Office (OCMO, 최고의학책임자 산하 조직) 소속 직원	• 1년 순환 근무 • 선배직원 멘토십 • 고위 리더와의 교류
Accelerate Program	• 차세대 리더 육성 • 다양한 부서 경험, 리더십 역량 강화		• 3회의 1년 순환 근무 • 리더십 개발 교육 및 코칭
Commercial Leadership Program	• 사업(commercial) 부문의 인재 파이프라인 지원 • 리더십 역량을 갖춘 우수 인재 육성	MBA 학위 소지자	• 1년 주기 순환 근무 3회 • 마케팅, 영업, 전략, 가격 책정 등 핵심 사업 부문 직무 경험 • 임원급 멘토십과 네트워킹

출처: 암젠 홈페이지 등 참고

이러한 조직문화 혁신 활동을 통해 암젠은 '위로부터의 지시'와 '아래로부터의 자발성' 간의 균형을 찾아냈다. 브래드웨이는 중간관리자를 변화의 추진자로 인정하고 권한을 위임함으로써, 그들이 주인의식을 가지고 혁신에 임하도록 독려했다. 이러한 문화 혁신은 조직 구조 조정 및 R&D 프로세스 개선과 맞물려 실질적인 성과 창출의 원동력이 되었다.

혁신 전략 #2 – 조직문화 R&D 프로세스 동시 혁신

조직문화 혁신과 동시에, 암젠은 신약개발 프로세스 전반을 재점검해 혁신을 추진했다. R&D 투자 효율 제고, 신약 파이프라인 강화, 개발 속도 향상을 위해 프로세스와 전략에 몇 가지 큰 변화가 발생했다.

- 프로젝트 포트폴리오 재편 및 집중: 변혁팀은 R&D 포트폴리오를 제로베이스에서 재검토해 우선순위를 다시 정립했다. 과감한 파이프라인 구조조정을 통해 성공 가능성이 낮거나 전략적 적합도가 떨어지는 프로젝트는 중단하거나 파트너사에 라이선스아웃(License-out)[29]하고, 내부 자원과 인력은 유망한 파이프라인에 집중했다. 암젠의 신 하퍼(Sean Harper) R&D 부문장은 이와 같은 엄격한 프로젝트 우선순위화와 더불어 지리적 운영 효율화를 추진해, 불필요한 비용을 절감하고 핵심 연구에 집중했다고 말했다. 그 결과 암젠은 같은 예산으로도 더 많은 후보물질을 후기단계로 진행시킬 수 있는 기반을 마련할 수 있었다.
- 개발 기간 단축 및 린(Lean) 임상: R&D 생산성을 높이기 위해 신약개발 사이클 타임 단축과 임상 운영 효율화 노력이 전사적으로 확산되었다. 연구 단계에서는 목표 적중부터 임상 진입까지 소요 시간을 단축하기 위해 프로젝트 팀 간 협업을 강화하고 의사결정 단

29 한 기업(보통 기술 보유자 또는 원개발자)이 다른 기업(보통 상업화나 판매를 담당할 수 있는 기업)에게 자신의 기술, 물질, 후보물질, 특허 등을 일정 조건 하에 사용할 수 있도록 허락하고, 그 대가로 선급금, 로열티 등을 받는 계약

계를 줄였다. 또한 임상시험 프로토콜 간소화와 적정환자 모집 전략 등을 통해 임상 3상까지의 소요 기간을 줄이려 노력했다. 2013년부터 지속개선(continuous improvement) 문화를 도입해, 모든 개발 관련 부서가 프로세스 개선 아이디어를 내고 실행하도록 독려한 결과, 바이오의약품 개발 기간을 단축할 수 있었다. 일례로 임상 운영에서 린 식스시그마(Lean 6 Sigma) 기법을 도입해 절차상의 낭비를 제거하고, 임상시험 간 병행과 순차의 최적 조합을 통해 일정을 단축했다.

- 개방형 혁신과 사업개발: 암젠은 필요한 기술이나 파이프라인을 외부에서 과감히 도입하는 전략도 병행했다. 2011년 바이오벡스(BioVex) 인수(항암 바이러스치료제 기반 기술 확보), 2012년 마이크로멧(Micromet) 인수(이중항체 기술과 면역세포 결합형 항체 치료제인 Blincyto® 확보), 2013년 오닉스(Onyx) 인수(다발골수종 치료제 Kyprolis® 확보) 등이 대표적이다. 이를 통해 신규 신약 후보군과 기술 플랫폼을 신속히 확보해 내부 개발의 공백을 메울 수 있었다. 또한 바이오시밀러 사업에도 진출해, 2011년 악타비스(Actavis)와 제휴를 시작으로 2014년에는 9개의 바이오시밀러 파이프라인을 보유하게 되었다. 브래드웨이는 바이오시밀러를 '위협이 아닌 기회'로 인식하고, 암젠의 세계적 제조 역량을 활용해 신사업으로 육성했다. 이러한 이원화된 R&D 전략(혁신 신약+바이오시밀러)으로 암젠은 특허만료로 인한 매출 공백을 메우는 한편, 미래 성장을 다각화할 수 있었다.
- 운영 구조 최적화: 연구개발 인력과 시설도 글로벌 최적화를 단행했다. 2014년 전체 시설 면적 23% 축소, 직원 수 20% 감축으로 연간 15억 달러 규모의 비용을 절감한다는 목표의 구조조정 계획을 발표했다. 이에 따라 R&D 인력은 미국 캘리포니아 샌프란시스코와 보스턴 케임브리지 등 혁신거점으로 대거 재배치하고 본

사 등의 조직 슬림화를 실시했다. 이를 통해 확보된 자원은 신규 파이프라인 투자와 2015년 신약 출시 준비에 투입되었다. 암젠은 동시에 싱가포르에 차세대 생물공정 생산시설을 건설해, 기존 대비 1/4 비용으로 2배 속도의 생산이 가능한 혁신 공정을 도입했다. 이처럼 R&D부터 생산에 이르는 밸류체인 혁신을 함께 진행해 비용 경쟁력과 개발 민첩성을 크게 향상시켰다.

문화와 프로세스, 두 마리 토끼를 잡다

암젠의 조직문화 및 R&D 프로세스 혁신은 2010년대 중반부터 가시적인 성과를 드러냈다. 특허만료 위기 속에서도 잇따른 신약 출시에 따른 매출 성장과 수익성 개선, 그리고 장기 조직역량 향상이라는 측면에서 긍정적인 결과를 얻은 것이다.

- 신약 출시 및 매출 성장: 혁신 노력의 결실로 다수의 신약이 연이어 출시되었다. 특히 2014~2015년 사이 암젠 역사상 유례없는 신약 출시 러시가 이어져 1년 남짓한 기간에 6개의 혁신 신제품이 출시되었다. 2015년 한 해에만 심혈관계 신규 바이오의약품인 Repatha®(PCSK9 억제제), 만성심부전 치료제 Corlanor®(미국 권리 획득), 항암 이중항체 Blincyto®(2014년 말 FDA 승인 후 출시), 다발골수종 치료제 Kyprolis®(Onyx 인수 자산의 글로벌 출시 확대), 항암 바이러스 치료제 Imlygic™(2015년 승인) 등이 시장에 선보였다. 암젠은 또한 항암 치료 보조제인 뉴라스타의 자동주입기(On-body Injector) 버전을 출시하고 자가면역 염증질환 치료제인 엔브렐의 적응증(適應症)[30]을 확대하는 등 기존 제품의 경쟁력을 강화했다. 그 결과 2015년 암젠의 매출은 약 217억 달러로 전년 대비 8% 성장하며 특허만료 충격을 흡수할 수 있었다.

---

30 어떤 약이 치료 효과를 낼 수 있도록 승인된 질환이나 증상

• 수익성 및 생산성 향상: 비용 효율화와 신제품 매출 기여로 수익성 지표가 크게 개선되었다. 2014년 단행된 구조조정과 지속개선 노력을 통해 2015년 조정 영업이익률은 48%로 전년 대비 4%p 향상되었고, 주당순이익(EPS, Earnings Per Share)도 19% 증가했다. 또한 연구개발 생산성도 눈에 띄게 높아져, 임상 단계에 진입하는 신규 파이프라인 수와 신약 승인 건수가 증가했다. 2010년대 후반 암젠은 연 매출 대비 R&D 투자를 크게 늘리지 않고도 신약 승인 건수와 적응증 확대에서 과거 대비 높은 효율을 보여주었는데 이는 '더 적은 자원으로 더 많은 성과'를 내는 체질로 거듭났음을 의미한다.

• 조직역량 및 혁신 문화 구축: 정량적 성과 이상으로 중요한 것은 장기적인 조직 역량의 강화와 혁신 문화의 정착이다. 풀포텐셜 프로그램을 통해 구축된 중간관리자 주도의 변화추진 역량은 일회성 개편에 그치지 않고, 지속적인 개선 활동이 회사에 뿌리내리게 했다. 직원들은 변화를 두려워하기보다 당연한 것으로 받아들이는 문화가 조성되었고, 부서 간 경계도 이전보다 완화되어 협업과 지식공유의 빈도가 높아졌다. 한편 암젠은 2020년에 생명공학 기업 최초로 다우존스 산업지수에 편입되었는데 이는 투자자들에게도 혁신을 통한 성장 스토리를 인정받았음을 상징적으로 보여준다.

▎암젠의 재무 및 R&D 지표 변화

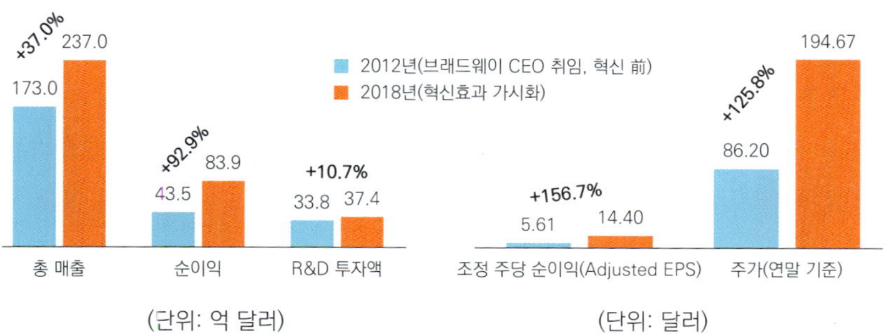

출처: 암젠 연차보고서 등

미들 업다운 방식의 전방위 혁신

암젠의 변혁에서 가장 주목할 점은 중간관리자를 변화의 엔진으로 활용한 것이다. 암젠은 변혁 프로그램에 중간관리층을 깊숙이 참여시켜 전략과 실행의 연결고리로 활용했으며, 현장을 가장 잘 아는 중간관리자들에게 권한과 책임을 부여함으로써 변화의 실행력과 지속성을 강화했다. 이는 전사 차원의 변혁을 추진하는 기업들이 최고 경영진의 탑다운 방식뿐만 아니라 '미들 업다운' 방식으로 집단지성을 모으는 것이 중요함을 의미한다.

또한 암젠은 강력한 방향 제시와 조직 내 공감대 형성을 동시에 추진했다. 브래드웨이는 '왜 변화해야 하는가'에 대한 분명한 비전을 제시하는 동시에 직원들이 변화의 과정을 직접 체험하고 참여하도록 설계해 자발적 몰입을 이끌어냈다. 이러한 접근은 변혁의 성공을 위해서는 명확한 방향성과 구성원들의 공감대가 함께 필요함을 보여준다.

암젠의 성공에서 핵심적인 것은 문화와 프로세스의 동시 혁신이었다. 조직문화 개선만 강조하거나 프로세스 개선만 추진해서는 큰 성과를 거두기 어렵다. 암젠은 사람과 일하는 방식을 함께 바꾸는 투 트랙(Two track) 접근방식을 통해 시너지를 만들었으며, 이는 조직문화 혁신이 전략·프로세스 혁신과 실질적으로 연계될 때 비로소 성과로 이어진다는 점을 증명했다.

특히 주목할 만한 것은 암젠이 매출이 아직 성장 중일 때 선제적으로 체질 개선을 시작했다는 점이다. 많은 기업들이 실적 악화 후에야 구조조정과 혁신에 나서지만, 암젠은 호실적 속에서도 미래 위험을 대비한 결단을 내렸다. 이는 성과가 좋을 때 변화의 모멘텀을 시작하는 것이 바람직하며, 선제적 투자와 혁신이 장기적 관점에서 기업 생존에 유리하다는 사실을 입증한다.

마지막으로 암젠은 일회성 이벤트가 아닌 지속혁신이 가능한 시스템을 구축했다. CTO 조직을 두고 변화 관리 프로세스를 수립했으며,

최고경영진이 정기적으로 혁신 과제를 점검하는 거버넌스를 정착시켰다. 이러한 효율적인 거버넌스는 급변하는 제약·바이오 환경에서 민첩하고 학습하는 조직으로 살아남는 핵심 요소다.

암젠의 사례는 대형 제약·바이오 기업들이 특허절벽과 성장정체 위기를 극복하기 위해 어떠한 조직적 노력을 기울여야 하는지 귀중한 시사점을 제공한다. 특히 조직문화 혁신과 R&D 프로세스 혁신의 병행이라는 전략적 접근에서 초점을 둬야 할 핵심 요소들을 명확히 보여준다.

동료 의식과 협업 문화로 이룬 전기로 신화, 뉴코어

뉴코어(Nucor) 기업 개요

- 설립년도: 1905년
- 본사: 미국 노스캐롤라이나주 샬럿(Charlotte)
- 업종: 철강
- 시가총액: 29.9 U$십억 (2025.6.30 기준)
- 매출액: 30,734 U$백만 (FY2024, 12월 결산)
- EBIT: 2,902 U$백만 (FY2024, 12월 결산)
- 종업원수: 32,700명
- 조강생산량: 20.66백만 톤 (2024년)
- 부문별 매출 구성

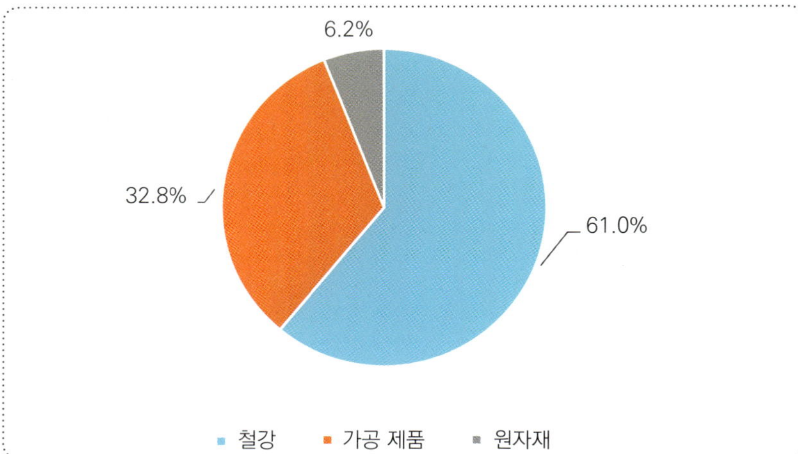

현대 경영환경에서 협업 기반의 수평적 조직문화는 변화하는 시장에 빠르게 적응하고 혁신을 창출하는 원동력이다. 미국 철강회사 뉴코어(Nucor)는 1960년대부터 구축해온 독특한 협업 문화를 통해 북미 최대 철강회사로 성장하며, 독보적인 위치를 점하고 있다. 뉴코어의 사례는 '직원(Employee)'이 아닌 '팀원(Teammate)'이라는 정체성 변화로 시작된 조직문화 혁신이 어떻게 지속적인 성장과 혁신을 이끌어내는지를 보여주는 대표적인 모델이다.

엔지니어에서 CEO까지, '팀원'으로 성장하는 문화

2025년 5월, 글로벌 컨설팅사인 맥킨지(McKinsey)는 뉴코어의 CEO 리언 토팔리안(Leon Topalian)과의 인터뷰를 통해 그들의 성공 비결을 조명했다. 토팔리안은 1996년 29세의 나이로 뉴코어에 엔지니어로 입사한 후 다양한 현장과 사업 부문에서 리더십을 경험하며 성장한 인물이다. 그는 2020년 1월 뉴코어의 CEO로 취임해, 현재 미국 포춘지가 선정한 '업계에서 가장 존경받는 기업' 1위에 빛나는 철강회사를 이끌고 있다.

뉴코어의 혁신적 문화는 1969년 켄 아이버슨(Ken Iverson)이 CEO로 취임하면서 본격적으로 형성되었다. 아이버슨은 뉴코어 성공의 비결을 "70%의 문화와 30%의 기술"이라고 단언하며, 조직문화가 사업 성공의 절반 이상을 차지한다고 확신했다. 그는 "직원들에게 봉급을 많이 주고, 존경하는 마음으로 대하고, 실질적 권한을 이양하면 시간급 직원들조차 특별한 노력을 기울여 일한다"는 믿음을 바탕으로 기존 철강 업계의 수직적 구조를 파괴했다. 또 사업의 최전선에 있는 직원들의 의견을 적극적으로 듣고 과감하게 아이디어를 채택하며, 실패마저도 긍정적으로 받아들이는 풍토를 조성했다.

이러한 믿음은 구체적인 실천으로 이어졌다. 매년 연차보고서에는 일반 직원 모두의 이름을 표지에 올리며, CEO조차 전용 주차장 없이 일하고, 사무실에서 직접 커피를 타서 마시는 등 평등한 조직문화를 실천하고 있다. 특히 미국 CEO들이 대개 공장 노동자의 400배에 달하는 보수를 받는 상황에서, 뉴코어 CEO는 23배 수준의 연봉을 받는다.

2023년 뉴코어 연차보고서 표지

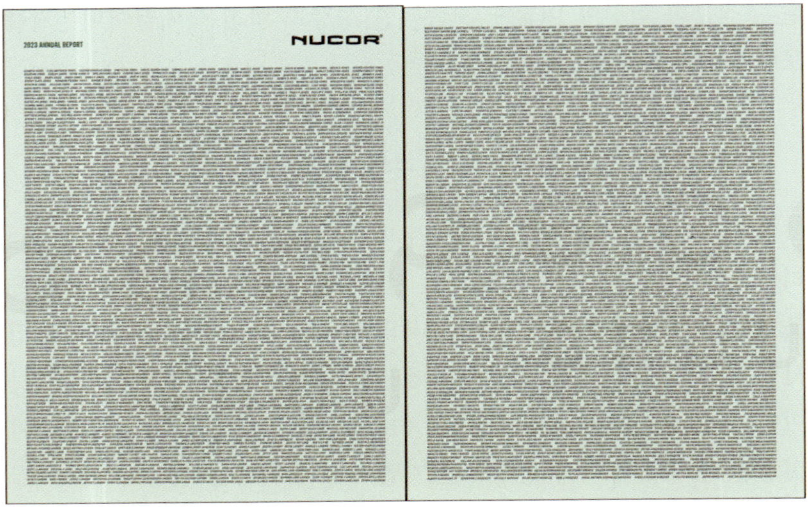

출처: https://s202.q4cdn.com/531038915/files/doc_financials/2024/ar/2023-nucor-annual-report.pdf

뉴코어의 협업 문화는 '뉴코어 웨이(The Nucor Way)'라는 10가지 핵심 가치를 통해 체계화되어 있다. 이는 단순한 구호가 아니라 모든 팀원이 일상에서 실천하는 행동 지침으로서, 구성원들의 의사결정과 행동양식에 깊이 내재되어 협업을 자연스러운 업무방식으로 만드는 문화적 토대를 형성하고 있다. 이처럼 뉴코어는 창업 정신을 반세기가 지난 오늘날까지 이어가고 있으며, '사람'과 '문화'를 최우선으로 하는 경영 철학을 바탕으로 철강 산업의 혁신을 이끌고 있다. '뉴코어 웨이'로 정의된 10가지 핵심 가치는 구성원들이 서로의 물리적, 정서적 안녕을 챙기며, 역할을 넘어 부서 간 협력을 통해 공동의 성과를 추구하도록 동기를 부여한다.

뉴코어 웨이(The Nucor Way)

핵심 가치	의미
안전(Safety)	• 우리는 모든 일에 안전을 최우선으로 반영하며, 서로의 신체적·감정적 건강을 살핍니다. • 서로의 몸과 마음의 안전을 지키기 위해 늘 배려하고 함께 합니다.
무결성(Integrity)	• 우리는 말만 하지 않고 실천으로 보여주며, 한 약속은 반드시 지킵니다. • 우리는 말과 행동이 일치하며, 맡은 바 약속을 성실히 이행합니다.
신뢰(Trust)	• 우리는 끝까지 이기기 위해 나아가며, 그 과정에서 서로에 대한 믿음을 갖고 있습니다. • 승리를 향한 끈질긴 노력 속에서도 우리는 서로를 믿고 의지합니다.
혁신(Innovation)	• 우리는 창의적인 사고를 환영하고, 호기심을 행동으로 실천하며, 뉴코어와 고객에게 더 나은 해결책을 찾기 위해 항상 노력합니다.
열린 소통(Open Communication)	• 우리는 열린 소통을 지향하며, 모두가 함께 이해하고 공감할 수 있도록 때로는 불편한 대화도 기꺼이 나눕니다.
팀워크 (Teamwork)	• 우리는 각자 하나의 공동된 목표 아래, 직무와 부서를 초월해 협력하며 함께 승리합니다. • 각자의 역할을 넘어서 협력하고, 모두의 성공을 위해 함께 움직입니다.
포용(Inclusion)	• 우리는 공감과 배려의 마음으로 서로를 가족처럼 아끼며, 서로 다른 배경과 경험까지 존중하고 가치 있게 바라봅니다. • 서로의 다름을 포용하며 따뜻한 공동체로 살아갑니다.
용기(Courage)	• 우리는 신념을 지키고, 상황이 어렵더라도 올바른 선택을 합니다. • 힘든 순간에도 원칙을 지키며, 옳다고 믿는 길을 당당히 갑니다.

실행 의지 (Can-do Attitude)	• 우리는 어려움을 기회로 전환하며, 어떠한 도전도 당당히 극복합니다. • 장애를 발판 삼아 성장의 기회로 만들며, 도전 앞에 당당히 나아갑니다.
오너십 (Ownership)	• 뉴코어의 지속적인 성공을 위해, 우리 모두가 자신의 책임을 자발적으로 수행합니다. • 뉴코어의 성공이 계속되도록 각자가 맡은 책임을 다합니다.

출처: '23년 정기주주총회 소집 공고 및 위임장 설명회(Notice of annual meeting and proxy statement) 수정 인용

수평적 문화와 지속가능 성장 전략

뉴코어는 안전을 단순한 규정 준수가 아닌 협업 문화의 핵심 요소로 인식한다. 토팔리언이 "문화의 가장 큰 척도는 안전이라는 가치를 통해 서로를 돌보는 방식"이라고 강조하듯, 뉴코어에서의 안전은 물리적 건강을 넘어 정신적, 감정적 안전까지 포괄하는 개념이다. 뉴코어는 세계에서 가장 안전한 철강회사가 되겠다는 목표 하에, 안전 성과가 우수한 사업부에 CEO 명의의 안전상(President's Safety Award)을 수여하고 있으며, 이 상을 받기 위해서는 국가 평균보다 67%(2/3 수준) 낮은 부상률을 기록해야 하는 까다로운 기준을 충족해야 한다. 2017년 이후 매년 안전 지표가 개선되어 5년 연속 안전 성과 향상을 달성한 결과가 이를 증명한다.

'투명하고 개방적인 소통' 또한 뉴코어 문화의 핵심이다. 껄끄러울 수 있는 내용도 기꺼이 대화로 나눔으로써 상호 이해를 높이고 집단 지성을 이끌어낸다. 이는 아이버슨이 사업의 최전선에 있는 직원들의 의견을 적극적으로 듣고 과감하게 아이디어를 채택하며, 실패마저도 긍정적으로 받아들이는 풍토를 조성한 전통에서 비롯되었다. 한 뉴코어 임원의 표현에 따르면, "직원들이 실패할 수 있는 자유가 있기 때문에 뛰어난 성과를 낸다"고 한다. 관리자들은 직원들이 새로운 아이디어를

시도하도록 격려하며, 이러한 시도의 자유가 세계에서 가장 창의적이고 실행력 있는 인력을 만들어 낸다고 믿는다.

▎뉴코어의 안전 관련 지표 추이

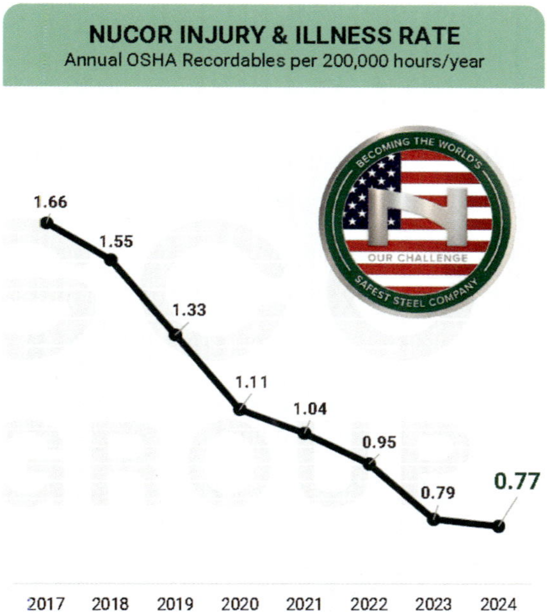

출처: Nucor Q4 and Year-End 2024 Earnings Presentation(https://s202.q4cdn.com/531038915/files/doc_financials/2024/q4/Nucor-Q4-and-Year-End-2024-Earnings-Call-Presentation.pdf)

뉴코어는 포춘 500대 기업 중 가장 수평적인 관리 시스템을 갖추고 있으며, 각 사업부가 독립적으로 업무를 수행하되 한 팀이라는 의식을 유지하는 분권형 구조를 이루고 있다. 사업부는 본부 임원과의 접촉을 최소화하며 업무를 수행한다. 매일의 지출만을 상부에 보고하는 간결한 보고체계는 현장 중심의 자율성과 책임감을 부여해 신속한 의사결정과 실행을 가능하게 한다.

이러한 강력한 조직문화를 바탕으로 뉴코어는 지속가능한 성장을 위한 혁신 전략을 과감하게 추진한다. 뉴코어는 전통적인 고로 방식이 아닌 전기로(EAF, Electric Arc Furnace)를 운영의 핵심으로 삼는다. 재활용된 철스크랩을 주원료로 사용하는 이 방식은 유연성이 높고 환경적 부담이 적다. 현재 30개의 전기로 공장을 가동하며 연간 2천만 톤의 철강 제품을 생산하는데, 이 중 75%가 철스크랩을 원료로 한다. 이는 원자재 사용을 줄이고 폐기물을 최소화하며 에너지 효율성을 극대화하는 지속가능한 철강 생산 방식이다.

뉴코어는 철강 제품 1톤당 온실가스 배출량을 0.77CO_2e/톤으로 낮추었으며, 이를 더욱 절감하기 위해 다양한 혁신적 투자를 진행 중이다. 2023년 엑손모빌과 CCS(Carbon Capture and Storage, 탄소 포집 및 저장) 사업 협력을 체결해 2026년부터 루이지애나 DRI(Direct Reduced Iron, 직접환원철) 사업장에서 연간 60~80만 톤의 CO_2를 저장할 계획이다. 2022년에는 미래 에너지 확보를 위해 SMR(Small Modular Reactor, 소형모듈원전) 개발사인 뉴스케일 파워(NuScale Power)에 약 1,500만 달러를 투자했고, 2023년 헬리온 에너지(Helion Energy)와 500MW급 핵융합 발전소 공동 프로젝트를 추진해 2030년부터 무탄소 전력을 공급받을 예정이다. 넥스트라 에너지(NextEra Energy)와 250MW 규모의 태양광 전력 구매 계약(PPA, Power Purchase Agreement)을 체결하는 등 재생에너지 확보에도 적극적이다.

2025년 1월에는 2050년까지 철강 제품 1톤당 온실가스 배출량을 0.116CO_2e/톤 수준으로 감축하고, 이를 기반으로 넷제로 목표를 달성하겠다고 발표했으며, 글로벌 철강 기후 위원회(GSCC, Global Steel Climate Council)로부터 과학 기반 배출 목표(SBET, Science-Based Emissions Targets) 인증을 받았다. 이는 미국 최초로 Scope 1, 2, 3 배출량[31]을 모두 포함한 종합적인 온실가스 감축 목표를 설정한 철강기업이

31 기업이 발생시키는 탄소배출량을 산정하는 기준. Scope 1은 기업의 비즈니스 활동에서 직접 발생하는 배출량, Scope 2는 기업이 사용하는 에너지원에서 발생하는 간접 배출량,

되는 의미있는 성과다. 이처럼 과감한 투자는 조직 내 자율과 도전을 장려하는 문화가 있었기에 가능했다.

성과 중심 협업과 공격적 확장의 선순환

뉴코어의 강력한 조직문화는 놀라운 재무 성과로 이어졌고, 이는 다시 미래를 위한 과감한 투자와 확장의 원동력이 되는 선순환 구조를 구축했다. 토팔리언은 "지난 3년 반 동안 벌어들인 수익이 지난 20년 동안의 성과보다 더 많았다"고 밝히며, 높은 재무 성과가 다양한 사업 기회를 포착하고 적극적인 투자로 이어지는 선순환을 만들었다고 강조한다. 2025년 1분기에만 약 78억 3천만 달러의 매출을 기록한 뉴코어는 높은 재무 실적을 기반으로 적극적인 투자를 지속하고 있다.

성과의 중심에는 뉴코어만의 독특한 성과 관리 및 보상 시스템이 자리 잡고 있다. 뉴코어의 보상 시스템은 개인보다 조직, 조직보다 회사 전체의 성과를 우선시하는 구조로 설계되어 자연스럽게 협업을 장려한다. 전체 직원의 80%가 생산 인센티브 플랜에 참여하며, 주간 생산량에 따라 기본급의 100% 이상에 달하는 보너스를 받을 수 있다. 이러한 시스템의 핵심은 단순함과 투명성에 있으며, 모든 직원이 보너스 프로그램을 이해하고 생산 수치가 업데이트될 때마다 자신의 보너스 금액을 예측할 수 있다.

뉴코어 협업 문화의 가장 혁신적인 요소는 부서 간 목표 상충 문제를 해결하기 위한 '공동 단일 핵심성과지표(KPI)' 설정이다. 각 부서가 개별 목표를 추구하며 발생하는 이기주의와 갈등을 해결하기 위해 관련 부서들이 공유할 수 있는 통합 지표를 개발한 것이다. 대표 사례로, 생산성 향상을 핵심 목표로 삼는 조업 부서와 투자비 절감을 우선시하는 투자관리 부서 간의 갈등 해결을 위해, 두 부서 모두에게 '총자산순

Scope 3는 그 외 밸류체인에서 발생하는 모든 간접 배출량으로 정의

이익률(ROA, Return on Assets)'이라는 공동 KPI를 부여했다. 이를 통해 양 부서는 투자자본(설비자산 규모)과 생산성(순이익)의 효율성을 동시에 고려하며 최적의 해결책을 찾도록 협력하게 되었다.

특히 주목할 점은 공동 KPI가 특정 부서에 불리할 수 있다는 점을 고려해, 목표 달성 시 해당 부서에 더 많은 인센티브를 제공하는 차등 보상 시스템을 도입했다는 것이다. 이를 통해 조업 기능과 투자관리 기능 간 최적점을 찾기 위한 부서 간 협력이 확산되는 분위기가 조성되었고, 단순한 비용 절감이 아닌 비용 구조 혁신(Cost Transformation)에 성공할 수 있었다.

뉴코어의 공장과 사무실에는 현재 목표 달성률과 예상 성과금 수준을 게시해 구성원들의 동기를 끊임없이 자극한다. 실제로 뉴코어 직원들의 시간당 기본급은 업계 평균보다 낮을 수 있지만, 생산성과 연동된 강력한 보상 시스템 덕분에 총 보상액은 업계 최고 수준이다. 어느 관계자는 "여기서 일하는 유일한 이유는 부자가 되기 위해서다. 돈은 우리 직원들에게 중요하다"고 언급할 정도로 금전적 보상은 강력한 동기 부여책으로 작용한다.

뉴코어 KPI 설정 원칙과 협업 기대 효과

원칙/방안	세부 내용	협업 기대 효과
공통 단일 KPI 설정	부서 간 목표 상충 시 ROA 등 공동 지표 설정	부서 이기주의 해소, 전사적 관점에서 최적의 의사결정 유도
성과 기반 인센티브 차등 지급	공동 KPI 달성 과정에서 특정 부서에 불리할 경우, 해당 부서에 더 많은 인센티브 제공	형평성 있는 보상을 통해 모든 부서의 적극적인 협력 동기 부여
조직 목표 우선의 보상 설계	'개인 〈 조직 〈 회사' 목표 달성 순으로 보상 규모 확대	개인의 성과보다 팀과 조직의 성공을 우선시하는 문화 강화

성과 공유의 투명성 및 즉시성	목표 달성률 및 예상 성과금 수준 실시간 게시, 생산성 연동 급여 체계	성과에 대한 가시성 높은 보상을 통해 팀 전체의 몰입도 및 생산성 향상
최소한의 관료주의와 자율성 부여	간결한 조직 구조, 현장 중심의 의사결정 권한 위임	신속한 문제 해결 및 아이디어 실행, 부서 간 장벽 없는 소통 촉진

출처: 홈페이지 등 종합

이러한 문화적, 시스템적 기반 위에서 뉴코어는 공격적인 사업 확장을 지속하고 있다. 기업 인수 시에는 ① 해당 기업을 성장시킬 수 있는가?, ② 업계 리더 또는 2위로 만들 수 있는 분야가 있는가?, ③ 프리미엄을 지불할 가치가 있는가? 등을 면밀히 검토한다. 이러한 체계적 접근은 협업 문화에서 비롯된 집단 지성과 신중한 의사결정 과정의 결과라 할 수 있다.

뉴코어는 단순한 철강 제품 판매를 넘어 고객에게 종합 솔루션을 제공하기 위해 다운스트림 사업으로의 확장을 적극적으로 고려한다. 2024년 4월 데이터 센터 인프라 제조 및 설치업체인 사우스웨스트 데이터 프로덕트(SWDP, Southwest Data Products)를 약 1억 1,500만 달러에 인수해, 고객사에 제품 판매를 넘어 솔루션을 제공하고자 했다. 이와 함께 뉴코어 데이터 시스템(Nucor Data Systems)이라는 새로운 사업부를 출범시켜 데이터 센터 인프라 산업의 고객을 대상으로 서비스를 시작했다.

SWDP 인수를 통해 냉각 시스템, 오버헤드 도어, 장비 랙(Rack)[32] 등 필수 요소를 갖춘 주문 제작 데이터 센터 건물을 고객사에 제공할 수 있게 되었으며, 데이터 센터 건립에 사용되는 오버헤드 도어 제작사인 CHI와 Rytec도 인수해 수직 통합을 완성했다. 이러한 인수는 뉴코어의

32 서버나 네트워크 장비 등을 수직으로 정리, 고정해 수납하는 금속 프레임 구조물

핵심인 철강 사업과 여러 시너지를 창출한다. SWDP는 원자재로 시트 강철, 강관, 와이어 메쉬(Wire mesh)[33] 등 다양한 종류의 강철을 사용한다.

또한 건설 사업 내 다운스트림으로 진출해 철강 2차 가공, 메탈빌딩 서비스, 철근 설치 및 유통, 태양광 구조물 설치 사업까지 확장하며 안정적인 철강 수요를 확보해 수익성을 제고하고 있다. 이러한 다운스트림 전략은 '철강 생산의 순환적 특성을 넘어서는 전략'의 일환으로, 철강 중심 비즈니스에 투자하되 철강 생산의 주기적 특성을 벗어나 운영하는 것을 목표로 한다.

뉴코어의 강력한 조직문화는 위기 상황에서 그 진가를 발휘한다. 2025년 5월 14일 제3자의 컴퓨터 시스템 무단 접근을 감지한 즉시 사이버보안 사고 대응 계획을 활성화하고, 잠재적으로 영향을 받을 수 있는 시스템을 선제적으로 오프라인으로 전환하는 등 신속한 대응 조치를 취했다. 이러한 위기 대응이 가능했던 것은 평상시 구축된 협업 체계와 의사결정 권한의 분산 덕분이었다.

지속가능한 경쟁력의 원천, 동반자 정신

뉴코어는 미니밀(Mini-mill)[34] 기술을 기반으로 철강산업의 패러다임을 전환시킨 파괴적 혁신가에서 출발해, 이제는 친환경 철강 기술과 미래 에너지에 대한 과감한 투자를 통해 '글로벌 최고 친환경 철강 제조사(Global Top Green Steel Maker)'로의 위대한 도약을 준비 중이다. 그러나 뉴코어의 진짜 저력은 기술 자체가 아니라 그 기술을 활용하고 끊임없이 발전시키는 독보적인 조직문화에 있다. 과거의 성공에 안주하지 않고 데이터센터 인프라, 재생에너지, 소형모듈원전, 핵융합 등 새로운

---

33 금속으로 된 가는 철사(와이어)를 직조하거나 용접하여 만든 망 형태의 소재

34 고철(故鐵, scrap metal)을 주원료로 하여 전기로에서 쇳물을 녹여 생산하는 소규모 철강 생산방식

성장 동력에 과감히 도전할 수 있었던 배경 역시 구성원을 신뢰하고 자율과 협력을 중시하는 수평적 조직문화가 변화와 혁신에 대한 두려움을 없애고 집단 지성을 통한 위험 관리를 가능하게 했기 때문이다.

뉴코어의 핵심 혁신은 모든 구성원을 단순한 '직원(Employee)'이 아닌, 회사의 미래를 함께 만들어가는 '팀원(Teammate)'으로 대우하는 인식의 전환에서 시작되었다. 뉴코어에서 '직원'은 단순히 직업을 가진 존재이지만, '팀원'은 회사의 미래에 대한 권리와 주인의식을 공유하는 동반자다. 이는 단순한 명칭 변경이 아니라 구성원의 정체성과 소속감, 책임감을 근본적으로 바꾸는 문화적 혁신이었다. 이러한 팀원 정신은 구체적인 제도와 시스템을 통해 뒷받침된다. 모든 직원이 동일한 복리후생 혜택을 받고, 간부만을 위한 특별한 주차 공간이나 별도 식당 같은 시설이 없어 유연하게 협력할 수 있는 환경을 조성한다.

부서 간의 벽을 허물고 공동의 목표를 향해 나아가도록 설계된 공동 KPI 시스템과 성과 보상 체계는 이러한 협업 문화를 더욱 공고히 한다. 이는 단순히 부서 갈등을 조정하는 수준을 넘어, 협업을 가장 자연스럽고 수익성 있는 선택으로 만드는 구조적 혁신이다. 특히 ROA와 같은 통합 지표를 통해 서로 다른 부서의 목표를 하나로 수렴시키고, 특정 부서에 불리할 경우 추가 인센티브를 제공하는 섬세한 설계는 공정성과 효율성을 동시에 추구하는 뉴코어만의 독특한 접근법이다.

안전을 최우선으로 여기는 문화 또한 협업의 필수 전제조건인 '신뢰'를 구축하기 위함이다. 물리적, 정신적, 감정적 안전이 보장될 때 구성원들은 자유롭게 의견을 제시하고, 실패를 두려워하지 않으며, 서로를 적극적으로 지원할 수 있다. 2017년 이후 매년 안전 지표가 개선되는 가시적인 성과는 이러한 신뢰 기반 협업 문화의 결과이자 원동력이다.

결국 뉴코어의 이야기는 오늘날 기업 혁신의 본질이 첨단 기술이나 복잡한 전략이 아닌, '사람과 일하는 방식'의 근본적인 변화, 즉 조직문화 혁신에 있음을 명확히 보여준다. 기술이 발전할수록 인간의 창의성과 협업 능력이 더욱 중요해지며, 이를 촉진하는 조직문화가 핵심 경쟁력이 된다. 뉴코어의 사례는 '문화가 곧 경쟁력'이라는 사실을 입증하며, 지속가능한 성장을 꿈꾸는 모든 조직에게 깊은 통찰을 제공하는 살아있는 교과서라 할 수 있다.

목적이 있는 성과와 애자일의 결합으로 경쟁의 산을 넘다. 펩시

펩시(Pepsi) 기업 개요

- 설립년도: 1965년
- 본사: 미국 뉴욕주 퍼체이스(Purchase)
- 업종: 식음료
- 시가총액: 181.0 U$십억 (2025.6.30 기준)
- 매출액: 91,854 U$백만 (FY2024, 12월 결산)
- 영업이익: 12,887 U$백만 (FY2024, 12월 결산)
- 종업원수: 319,000명
- 부문별 매출 구성

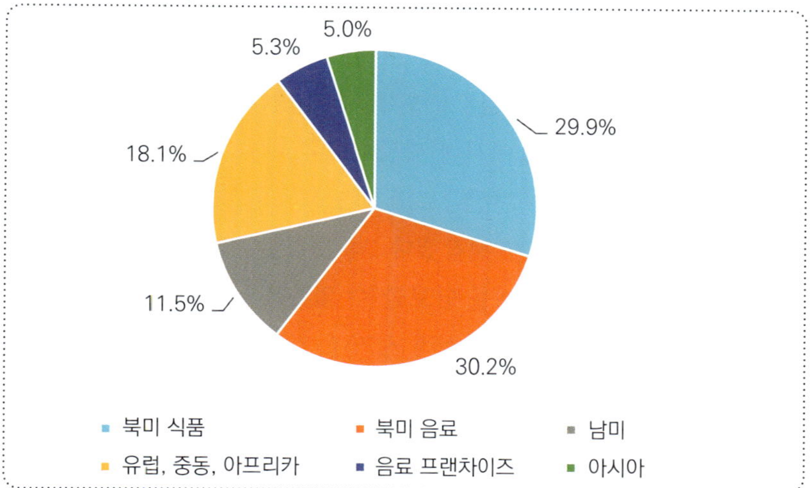

코카콜라에 뒤처져 식음료업계 '만년 2등'이던 펩시는 인드라 누이 CEO의 리더십 아래 근본적인 혁신을 추진하며 업계 1위로 도약했다. '목적이 있는 성과(PwP, Performance with Purpose)'라는 비전 아래, 사업을 '건강과 행복을 제공하는 일'로 재정의하고, 제품 포트폴리오 개선, R&D 강화, 새로운 조직문화 구축을 병행했다. 여기에 조직 개편으로 의사결정 체계를 개선함으로써 '애자일(Agile)'을 조직문화로 내재화하며 지속가능한 성장 기반을 마련했다. 이러한 혁신이 펩시를 단순한 식음료 기업에서 지속가능한 글로벌 브랜드로 도약하게 한 핵심 동력이다.

펩시, 만년 2등에서 지속가능한 1등으로

100년이 넘는 긴 시간 동안 음료 시장의 절대 강자 코카콜라의 붉은 아성에 끊임없이 도전해 온 파란색 물결의 펩시가 있다. '콜라 전쟁(Cola Wars)'으로 대변되는 두 거인의 경쟁은 단순한 시장 점유율 다툼을 넘어 20세기 대중문화를 상징하는 서사시와도 같았다. 하지만 승리의 여신은 늘 코카콜라의 편인 듯 보였고, '만년 2등'이라는 꼬리표는 펩시에게 마치 벗어날 수 없는 숙명처럼 느껴졌다.

그러나 2000년대에 들어서며 세상이 변하기 시작했다. 웰빙 트렌드가 부상하며 소비자들은 탄산음료의 과도한 설탕 함량에 의문을 제기했고, 건강한 대안을 찾기 시작했다. '콜라'라는 전장에서의 싸움에만 매몰되어서는 더 이상 미래를 담보할 수 없다는 위기감이 펩시 내부에서 싹트고 있었다. 바로 이 결정적 시기에 기존의 방식을 과감히 버리고 혁신의 방향키를 잡은 인물이 등장했다. 인도 출신의 여성 리더, 인드라 누이(Indra Nooyi)가 그 주인공이다.

당시 최고재무책임자(CFO)였던 그녀는 '콜라만으로는 코카콜라를 이길 수 없다'는 냉철하고 명료한 현실 인식 아래, 펩시의 근본적인 체질 개선을 주도했다. 그녀의 전략은 명확했다. 탄산음료 중심의 사업 구조에서 벗어나, 스낵(프리토레이, Frito-Lay), 주스(트로피카나,

Tropicana), 건강식품(퀘이커오츠, Quaker Oats) 등을 아우르는 종합 식음료 기업으로 포트폴리오를 다각화하는 것이었다. 이러한 비전은 2004년 역사상 처음으로 매출 규모에서 코카콜라를 앞지르는 성과로 나타났고, 마침내 2005년 12월에는 시가총액마저 넘어서며 112년 만에 업계 1위라는 감격적인 순간을 맞이하게 되었다.

| 인드라 누이 CEO(좌), 펩시-코카콜라 시가총액 추이(우)

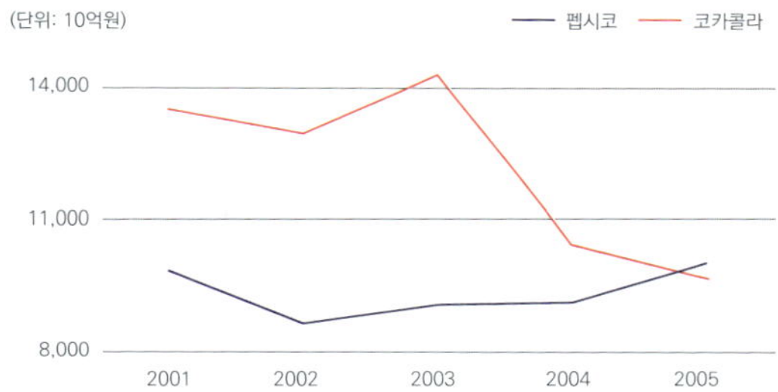

출처: (좌) https://en.wikipedia.org/wiki/Indra_Nooyi
(우) Companies Market Cap, Stock Analysis 등 참고

이 성공을 발판 삼아 2006년 CEO로 취임한 인드라 누이는 단순한 시장 점유율 확대가 아닌, 기업의 존재 이유와 사업의 의미를 근본적으로 재정의하는 보다 확장된 비전을 제시했다. 바로 '목적이 있는 성과'라는 새로운 경영 철학이었다. 이는 인류의 지속가능성(Human Sustainability), 환경의 지속가능성(Environmental Sustainability), 인재의 지속가능성(Talent Sustainability)이라는 세 가지 축을 중심으로, 기업의 성과가 사회적 책임과 반드시 함께 가야 한다는 선언이었다.

이 거대한 비전을 현실로 만들기 위해, 펩시는 조직의 '일하는 방식' 자체를 뿌리부터 바꿔야 할 필요성에 직면했다. 빠르게 변하는 소비자 트렌드에 민첩하게 대응하고, 다양한 사업 영역 간의 시너지를 창출하며, 창의적인 아이디어를 신속하게 제품으로 구현하기 위해서는 과거의 느리고 경직된 조직구조로는 불가능했다. 이 변화의 흐름 속에서 펩시는 '애자일(Agile)'이라는 혁신 도구를 조직문화 깊숙이 받아들이며, 더욱 유연하고 창의적인 기업으로 거듭나는 위대한 여정을 시작하게 된다.

'목적이 있는 성과'를 향한 대장정

누이가 이끈 펩시의 변혁은 세 가지 핵심 전략을 축으로 전개되었다. 첫째는 업(業)의 의미를 재발견하고, 둘째는 새로운 과학기술을 접목하며, 마지막으로 포용적인 조직문화를 구축하는 것이었다. 이 모든 전략은 유·무형 자산의 가치를 새롭게 인식하고 강화하며 결합함으로써 지속가능한 성장을 이루려는 노력이었다.

1. 업(業)의 재해석: 단순 음료에서 '건강과 행복'을 제공하는 기업으로

누이는 '기업은 어떻게 돈을 버는가?'라는 근본적인 질문에서부터 혁신을 시작했다. 그녀는 펩시의 사업 영역을 단순한 음료와 스낵 판매를 넘어 '사람들에게 건강과 행복을 제공하는 것'으로 재정의했다. 이러한 관점은 '목적이 있는 성과'라는 비전으로 구체화되었으며, 이는 회사 전략 방향을 급격히 바꾸기보다는 기존의 일상 업무에 새로운 의미를 부여하는 데 중점을 두었다.

'목적이 있는 성과' 달성을 위해 펩시는 자사 제품 포트폴리오를 세 가지 유형으로 재분류하고 맞춤형 전략을 추진했다.

▎펩시의 제품 포트폴리오와 전략 제품군

제품 포트폴리오	전략 제품군
즐거움을 제공하는 제품 **(Fun for You)**	감자칩, 탄산음료 등 맛에 중점을 둔 전통적인 인기 제품군

더 좋은 삶을 위한 제품 (Better for You)	기존 제품에서 설탕, 지방, 나트륨 등을 줄인 다이어트 제품군
건강한 삶을 위한 제품 (Good for You)	오트밀, 주스 등 영양학적으로 우수한 건강 지향 제품군

출처: 홈페이지 등 종합

이러한 분류에 맞춰 펩시는 사업 포트폴리오를 적극적으로 변화시켰다. 더 이상 탄산음료 회사가 아닌 종합 음료·식품 회사로 거듭나기 위해, 특히 '건강' 카테고리 제품을 중심으로 성장 전략을 펼쳤다. 과일주스 기업 트로피카나(1998년 인수), 시리얼 및 스포츠음료 기업 퀘이커 오츠(2001년 인수), 야채과일칩 기업 베어푸드(Bare Foods, 2018년 인수) 등이 대표적인 사례이다.

2010년에는 청소년 건강을 위해 "2012년까지 전 세계 모든 학교에서 고열량 탄산음료 판매를 중단하겠다"고 선언하며 '목적이 있는 성과'에 대한 강력한 의지를 보여주었고, 이는 펩시의 이미지를 긍정적으로 변화시키는 전환점이 되었다.

사업 수행 방식에서도 친환경적 가치를 추구했다. 탄소 배출 및 폐기물 발생을 줄이고, 물 자원 보존을 위한 노력을 전개했다. 음료 포장재는 생분해성 소재로 대체하고, 물 절약을 위해 생산 공정을 혁신했다. 또한, 원재료를 공급하는 4만 가구 이상의 농가를 대상으로 지속가능한 농업 기술을 지원하는 프로젝트를 시작해 공급망 전체의 지속가능성을 높였다.

2. 신(新) 과학기술과의 융합: 건강하고 친환경적인 제품 개발

'목적이 있는 성과' 비전을 실현하기 위해서는 R&D 역량 강화가 필수적이었다. 누이는 영양학적으로 우수하고 환경에 미치는 영향을 최소화하는 제품을 개발하기 위해 과감한 투자를 단행했고 R&D 투자도 기존 대비 3배 이상 증가시켰다. '최고과학책임자(CSO, Chief Science

Officer)'라는 직책을 신설하고, 의학박사이자 타케다 제약에서 글로벌 R&D 센터장을 역임한 마무드 칸(Mehmood Khan) 박사를 영입했다. 칸 박사는 세계 최고의 종합병원이자 학술의료센터인 메이요 클리닉(Mayo Clinic)에서 당뇨병, 내분비학 등을 연구한 석학으로, 그의 합류는 펩시의 R&D 전략에 큰 변화를 일으켰다.

| 마무드 칸 박사(좌), 영양성분을 보강해 재출시된 치토스(우)

출처: (좌) https://positivebusinessconference.com/dr-mehmood-khan/
(우) https://www.ebay.com/itm/385422965210

칸 박사의 주도로 펩시의 R&D 조직은 식품공학 전공자 위주에서 분자생물학, 생리학, 약리학, 컴퓨터 모델링 등 다양한 분야의 전문가들로 구성된 융합형 조직으로 바뀌었다. 이들은 기존 연구인력들과의 시너지를 통해 제품의 맛은 유지하면서 소금, 설탕, 지방 함량을 낮추는 혁신적인 기술을 개발했다. 예를 들어, 특정 성분을 직접 섭취하지 않아도 냄새나 맛을 통해 뇌가 유사한 만족감을 느끼도록 하는 감각 과학기술과 같은 것들이다. 대표적인 사례로 펩시의 인기 스낵 '치토스(Cheetos)'가 있다. 영양 부족 문제로 미국 학교 급식에서 퇴출되었던 치토스는 2년간의 연구 끝에 식이섬유 등 영양 성분을 강화해 학교에 다시 납품될 수 있었다.

R&D 역량 강화는 비즈니스의 친환경성을 높이는 데도 기여했다. 칸 박사는 물 효율성이 높은 작물 품종 개발을 강조했으며, 그의 리더십 하에 펩시는 풀이나 옥수수 껍질 같은 식물성 재료를 활용한 세계 최초의 생분해성 포장재 개발에도 성공했다. 생산 과정에서 나오는 오렌지, 감자 껍질 등을 활용한 그린 플라스틱 제조 기술 연구도 진행 중이다.

3. 다양성과 포용의 조직문화: 임직원 몰입도 강화

누이는 감성과 포용의 리더십을 통해 직원들이 행복하게 일할 수 있는 조직문화를 만드는 데 주력했다.

그녀는 다양성을 존중하고 일과 삶의 균형을 중시하는 문화를 구축하고자 노력했다. CEO 부임 후 모국인 인도를 방문했을 때, 사람들이 자신의 어머니에게 "인드라를 훌륭하게 키웠다"며 축하하는 모습을 보고 깊은 감명을 받았고, 미국으로 돌아온 그녀는 펩시 임원들의 부모와 배우자에게 직접 감사 편지를 보내며 인간적인 면모를 드러냈다.

유색 인종 여성이자 이민자 출신 CEO로서 그녀는 직원 개개인이 가진 다양한 배경과 역할을 존중하는 것이 중요하다고 믿었다. 어느 인터뷰에서 그녀는 "직원들에게 펩시는 살기 위해 일하러 오는 곳이 아니라고 늘 강조합니다. 직원들은 자신이 펩시 직원이기 이전에 아내이고 엄마이며 아빠이고 남편이라는 것을 깨달았을 때, 일을 하면서나 삶을 살아가면서 더 즐거워하고 큰 힘을 얻는 것을 보았습니다"라고 말하며 일과 삶의 조화를 강조했다.

또한 그녀는 권위적인 리더십을 지양하고 직원들에게 편안하게 다가가는 것을 중요하게 여겼다. 사내 강연 시 인도 전통 의상을 입고 깜짝 쇼를 선보이는 등 격식 없는 소통을 시도하기도 했다. CEO직을 두고 경쟁했던 마이크 화이트 전 부회장을 경쟁자가 아닌 '가르침을 줄 수 있는 동반자'로 여기고, 그에게 직접 찾아가 회사에 남아 달라고 요청한 일화는 그녀의 포용적인 리더십을 잘 보여준다. 이러한 노력과 모습은 직원들의 높은 몰입도와 충성심으로 이어졌으며, 펩시가 변화와 혁신을 성공적으로 추진할 수 있는 조직적 기반이 되었음은 물론이다.

애자일(Agile), 펩시의 DNA로 스며들다

누이가 이끈 '목적이 있는 성과' 비전과 조직문화 혁신은 펩시를 업계 정상으로 올려놓는 데 결정적인 역할을 했다. 그러나 빠르게 변화하는 시장 환경과 디지털 기술의 발전은 기업에게 또 다른 차원의 적응력과 민첩성을 요구했다. 특히 2017년, 펩시 중남미 사업부의 성장률이 3%까지 떨어지는 등 위기감이 고조되면서, 지속적인 성장을 위해서는 임직원들의 마인드셋부터 근본적인 변화가 필요하다는 인식이 확산되었고, 그 해답이 바로 '애자일'이었다.

애자일은 흔히 소프트웨어 개발 프로젝트 방법론으로 알려져 있지만, 펩시는 이를 조직문화 전반에 적용해 '생산적이고 창의적이며 실험적인' 운영 방식을 구축하고자 노력했다. 펩시에게 애자일이란 격식, 절차, 규칙에 덜 얽매이고, 더 빠르게 실행하며, 실패를 통해 배우고, 끊임없이 개선하는 조직의 운영 철학이자 문화였다.

이러한 애자일 문화의 효과를 단적으로 보여주는 사례가 2018년 펩시 중남미 공장에서 발생했다. 생산라인 고장 시 과거에는 300달러짜리 부품을 이탈리아에서 주문하고 도착할 때까지 생산을 멈춰야 했다. 그러나 애자일 문화가 도입된 후, 어느 현장 매니저는 생산라인이 또다시 멈추자 문제 해결을 위해 창의적인 아이디어를 떠올렸다. 그는 집에 있던 3D 프린터를 활용해 여러 번의 시도 끝에 단돈 2달러로 현지에서 부품을 제작, 교체하는 데 성공했다. 이 방법은 즉시 다른 공장에도 전파되어 비용 절감과 생산성 향상에 크게 기여했다.

이 놀라운 혁신은 한 개인의 특별한 능력 때문이 아니었다. 2018년 펩시가 전사적으로 '애자일 문화'를 도입하면서 모든 직원에게 새로운 시도를 장려하고, 자신의 의견을 자유롭게 개진할 수 있는 분위기를 조성했기 때문에 가능했다. 직원들은 자신의 업무가 아니더라도 자발적으로 문제 해결에 나섰고, 문제 발생 시 이를 숨기기보다 공개적으로 논의하며 함께 해결책을 모색했다. 이는 관료주의를 타파하고 고객의 요구에 신속하게 대응할 수 있는 조직적 역량으로 이어졌다.

펩시는 애자일 문화의 성공적인 정착을 위해 다음과 같은 5대 원칙을 수립하고 전사적으로 전파했다.

- 가치 기반, 고객 집착(Be value-driven, customer-obsessed): 고객은 왕이며, 회사에서 하는 모든 일은 고객에게 긍정적인 영향을 미쳐야 한다. 모든 제품과 서비스는 고객의 기호를 최우선으로 반영해야 한다.
- 완벽함보다 발전을 중시(Seek progress over perfection): 급변하는 비즈니스 환경에서 완벽함을 추구하는 것은 시간 낭비일 수 있다. 빠르게 실행하고, 실패로부터 배우며, 피드백을 통해 개선해 나가는 실험 문화가 중요하다. 이를 통해 큰 실수를 미연에 방지하고 지속적인 성장을 도모한다.
- 지속적인 피드백(Give and receive constant feedback): 수시로 피드백을 주고받음으로써 개인과 조직이 함께 개선하고 성장할 수 있도록 한다. '피드백 루프'를 프로젝트의 핵심 요소로 정착시키고, 직원들에게 피드백과 배움에 열린 자세를 갖도록 독려한다.
- 권한 위임(Empower employees to do their job): 리더의 역할은 지시보다는 코칭과 지원에 초점을 맞춘다. 직원들이 책임감을 가지고 최소한의 감독으로 업무를 완수할 수 있도록 권한을 위임한다. 의사결정은 해당 사안에 대해 가장 많은 정보를 가지고 있고 직접적으로 관련된 직원이 직접 내린다. 리더의 개입이 필요할 때는 직원들이 충분한 정보를 제공한다. 직원들은 매일 자신이 해야 할 가장

중요한 일 두 가지를 스스로 정하고, 기존 방식에 의문을 제기하며 새로운 방식을 고민하고 경영진에 건의할 수 있다.

- 끊임없는 배움(Keep learning): 기존의 관행과 관습에 의문을 제기하고, 더 이상 유용하지 않은 습관은 과감히 버리도록 독려한다. 직원들에게 새로운 기술을 끊임없이 배우고 매주 자신을 업그레이드할 수 있도록 시간과 교육 환경을 제공한다.

그러나 새로운 문화 도입이 순탄치만은 않았다. 애자일 문화 도입 선포 초기, 직원들은 회의적이었다. '과연 진정한 업무 자율성이 주어질까?', '자율성이 고객 니즈 대응에 실질적인 도움이 될까?'와 같은 의구심이 팽배했다. 특히 다양한 국가와 문화가 혼재된 중남미 사업부의 경우, 일하는 방식의 차이로 인해 어려움이 예상되었다.

이에 펩시는 탑다운(Top-down) 방식과 바텀업(Bottom-up) 방식을 병행하며 적극적으로 변화를 추진했다. 우선 탑다운 방식으로 성과가 높은 직원들과 사내 인플루언서 집단을 대상으로 새로운 일하는 방식과 사고방식에 대한 교육을 먼저 실시하고, 이들이 동료들에게 긍정적인 영향을 전파하도록 했다. 동시에 바텀업 방식으로 교육 과정에서 이들로부터 피드백을 받아 교육 내용을 지속적으로 개선하고 현장의 목소리를 반영했다. 한 달 간격으로 새로운 그룹이 교육을 받으면서 애자일 문화는 점진적으로 전사에 확산되었다. 이러한 소통과 참여 중심의 접근 방식은 애자일 문화가 조직 내에 성공적으로 뿌리내리는 데 결정적인 역할을 했다.

매일 출근하고 싶은 직장이 되다

펩시의 애자일 문화 도입은 불과 1년 만에 가시적인 성과를 나타냈다. 이는 단순한 구호가 아닌, 실질적인 변화를 통해 조직의 체질이 바뀌고 직원들의 업무 방식이 변화했음을 의미한다.

애자일 문화 도입 전후를 비교한 설문조사 결과는 놀라웠다.

- 조직 민첩성 향상: '조직이 민첩하게 움직인다'는 질문에, 도입 전인 2018년에는 60%의 직원이 '그렇다'고 답한 반면, 도입 이후에는 이 수치가 70%로 증가
- 업무 효율성 증대: 직원들은 업무 시간 중 가치를 창출하는 핵심 업무에 사용한 시간이 75%나 상승했다고 응답. 반대로 이메일 처리나 행정 업무와 같은 저(低)가치 창출 업무에 사용한 시간은 45%가 감소했다고 응답

이러한 정량적 성과 외에 질적인 변화도 두드러졌다.

직원들은 이전의 불필요했던 관행이나 '일을 위한 일'에서 벗어나, 자신이 추진하는 업무의 실질적인 결과를 내는 데 더욱 집중할 수 있게 되었다. 매일 두 가지 우선순위 업무를 정하고 이에 집중하는 관행이 정착되었다. 이메일 관리나 일정 관리 등은 자동화를 통해 시간을 절약하고, 회의 시간도 대폭 줄였다. 이렇게 확보된 시간은 더 중요한 업무 수행과 역량 향상을 위한 교육, 그리고 업무 혁신을 위한 고민에 사용되었다. 더욱 고무적인 것은 직원들이 효율적인 업무 방식을 스스로 찾아내고 이를 동료들과 적극적으로 공유하는 문화가 조성되었다는 점이다.

무엇보다 큰 변화는 직원들이 스스로 새로운 아이디어를 실험하고, 문제가 발생했을 때 이를 숨기기보다 초기에 공개적으로 논의하며 함께 해결책을 찾는 문화가 정착되었다는 것이다. 지속적인 피드백과 개인의 성장을 지원하는 시스템으로써 애자일 문화는 펩시를 '직원들이 매일 출근하고 싶은 직장'으로 만들었다.

펩시의 애자일 문화 도입은 누이가 제시했던 '목적이 있는 성과'라는 비전을 더욱 공고히 하고 지속가능하게 만드는 핵심 동력이 되었다. 건

강과 행복, 지속가능성이라는 거시적인 목표를 향해 나아가는 과정에서, 애자일은 조직 내부의 운영 효율성과 창의성을 극대화해 목표 달성을 가속화했다. 격식과 절차에 얽매이지 않고, 생산적이고 창의적이며 실험적인 조직문화는 펩시가 끊임없이 변화하는 시장 환경에 민첩하게 대응하고, 고객 가치를 지속적으로 창출하며, 사회적 책임을 다하는 기업으로 발전하는 데 중요한 역할을 하고 있다.

펩시의 사례는 애자일이 단순한 프로젝트 관리 도구가 아니라 조직 전체의 마인드셋과 문화를 혁신하는 강력한 변화의 촉매제가 될 수 있음을 증명한다. 펩시에게 애자일은 끊임없는 자기 혁신을 통해 미래를 만들어가는 강력한 DNA 그 자체인 것이다. '만년 2등'에서 업계 1위로, 그리고 이제는 지속가능한 성장을 추구하는 선도 기업으로 발돋움한 펩시의 여정은, 변화를 두려워하지 않고 끊임없이 혁신을 추구하는 모든 조직에게 영감을 주고 있다.

조직문화 혁신의 핵심 포인트

- 소니의 사례는 핵심가치를 부활하는 데 CEO의 역할이 중요하다는 점과 함께 기업의 핵심가치가 조직문화를 유지하는 가장 기본이라는 점을 상기시켜 준다. '확고한 핵심가치 정립 + CEO의 지속적 강조 = 조직문화 혁신'이라는 전통적 공식을 소니는 그대로 실천했다.
- 마이크로소프트는 CEO의 리더십이 조직문화 혁신에 얼마나 큰 영향을 미치는지를 여실히 보여준다. 사티아 나델라는 경쟁 제일주의 문화를 성장과 협력의 문화로 성공적으로 변화시킴으로써 회사에 제 2의 부흥기를 가져왔다.
- 암젠의 사례에서는 중간관리자가 조직문화 혁신에 얼마나 중요한 역할을 하는지를 알 수있다. 중간관리자는 성과 관리자 역할을 넘어 경영진과 직원을 연결하는 다리의 역할이 점점 더 중요해지고 있다. 암젠은 이러한 중간관리자의 역할 변화를 통해 조직문화 혁신에도 성공할 수 있었다.
- 뉴코어는 기업의 성공에 협력문화가 매우 중요하다는 것을 잘 보여주며, 협력문화를 실제 구현하기 위한 구체적인 방안까지 제시해 준다. 그러나 무엇보다 뉴코어에서 배워야 할 점은 이러한 방법론을 실천으로 옮긴 강한 실행력과 오랜 시간 이를 유지하는 일관성이다.
- 펩시의 사례는 끊임없이 변화하는 환경에 빠르게 적응하는 문화를 구축하는 것이 얼마나 중요한지를 보여준다. 이것은 CEO의 의지만으로는 불가능하다. 구성원의 마인드뿐만 아니라 유연하게 변화할 수 있는 제도와 시스템 그리고 프로세스의 구축 또한 중요한 요소이다.

본 장에 소개된 사례들과 그 시사점을 바탕으로 독자들이 ① 조직문화 변화를 위한 CEO의 철학과 역할, ② 조직문화의 근본인 핵심 가치와 효과적인 공유, ③ 조직문화 변화를 지원하기 위한 적합한 제도 및 시스템 등과 관련해 혁신적이고 실질적인 아이디어를 찾을 수 있길 기대한다.

참고자료

Chapter 1

▾ 지멘스

지멘스 글로벌 공식 웹사이트 https://www.siemens.com/global/en/general/old-browser.html

지멘스 글로벌 공식 웹사이트, 2018.8.1, Siemens sets future course with Vision 2020+, https://press.siemens.com/global/en/pressrelease/siemens-sets-future-course-vision-2020

▾ 히타치

히타치 공식 웹사이트 History: Hitachi Global, https://www.hitachi.com/en/about/history/

JOBS IN JAPAN, 2002.5.10, What Happened after the Japanese Economic Bubble Burst?

주간조선, 2023.3.7, 한눈팔다 꼴찌… 일본 반도체 몰락이 준 교훈

동아일보, 2024.12.21, 망해가던 대기업이 부활하려면? 히타치의 모범 답안[딥다이브]

▾ GE

GE 에어로스페이스 공식 웹사이트, Aerospace History, https://www.geaerospace.com/company/about-us/history

American Business History Center, 2024.8.1., Most Valuable American Companies 1995-2024

동아일보, 2024.4.8, 132년 역사 GE의 쇠퇴와 잭 웰치 유산의 끝[딥다이브]

한겨레, 2019.10.19, 달콤한 금융이익 좇다 와르르… GE 신화의 몰락

▾ 디아지오

디아지오 공식 웹사이트 https://www.diageo.com/en

위키피디아 Diageo https://en.wikipedia.org/wiki/Diageo

▾ 다이킨 공업

다이킨 공식 웹사이트 https://www.daikin.com/

Japan Innovation Review, 2025.4.2, 二兎を追う「両利きの経営」で8期連続増収増益､ダイキンはなぜ「深化と探索の両立」を実現できたのか？

Chapter 2

▾ 도요타

김현철 외 (2009), *도요타 DNA*, 모색출판사

오노, 다이이치 (2004), *도요타 생산방식*, 미래사

정일구 (2009), *도요타, 초일류를 만드는 조직문화*, 시대의창

최원석 (2016), *왜 다시 도요타인가?*, 21세기북스

최원석 (2018), *일본 초격차 기업의 3가지 원칙*, 더퀘스트

호리키리, 토시오 (2017), *도요타의 원가*, 한국경제신문사

SPG Global, 2007.12.12., Toyota Aiming to Make US$2.7-bil.-Worth of Cost Cuts Annually

RDN, 2004.9.9., Gigacasting expected to rise with EVs, concerns remain

▾ 이케아

Rao, Y. (2023), *IKEA case: One company's fight to end child labor*, Markkula Center for Applied Ethics, Santa Clara University

IKEA 공식 웹사이트 - Vision & Business Idea 및 Values https://www.ikea.com/kr/en/this-is-ikea/about-us/the-ikea-vision-and-values-pub9aa779d0/

IKEA Museum 공식 웹사이트, €1?! How an impossible task needed an

impossible solution https://ikeamuseum.com/en/explore/the-story-of-ikea/led-bulb-under-one-euro/

IKEA Museum 공식 웹사이트, How IKEA took flatpacks to a whole new level https://ikeamuseum.com/en/explore/the-story-of-ikea/flatpacks/

Yaskawa Europe 공식 웹사이트, Wood Industry Case https://www.yaskawa.eu.com/application/industries/industry/wood-timber_i11161

Business Insider, 2024.9.20., Ikea's fleet of 250 autonomous drones…

Dronelife, 2024.8.19., Miriam McNabb, IKEA Advances Warehouse Efficiency with 24/7 AI-Powered Drones

KOSPO Family, 2021년 9-10월호, 매일 매일 새삶처럼 이케아(IKEA) 창업주

Perry, 2015.12.5., IKEA: cutting costs, creating value, HBS Digital Initiative

▾ 프랭크 게리

김종훈 (2020), *프리콘*, MID

AEC Magazine, 2009.9.1., Consulting with Digital Project

ArchDaily, 2011.10.19., Gehry Technologies to Transform the Building Industry through Technology

Harvard Business Review, 2023 Jan-Feb, How Frank Gehry Delivers On Time and On Budget

Industry Tap, 2015.10.20., Gehry: Using Aerospace Software to Design & Build the Unbuildable

Priceonomics, 2015.5.12., The Software Behind Frank Gehry's Geometrically Complex

LA 필하모닉 공식 웹사이트, The Making of Walt Disney Concert Hall https://www.laphil.com/about/watch-and-listen/building-an-icon-the-story-of-walt-disney-concert-hall

▼ 테슬라, 스페이스X

이금오 (2019), *SpaceX의 발사체 개발 전략 분석*, 한국추진공학회지

AmericaSpace, 2023.11.4., SpaceX launches 18x-flown Falcon 9….

Electrek, 2024.9.11., Tesla reveals its modular 'unboxed' EV manufacturing process in a patent

Harvard Business School TOM Blog, 2015.12.9., SpaceX: Revolutionizing space travel

InsideEVs, 2023.12.7., Ford, others get Tesla Cybertruck 48V system specs

TechCrunch, 2023.3.1., Everything Elon Musk and execs shared (and skipped) at Tesla Investor Day

Tesla, 2023.3.2., 2023 Investor Day 발표자료

Reuters, 2023.5.15., Analysis: Tesla's new car-making process stokes debate among industry experts

▼ 아마존

About Amazon, 2023.10.18., Amazon announces 2 new ways it's using robots to assist employees and deliver for customers

AWS Database Blog, 2019.10.16., Amazon's consumer business migrates from Oracle to AWS

AWS Supply Chain Blog, 2024.5.3., AWS simulation and digital twin to increase warehouse productivity

Business Insider, 2016.6.17., Amazon's $775 million deal for robotics company Kiva is starting to look really smart

Carbon6 Blog, 2023.11.16., How warehouse automation is revolutionizing Amazon logistics

Deeyook Blog, 2024.11.18., Why visibility is essential for digital twins in the supply chain

Investing.com, 2025.2.3., Amazon saving up to $3B a year after introducing 6 new warehouse robots: Analyst

Logistics Viewpoints, 2025.3.26., Amazon and the shift to AI-driven supply chain planning

Medium, 2021.1.19., Amazon automation 2021 and beyond

NVIDIA 공식 웹사이트, NVIDIA Omniverse Case Study - Use cases - Warehouse digital twin https://docs.omniverse.nvidia.com/digital-twins/latest/warehouse-digital-twins/use-cases.html

Chapter 3

▾ 엔비디아

BMW Group. 2021.4.13., BMW Group and NVIDIA take virtual factory planning to the next level

엔비디아, Case Study, Paving the Future of Factories with NVIDIA Omniverse

엔비디아 블로그, 2024.6.2., Foxconn Trains Robots, Streamlines Assembly With NVIDIA AI and Omniverse

지멘스, 2022.6.29., Siemens and NVIDIA partner to build the Industrial Metaverse

지멘스, 2025.1.7., Siemens to deliver photorealism-enhanced digital twin with NVIDIA Omniverse and Teamcenter Digital Reality Viewer

폭스콘, 2024.11.19., Foxconn to Build AI Factories with NVIDIA Omniverse Platform

▾ 보쉬

Bosch AI Blog, 2023, Synthetic data for visual inspection in stator welding, https://www.bosch-ai.com/

Bosch Global, (n.d.). Research projects on the use of AI in manufacturing

Bosch Media Service, 2023.5.12., How Bosch uses AI in manufacturing

Bosch Whitepaper, 2022, Smart factory with AI: Predictive maintenance and visual inspection. Bosch

ICN Magazine, 2023.10.15., 생성형 AI가 제조업 품질 향상에 도움이 되는 방법

KoreaDeep, 2023.9.20., AI 예지보전으로 산업안전 혁신한 사례

LucyDucy 기술 블로그, 2022.5.30., AOI 장비: 자동 광학 검사 시스템이란?

World Economic Forum, 2022, Bosch Dresden: Global Lighthouse Factory. https://www.weforum.org/projects/global-lighthouse-network

오토일렉트로닉스, 2023.10.12., 보쉬, 제조 부문에 생성형 AI 활용..

▾ 보무강철

Autodesk Research (2025), Baosteel Engineering & Technology Group: Digital twins for sustainability. In 2025 State of Design & Make Report

China Daily, 2020.12.25., After record steel output, Baowu chases tech, profitability and scale

Company News Ronds.com, 2023.2.10., RONDS signs strategic cooperation with Baowu Intelligent Maintenance

english.gov.cn State Council News, 2024.6.23., Sci-tech innovation injects new energy into high-quality development

iChongqing News Bridging News, 2021.7.31., How does world's first integrated intelligent control platform for steel work in SW China

Hao, N. (2023). Artificial Intelligence applications in traditional steel manufacturers (Bachelor's thesis). Haaga-Helia University

Yicai Global, 2024.10.24., China's Baowu launches self-developed AI tool for steel industry

ZTE Technologies, 2022.7.25., Building a 5G smart steel plant to lead digital transformation in steel industry

上观新闻, via Sina Finance (Shangguan News), 2025.5.12., 125个AI

应用带来每年上亿元效益，宝武以智能化引领品牌升级 [125 AI applications bring over 100 million yuan benefit per year, Baowu leads brand upgrade with intelligence]

▼ 유니레버

Boltinsight.com, Unilever: Innovation Insights to Shape Tomorrow's Products

CIO, 2023.3.10., Unilever leverages GPT API to deliver business value

MarketingDive, 2025.3.19., How Unilever's AI marketing bets are increasing production efficiency

Unilever All new stories, 2024.6.14., How AI-powered ultra-personalised experiences are boosting our beauty brands

Unilever Press Release, 2025.3.18., Unilever reinvents product shoots with digital twins and AI

▼ 월마트

FOX Business, 2023.4.26., Walmart using AI to negotiate cost, purchase terms with vendors in shorter timeframe

Harvard Business Review, 2022.11.8., How Walmart Automated Supplier Negotiations

Harvard law school, 2025.3.25., Chatbot Negotiations: What Can AI Do for You?

Pactum, The Required Components of Autonomous Negotiations Platform: Pactum Platform

Pymnts, 2025.5.14., Walmart Reportedly Finds 75% of Vendors Prefer Negotiating With Chatbot

QMIND Technology Review, 2023.2.6., Pactum AI: Walmart's Automated Negotiation Bot

Chapter 4

▼ 테슬라

Axios, 2024.10.10., GM debuts Tesla Powerwall competitor called Powerbank

Energy Storage News, 2024.8'9., Global BESS landscape became less consolidated in 2023, Tesla takes top spot

Emerging Technology News, 2022.11.3., Tesla's 40 GWh BESS factory in Lathrop, California is a game-changer

ESS News, 2025.1.30., Tesla's 2024 energy storage revenue surpasses $10 billion

Infolink Consulting, 2025.2.14., Industry concentration remains high, with the top ten manufacturers facing intensified competition

Reuters, 2019.4.8., Fiat Chrysler to pay Tesla hundreds of millions of euros to pool fleet

Reuters, 2024.7.5., How China's EV battery makers stack up in energy storage

Wood Mackenzie, 2024.8.8., Tesla takes Sungrow's crown as lead global producer of battery energy storage systems in 2023

ESG경제, 2024.10.24., 테슬라, 에너지 사업 '폭풍성장'...돈벌이 전기차 사업 앞질러

▼ 네스테

Biobased Diesel Daily, 2023.7.12., Neste's inventors honored with major award from European Patent Office

Biofuels international, 2009.3.11., Neste Oil Singapore plant set for 2010

Harvard Business Review, 2019.9.24., The Top 20 Business Transformations of the Last Decade

Nordea, 2022.5.18., Neste - on a transformation journey
Sustainability Magazine, 2025.5.21., From Neste to LAX: FedEx's Sustainable SAF Deliveries
Yle, 2020.11.30., Neste closes Naantali refinery, 370 to lose jobs

▾ 스테그라

BNEF, 2024.6.20, Financing Pioneering Green Industry Projects: A Case Study
BNEF, 2024.8.22., Green Steel Deals Cross 100. Mercedes Is Top Buyer
ESG Today, 2024.11.28., Stegra Signs 6 TWh Electricity Deal to Power Green Steel Production
Industry Decarbonization Newsletter, 2024.11.1., Is Sweden's Green Steel Transformation still on Track?
Reuters, 2024.6.3., Steel companies 'yet to prove their mettle' in race for net zero
Vargas Holding, 2023.9.8., H2 Green Steel signs multi-year agreement with Vale and Rio Tinto
Vargas Holding, 2023.7.6., Mercedes-Benz and H2 Green Steel announce agreements in Europe and North America

▾ 보스턴메탈/일렉트라

Businesswire, 2024.3.7., Boston Metal Inaugurates Brazilian Subsidiary for High-Value Metals Production
Businesswire, 2024.3.37., Electra Launches Pilot Plant to Advance Commercialization of Sustainable Clean Iron Production
Bnamericas, 2024.3.8., Boston metal opens Brazil high-value metals plant
Bnamericas, 2023.5.8., How the tailings problem turns into a business opportunity

Contrary Research, 2024.12.20., Boston metal business breakdown & Founding story

Hydrogen Insight, 2024.2.21., Green hydrogen is too expensive to use in our EU steel mills, even though we've secured billions in subsidies

▾ 미쓰비시 상사

The Asahi Shimbun, 2023.5.10., Japanese trading houses soar to 1-trillion-yen level in net profit

Energy news, 2024.1.16., Mitsubishi Invests $690M in Eneco's Green Hydrogen Project in The Netherlands

Euromoney, 2022.3.7., How Buffett's Japan trading house bid paid off

Investopedia, 2025.3.17., Warren Buffett Raises Stakes in 5 Japanese Trading Houses

Reuters, 2025.3.4., Buffett defends trade amid tariff pressures, as Berkshire cash sets record

Reuters, 2024.9.13., Japan's Mitsubishi to buy stake, offtake ammonia from ExxonMobil in Texas

Chapter 5

▾ 소니

소니 공식 홈페이지 https://www.sony.com/en/, 연차 보고서 및 지속가능경영 보고서 등

소니 위키피디아 https://ko.wikipedia.org/wiki/%EC%86%8C%EB%8B%88, https://en.wikipedia.org/wiki/sony

소니 나무위키 https://namu.wiki/w/%EC%86%8C%EB%8B%88

Whisper of the waves, 2025.4.7., 소니의 부활: 혁신과 전략으로 글로벌 시장을 선도하다

더뉴스, 2022.9.19., [오태규 리포트]누가 어떻게 몰락하는 소니를 재생시켰

나 - '소니 턴어라운드'
동아일보, 2017.6.19., [IT CEO 열전] 무너진 전자왕국 소니를 재건한 소니맨, 히라이 가즈오
아트, 2022.8.15., 일본의 자존심 소니의 부활을 만든 직원 감동 조직문화, 네이버 블로그.
오피니언뉴스, 2021.3.9., [자본주의와 혁신기업]⑩ 혁신 아이콘의 원조, 소니의 부활
월간조선, 2006년 12월호, 작업복 대신 신사복 차림의 직원들이 판치면서 '기술의 소니'는 몰락했다!
중앙일보, 2012.4.13., 소니의 DNA를 깨우겠다… 전자 부문 부활 선언
차우진의 엔터문화연구소, 2025.3.11., 회사와 직원은 동등하다고? 완전히 바뀐 소니의 조직문화
티타임즈TV, 2022.8.12., 감동적인 직원경험이 감동적인 고객경험 만든다, YouTube.
한국경제, 2022.1.23., '6두품 이방인'은 어떻게 만년적자 소니를 부활시켰나[정영효의 일본산업 분석]
히라이 가즈오(2022), 박상준 역, *소니 턴어라운드*, 알키.

▾ 마이크로소프트

마이크로소프트 공식 홈페이지 https://www.microsoft.com/ko-kr, https://www.microsoft.com/en-us, 연차 보고서 및 지속가능경영 보고서 등
마이크로소프트 위키피디아 https://en.wikipedia.org/wiki/microsoft, https://ko.wikipedia.org/wiki/%EB%A7%88%EC%9D%B4%ED%81%AC%EB%A1%9C%EC%86%8C%ED%94%84%ED%8A%B8
마이크로소프트 나무위키 https://namu.wiki/w/Microsoft?from
Bloomberg, 2014.1.31., Why You don't Want to Be Microsoft CEO
Fast Company, 2017.9.18., Satya Nadella Rewrites Microsoft's Code
Harvard Business Review, 2020.9.11., 5 Principles to Guide Adaptive

Leadership
IT 동아, 2019.5.9., [테크수다] MS 사티아 나델라 CEO가 레드햇 서밋에 참석한 까닭은
매일경제, 2019.1.7., '잠자던 공룡' MS 깨운 사티아 나델라 CEO, 모바일 버리고 클라우드 택한 게 신의 한 수
사이다경제, 2018.7.27., 마이크로소프트의 3대 CEO, 그가 대단한 이유
사티아 나델라(2018), 최윤희 역, *히트 리프레시*, 흐름출판
이코노미조선, 2018.12.10., 세력다툼으로 병든 조직에 '문화 르네상스' 일으켰다
이코노미조선, 2021.7.5., 소프트웨어 공룡 바꾼 개방성 중시 나델라 CEO의 '공감 리더십'
이코노믹리뷰, 2018.6.15., [BIZ 인사이드] MS 이유 있는 질주, 거인의 부활?
조선일보, 2019.11.10., '잠자는 IT 공룡' MS '혁신 모델'로 바꾼 나델라 CEO
하버드비즈니스리뷰 코리아, 2022.5.31., [Interview] 사티아 나델라 MS CEO가 말하는 유연근무
한겨레, 2013.11.13., MS "더이상 등급 없다" 인사 상대평가제 폐지
한겨레, 2016.11.30., MS, "오픈소스를 사랑합니다"… 오픈소스 코스프레?
한국경제, 2014.5.9., 사티아 나델라 마이크로소프트 CEO, 위기에 빠진 'IT 공룡' 구원투수

▾ 암젠

암젠 공식 홈페이지 www.amgen.com, 연차 보고서 및 지속가능경영 보고서 등
암젠 위키피디아 https://ko.wikipedia.org/wiki/암젠, https://en.wikipedia.org/wiki/amgen
암젠 나무위키 https://namu.wiki/w/암젠
DrugTimes, 2025.2.18., Potential losses exceed $300 billion! Nearly 200 drugs are facing a patent cliff

Fierce Pharma, 2024. 5.29., Amgen grabs FDA thumbs-up for Soliris biosim, eyes 2025 launch

Fierce Pharma, 2024.7.15., Amgen, BMS and Merck have the most exposure as big pharma eyes $183B patent cliff

Financial Post, 2013.8.26., Amgen Inc buys drug maker Onyx Pharmaceuticals Inc for $10.4 billion in 5th biggest biotechnology deal in history

Ivey Business Review, 2015.4.12., The biosimilar onslaught

PR Newswire, 2012.12.10., Amgen to acquire deCODE Genetics, a global leader in human genetics

SDA Bocconi, 2020.8.3., Change, yes we can: The Amgen Italy case

▾ 뉴코어

뉴코어 공식 홈페이지 www.nucor.com, 연차 보고서 및 지속가능경영 보고서 등

뉴코어 위키피디아 https://ko.wikipedia.org/wiki/뉴코, https://en.wikipedia.org/wiki/nucor

Construction today, 2024.11.22., Strength, innovation, and sustainability are Nucor's guiding principles when it comes to construction solutions

D'Artagnan Journal, 2023.11.26., Self-management pioneers series: Nucor

Ethan Chazin, 2024.6.27., Nucor steel embodies all that's best in org culture, YouTube.

McKinsey & Company, 2025.3.5., Forging sustainable steel and more: A talk with Nucor CEO Leon Topalian

Nucor corporation, 2024.7.2., Nucor teammates help local communities thrive, LinkedIn.

The Retirement Group, (no date), Profit-Sharing plan for Nucor employees

Workforce, 2001.6.6., 100-percent bonuses mean high pay - plus low labor costs

▾ 펩시

펩시 공식 홈페이지 www.pepsico.com, 연차 보고서 및 지속가능경영 보고서 등

펩시 위키피디아 https://ko.wikipedia.org/wiki/펩시, https://en.wikipedia.org/wiki/pepsi

펩시 나무위키 https://namu.wiki/w/펩시

August, 2023.8.22., Scaling agile ways of working at PepsiCo

Berlin Product People, 2025.3.2., AI in Agile Product Teams: Insights from Deep Research and What It Means for Your Practice

Food Navigator, 2020.7.20., PepsiCo Future Brands talks agile innovation: 'We are identifying which trends will stay versus yesterday's fad'

Harvard Business Review, 2020.3-4월호., Becoming a better corporate citizen

Harvard Business Review, 2021.11.5., Former CEO of PepsiCo on nurturing talent in turbulent times, YouTube.

Just Food, 2025.2.5., PepsiCo stands fast to long-term growth target with push behind better-for-you

MIT Sloan Management Review, 2021.11.2., The cultural benefits of artificial intelligence in the enterprise

OrgVitality, 2020.9.15., What? An agile performance management upgrade? An employee led hack at PepsiCo, YouTube.

Peiling Zhu, 2025.1., Analysis on the management model of PepsiCo, Advances in Economics Management and Political Sciences, 138(1):160-166.

PR Newswire. 2025.5.22., PepsiCo refines sustainability goals to position

business for the long-term
R&D Today, 2023.10.10., PepsiCo's design thinking approach to organizational innovation
Ronald Schellekens, 2021.6.16., Our vision for a flexible workplace at PepsiCo, LinkedIn.
SHRM, 2024.2.22., Evolving the strategic workforce planning strategy at PepsiCo
strategy+business, 2020.11.1., Creating an agile mind-set at PepsiCo
Talks at Google, 2021.12.1., My life in full: Work, family, and our future, YouTube.

색인

혁신의 프리즘

초판발행 2025년 9월 15일

지은이 포스코경영연구원
펴낸이 안종만·안상준

편 집 조영은
기획/마케팅 최동인
표지디자인 이영경
제 작 고철민·김원표

펴낸곳 (주) 박영사
서울특별시 금천구 가산디지털2로 53, 210호(가산동, 한라시그마밸리)
등록 1959.3.11. 제300-1959-1호(倫)
전 화 02)733-6771
f a x 02)736-4818
e-mail pys@pybook.co.kr
homepage www.pybook.co.kr
ISBN 979-11-303-2394-7 93320

정 가 19,000원